Minerva Shobo Librairie

テキストブック

地方自治の論点

宇野二朗/長野 基/山崎幹根
[編著]

ミネルヴァ書房

はしがき

本書の目的と特徴

本書は，日本の地方自治に関する教科書です。大学の法学部や政治経済学部だけでなく，学際的な学部で学ぶ2，3年次の皆さんを主な対象としています。講義でだけでなく，学部の専門演習や大学院の演習でも利用してもらいたいと思い，執筆しました。

もちろん，地域活性化やまちづくりに関心のある方，また，現役の地方公務員や地方議員の方々にも，ぜひ読んでもらいたいと思います。

2000年代以降の日本では，人口減少とともに地域コミュニティの結びつきが弱まる一方，厳しい財政状況を背景に「競争」や「民間企業のような経営」を重視した制度改革が行われてきました。こうした中で地方自治は大きく変わろうとしています。そのため，本書では，政治学や行政学の概念を用いて，この変容する地方自治の現在の姿や将来の課題を考えます。

本書の特徴は，三つあります。

一つめは，各章の副題で皆さんで考えてほしい論点を掲げているところです。各章のテーマに関して基礎知識を身につけるだけでなく，そうした基礎知識を武器として，自分自身であるいは同級生たちと一緒にその論点について考えてみてください。コロナ禍で遠隔授業が増える中，学生の皆さんが自分自身で考えるための教科書が必要になっていると感じています。

二つめは，日本の地方自治の歴史の積み重ねを重視していることです。もっとも，本書では，できごとを単に覚えることを強調するのではなく，次の問いを常に念頭に置いています。わたしたちが当たり前のものとして受け止めている戦後日本の地方自治は，どのように確立し，その後の社会経済情勢の変化に合わせて，どのように変わってきたのでしょうか。また，地方自治の法制度と現実は，なぜ，どのように乖離しているのでしょうか。こうした問いを掲げるのは，いまの日本の地方自治が，何の制約もなく自由に設計されたものではなく，歴史的に積み重ねられてきたものと考えているからです。

三つめは，地域社会との関わりから地方自治を見る視点を大切にしている点です。公共サービスを届ける機械的な組織として地方自治体を捉えることもできますが，本書では，それが地域社会と密接に結びついた有機的な存在であることを重視しています。そのため，地域社会の中のさまざまな意見や利害関心を表出し，代表し，また統合しようとする地方議会，加えて，地方自治体の活動のさまざまな段階での住民参加に，特に関心を寄せています。さらに，地方自治体が地域コミュニティの活性化や住民生活を支えるために取り組むさまざまな企業的な活動として，地方公営企業，第三セクターや官民連携を特に取り上げています。

本書の視点

さて，すでに述べたとおり，本書は各章の副題で論点を示しています。それらの論点は，以下の五つの視点のいずれか，あるいはいくつかの視点から設定されたものです。これらの視点は古くから地方自治研究で取り入れられてきた視点であり，先行研究によっています。

第一は，「自治か統治か」という視点です。地方自治は，一定地域の住民がその地域の公共問題を自主的に解決するための原理や制度です。しかし，地方自治体は，単独で存在しているわけではなく，その他の地方自治体や中央政府とともに，住民の共同ニーズを充足しています。ひとつの地方自治体の視点を超えて，地方自治体の全体を見渡す視点も必要となります。

第二は，「領域か機能か」という視点です。地方自治は，もともと領域の原理に根差しています。一定の場所を単位として，ある場所とその地の社会経済的，政治的環境との相互作用の中で，その場所の住民によって政治的な正当性を与えられ，総合的な公共政策が形成されます。こうした領域の原理は，ある特定の場所の共同性の原理とも関連します。これに対して，機能の原理とは，単一の行政分野に特化することで，政策をより効率的・効果的に形成し，実施しようとする原理です。たとえば，民営化による外部化が，こうした原理と関連します。

第三は,「規模かデモクラシーか」という視点です。地方自治体は「民主主義の学校」です。住民に対して,共同の課題についての共同の利害意識を持たせ,また,共同の課題が効率的・公正に処理されるよう注意を払い,個人・共同体としての義務を自覚させるなどの働きを持っています。こうした機能を発揮するためには,地方自治体は小規模である方がよいとされます。その一方で,地方自治体は,公共サービスの主な担い手でもあります。公共サービスは,民間財と同じように,費用が最小化される最適規模を持ち,それは「民主主義の学校」が想定するよりもずっと大きいでしょう。

第四は,「代表民主制か直接民主制か」という視点です。地方自治は,地域デモクラシーの制度でもありますが,その方法は一様ではありません。住民がその代表者を選出し,その代表者の間で討論・熟議し,合意を形成することをより重視するべきでしょうか,それとも,住民の意見を直接反映するような方法,たとえば,住民投票が望ましいのでしょうか。

第五に,「行政か市場か」という視点です。公共サービスを住民に提供する場合に,その財源を住民全体から租税として集めた上で政治機構によってその配分を決める方法があります(行政のメカニズム)。こうした方法は,民主的で公正な手続きと関連します。その一方で,各公共サービスを必要とする者がその対価を払ってそのサービスを入手する方法もあり得ます(市場メカニズム)。純粋な市場メカニズムではなく,事業を運営する権利や立場をめぐって競争が行われる場合もあり得ます。市場の原理は,民間企業の参画や民間企業の経営の模倣(民間経営主義)とも関連するでしょう。

本書の構成

本書は全14章構成ですが,終章を除く13章は次のように大きく三つに分けられます。

第1章から第5章は,地方自治の基礎概念や,特に中央地方関係の歴史過程に着目し,日本の地方自治の特質を明らかにします。概念や全体像を説明する第1章に続き,「日本の地方自治の特徴とは」(第2章),「どのようにユニークな政策をつくるのか」(第3章),「自治理念は実現したのか」(第4章),「規模かデモクラシーか」(第5章)という論点が扱われています。地方分権化から市町村合併，そして市町村間の広域連携に至る流れを理解できるようにしています。

第6章から第9章では，日本の地方自治体における政治機構の特質を解説していきます。「首長と議員を別々に選出することの意味は何か」(第6章)，地方議会の「不要論を超えられるか」(第7章),「住民投票は万能か」(第8章),「住民参加・協働の広がりと障壁はどのようなものか」(第9章)といった論点が扱われています。地方自治の重要な側面である「住民自治」について，最近の政治学での議論を取り込み，まとめてあります。

第10章から第13章では，社会の接点として地方自治を実現するのに必要となる地方公務員や財政の仕組み,「もうひとつの地方自治」としての地方公営企業，そして，地方自治に大きな変化をもたらしつつある官民連携を取り上げています。「地方公務員は多すぎるのか少なすぎるのか」(第10章),「自立か連携か」(第11章),「地方公営企業の仕組みは重要か」(第12章),「民間企業による公共サービス提供は妥当か」(第13章)という論点が扱われています。

終章では，現代地方自治が直面する課題，それに対する二つのシナリオ，そしてデジタル化がもたらすだろう影響を挙げ，地方自治の将来を展望しています。

本書のなりたち

本書は，北海道と東京都・横浜市での勤務経験を持つ筆者らによる共著です。市町村合併を扱う第5章は，その分野を専門領域とする新垣二郎氏に執筆いただきました。

地方自治の姿は，その場所によってさまざまです。日本は広く，本書でカバーされていない地方自治の姿がまだまだたくさんあるでしょう。その意味で，本書の内容は，筆者らが住まう場所の影響を強く受けたものに過ぎませんが，大都市の自治と，条件が不利な地方の自治の両者に目配りすることを心がけました。

本書の完成までに多くの方々のお世話になりました。特に，小西砂千夫先生

（地方財政審議会），村上裕一先生（北海道大学），松岡清志先生（静岡県立大学）から大変有益なコメントを頂戴しました。また，山田健氏（獨協大学地域総合研究所特任助手）と庄司清太氏（北海道大学大学院法学研究科大学院生），一人ひとりのお名前は挙げられませんが，北海道大学公共政策大学院「比較政府間関係」および法学部「地方自治論」，「演習Ⅱ」の受講生，横浜市立大学国際教養学部「地方自治論ゼミ」の受講生，さらに，わたしたちが日ごろから勉強をさせていただいている公務員の皆さまからも貴重なコメントを頂きました。心よりお礼申し上げます。もちろん，本書に残された誤りなどは筆者たちの責任です。

本書の刊行までは，新型コロナウイルス感染症対策のために対面して打ち合わせることが難しい時期もあり，時間がかかりました。こうした難しい時期の執筆・編集作業を，筆者らの思いを汲んで自由に，しかし，適切に導いてくれたのは，ミネルヴァ書房の島村真佐利さんと水野安奈さんです。心よりお礼を申し上げます。

2022年１月

編著者一同

テキストブック　地方自治の論点

目　次

第Ⅰ部
中央政府と地方自治体

第1章
地方自治の発展
――国と地方との関係は時代とともにどのように変化したのか――

東京都庁（東京都新宿区）（上）と北海道庁旧本庁舎（北海道札幌市中央区）（下）
（上：2016年５月19日撮影（毎日新聞社提供），下：2016年３月29日撮影（同））

日本国内に住んでいる限り，わたしたちは，必ずどこかの市区町村と都道府県という２種類の地方自治体に属している。地方自治体が行う政治・行政の仕組みはほぼ共通しているが，実態は相当異なる。市町村に限ってみても，人口200人に満たない村（東京都青ヶ島村）がある一方で，370万人を超える巨大な都市（神奈川県横浜市）もある。また，地方自治体の運営のされ方によっても，地方自治の実際は多様化する。その結果，教育や医療などの公共サービスの内容，さらには，水道料金も自治体ごとに相当異なっている。

地方自治は，憲法上の規定をはじめ，国との関係によっても大きな影響を受けている。政府全体の規模が拡大するとともに地方自治体の役割も高まる。地域における自己決定権を強め，次第に国から自立するようになる。さらに，議院内閣制の国制と異なり，知事や市区町村長を直接公選するしくみによって，独自性のある政策づくりや住民を巻き込んだユニークな自治体運営も見られる。本章では時代とともに地方自治が発展してきた軌跡をたどる。

本章の論点

① 地方自治を学ぶおもしろさは，どこにあるのだろうか。
② 地方自治は，どのような国家の要因によって規定されているのだろうか。
③ 日本の地方自治は，歴史的にどのような変遷をたどり今日に至ったのか。

1　地方自治のおもしろさ

(1) 地方自治の独自性・近接性・規範性・多様性

地方自治では，国政の議院内閣制と異なる**二元代表制**（第6章参照）と呼ばれる仕組みを採用しており，ユニークな政治・行政が行われている。わたしたちは，行政のトップである首長，すなわち，都道府県知事，市町村長，東京都特別区長らを直接，選出することができるし，地方議会（第7章参照）の議員も選挙できる。首長と議会は，建設的な批判を前提として，相互にけん制をはたらかせることが期待されている。これは大統領制の一種ということができる。住民から民主的な手続きを経て，首長と議員という代表を選出することの意味は大きい。特に，首長が直接公選され，しかも自治体行政組織のトップの地位に一人の者が座り（独任制），自治体行政を運営する。さらに，首長は自治体職員を一括して採用し，任免する人事権を持つとともに，自身の考えの下，職員を配属し，異動させることができる。また，部局を新設したり統廃合するなど，自治体行政組織を再編したり，新しい政策を形成・執行したり，複数の分野にまたがる政策を調整することもできる。

地方自治は，国政よりも身近な存在であることにも特徴がある。日常，わたしたちが意識しないで受けている公共サービスや，利用している各種施設の大半は，地方自治体によって供給され，建設，維持管理されている。また，住民と首長・議員との物理的な距離が近いだけでなく，わたしたちが首長や地方議員と関わりを持とうと考えるならば，多くの機会が見つけられるし，地方議員に立候補し，当選することは国会議員に比べれば容易である。地方自治体が決定する政策について見れば，決定のプロセスに関わるさまざまな機会も設けられている。さらに，**住民投票**（第8章参照）によって，地方自治体の決定に住民が参加できる仕組みが整備されているし，住民の信任を失った首長，議員または議会を，住民投票によって，解職・解散させることもできる。近年，いくつかの自治体では，政策づくりの場面のみならず，政策執行，評価の段階に住民の意見を取り入れようと多様な機会を設けている。また，地方自治体で働いている職員は，現場の第一線で住民と直接接する場面が多く，地域社会で解決が求められている問題と向き合い，国レベルの政治・行政よりも早く対応しなければならない状況に置かれている。実際，国の法令に先立って，地方自治体によって先進的な条例が制定されている。

地方自治は民主主義の学校と評されることがある。国政と比べれば，地方自治体の規模の小ささ，住民にとって首長や議員などの代表や，役所・役場との近接性，住民の一体性の高さから，政治参加を高めることが可能であるという要因が大きい。また，住民が単に行政サービスの受け手に止まることなく，自治の担い手として自らも活動することが期待されている。この点は，しばしば近代の政治家，思想家によって言及されている。上記のフレーズはイギリスの政治家ジェームス・ブライスによるものだが，同様の意味する指摘は，イギリスの政治哲学者Ｊ・Ｓ・ミル，フランスの政治家アレクシス・ド・トクヴィルらによっても行われており，各人ともに，地方自治によって民主主義が強化され，支えられえる役割を強調していた。このため，地方自治は，規範性を強く持っており，「あるべき論」で語られる面がある。ところが，「あるべき論」で語られる地方自治が，実際に理想的な自治を実践しているかは別問題である。総じて，住民の首長，地方議会への関心は高くなく，投票率も低下傾向にあり，首長の多選，首長と地方議員の無投票当選も増加している現実がある。地方自治体の政策形成過程に関心を示し，参加する住民の数も実際には極めて少ない。地方自治を学ぶ意義のひとつには，こうした理念と現実の差がなぜ，どのように生じるのか，また，これをどのように解決すればよいのかを考えることにある。

ところで，日本には47の都道府県，約1,700の市区町村があり，それぞれの地方自治体で，それぞれのスタイルで自治が実践されている。憲法や法令によって規定されていることから，制度面，政策面で共通性も多々見られるが，首長や議員の選挙，政策の形成・執行，首長，議員，自治体職員の活動のしかたは，一様ではない。全国を見渡せば，産業が集積する都市型の自治体もあれば，一次産業が主体である地方型の自治体もあるし，人口規模や人口構成，財政力も，自治体間で相当異なっており，こうした要因も地方自治を多彩にさせている。

地方自治の多様性は，自治体運営の効率性レベルも多様にさせる。住民の満足度を上げるために，より質の高い公共サービスを提供する自治体もあれば，そうでない自治体もあらわれる。こうした点で自治体間の差が生じる場合，財政学のモデルによれば，よりサービス水準が高い自治体に住民が移動し，効率的な自治体運営を維持する一方，サービス水準に満足しない住民は住んでいた自治体を去るという**足による投票**（voting with the feet）が生じるという。これは，あくまでも理論であり，実際に人々が住居を決定する要因は公共サービスの水準の良し悪しだけではないが，確実に，自治体運営の効率性，行政サービスの質は自治体間で差が生じている。近年では，自治体活動や公共サービスの内容が比較され，評価される機会が増えている。さらに言えば，地方自治体は，子育て世代の家族，移住・定住者，企業や工場，加えて，ふるさと納税制度等によって，ヒト，モノ，カネを獲得する自治体間競争にさらされている現実があり，よりよい自治体運営を求められている。一方，地方自治体が高い水準の福祉政策を進めると，他の自治体から低所得者の流入を促す場合があり，これは福祉の磁石（welfare magnet）作用と呼ばれている。アメリカではこうした現象が生じることが明らかにされている。

事例①夕張市の盛衰と評価の反転

北海道夕張市は全国でも有数の産炭地であり，最盛期（1960年）には10万人を上回る人口を擁する地方都市として繁栄した（2020年現在，約8,600人）。ところが，国のエネルギー政策の見直しにより石炭産業は縮小の一途をたどり，1990年に最後の炭鉱が閉山した。地域経済の衰退に対処するため，1970

年代から夕張市は「炭鉱から観光へ」をスローガンに，市長を筆頭に観光産業の振興に乗り出した。そして，第三セクター株式会社（第13章参照）を次々と設立し，石炭の歴史村をはじめとした観光施設を建設・運営するとともに，民間事業者が撤退した後のホテルやスキー場を買い取るなど，積極的に事業を展開した。しかし，2006年，市長が財政再建団体の指定申請を表明，夕張市財政再建計画が策定され，市議会の議決を経て，国への申請が行われた。2007年，総務大臣が市の再建計画に同意し，財政再建団体に指定された。夕張市は，2024年までの再建期間の間，353億円の赤字を返済することになる。夕張市の財政破綻の主な要因は，①人口減少，税収減に対応した自治体運営の先送り，②過大な観光政策への支出，③出納整理期間を利用した会計間の操作を行い，赤字を隠ぺいする不適切な会計処理，⑤炭鉱会社（北炭）が残した資産買取り等，閉山対策への支出であった。

夕張市は，①市税の一部引上げ，②各種施設使用料等の引上げ，③職員・議員数と，職員給与・議員報酬の大幅な引下げ，④住民生活に必要最小限必要な事業・施設以外のものを廃止・縮小，などの対策を講じることによって，現在も財政再建を行っている。実は，1980年代から1990年代の夕張市は，地域振興政策の先進的な自治体として，国，マスメディア，研究者らから賞賛されてきた経緯がある。ところが，自治体の独自政策が常に成果を得られるとは限らない。夕張市は，財政破綻以降一転して多くの批判にさらされるとともに同情も集まり，近年では全国唯一の財政再建自治体として関心が寄せられている。夕張市は時代の変化とともに正反対の評価をされながら，注目を集め続けている極めてユニークな自治体といえる（北海道企画振興部 2006；夕張市の再生方策に関する検討委員会 2016）。

（2）多様な地方自治体とその呼び方

現代日本の地方自治体は，日本国憲法を根拠に，地方自治法をはじめとした各種法令によって規定されている。憲法および法令では，地方自治体のことを**地方公共団体**と呼んでいる。わたしたちになじみがあり，一般的であるのは都道府県と市町村であるが，これらは，地方自治法によって**普通地方公共団体**と位置付けられている。他方で，**特別地方公共団体**という類型を設けており，東京特別区，地方公共団体の組合（一部事務組合，広域連合など，複数の自治体が共同で事務を行うために設立した団体のこと），財産区（山林や土地，池などの財産を保有，管理するために設立される法人格を有した団体）が，これに該当する。法学の分野では，憲法および法令に即して，地方公共団体の呼称が用いられる。

公選首長と議会を持ち，広範囲の分野にわたる総合的な行政を行う団体を，本書では**地方自治体**（または，単に自治体）と呼ぶ。日本の政治学・行政学においても地方自治体の用語が一般的であり，新聞その他のメディア報道でも，地方自治体の呼称が用いられている。地方自治体には，基礎自治体である**市町村**が全国に約1,700，広域自治体である**都道府県**が47，特別地方公共団体ではあるが，幾度の制度改正を経て，基礎的な地方公共団体と位置付けられ，ほぼ市町村と同列に語られる**東京特別区**が23ある。

市町村は，自然村を単位とした集落が，幾度の合併を繰り返して規模を拡大させてきた経緯がある（第5章参照）。一方，都道府県は国の出先機関として戦前に整備されてきた経緯があり，47の単位は100年以上見直されることなく，今日に至っている。都道府県と市町村は，基本的にほぼ同じ政治・行政の仕組みを持っているが，都道府県は広域事務，市町村に関する連絡調整事務，市町村を補完する事務を担う。具体的には，高校や試験研究機関，職業訓練や警察に関する事務を行うほか，道路や河川などの社会資本の建設と維持管理を行っている。これに対して，市町村は，基礎自治体として住民に直接提供する行政サービス（たとえば，上下水道，ごみの収集・リサイクル，小中学校，介護サービスなど）や，窓口業務（戸籍，住民票などの交付），土地利用の規制（都市計画など）を主たる事務としている。基礎自治体である市町村は，町村，市（5万人以上），中核市（20万人以上），政令市（50万人以上かつ政令で指定）と区分され，人口規模が大きくなるにつれて権限も多くなる（一方，人口減少によって要件を満たさなくなっても再変更されない）（磯崎ほか2020）。

地方自治体の内部に目を向けると，ほとんどの行政サービスは，首長を頂点とした行政組織によって形成，執行されている。これに対して，教育行政や選挙管理などは，**行政委員会**という別の仕組みの下で行われているし，水道事業も，**地方公営企業**（第12章参照）という半ば独立した組織によって運営されている。さらに，複数の地方自治体が共同して，特定のサービス供給のための特別地方公共団体を設置するなど，行政サービスの内容によって供給する担い手も多様である。また，近年，民間活力の導入がさまざまな分野で進んでおり，地方自治体が直接行っているように思えるサービス供給を民間企業が行う方法が拡大したり，事業の民営化も進むなど（第13章参照），地方自治体の活動のあり方は，年々複雑さを伴いながら変化していることにも留意する必要がある。

ところで，地方自治体のことを政治学，行政学の分野では，**地方政府**と呼ぶ場合がある。たしかに，首長と議会を選出することによって民主的正当性を付与しているという意味では，政府である。地方政府という呼称が有効であるのは，特に，地方自治を国際比較の観点から論じる場合であろう。地方自治体の呼称は，憲法構造の違いから，国ごと，さらには国の内部でも地域ごとに異なっているケースがある。こうした背景を無視して，日本の制度を前提として，他国の基礎自治体を市町村，広域自治体を府県と認識することは，それぞれの国で実践されている地方自治の特質を誤って理解してしまう可能性がある。そのため，地方政府および**政府間関係**という用語を用いることが妥当である場合がある。たとえば，アメリカの基礎自治体は，municipality と呼ばれる一方，州政府は state government であり，これは主権と憲法を有しており，地方自治体ではない。イギリスの場合，自治体は一般に council と呼ばれるが正式には local authority と表現される。

2　国家の形成と変容

（1）国家の３要素

地方自治体は国政とは異なる独自性があり，住民が直接首長と議会を選出することによって民主的正当性を持った存在である。こうした背景から，国と地方という垂直的な次元で，権力の抑制と均衡をはたらかせることによって，住民の自由，そして政治参加を保障させるという政治的意義を持っている。しかし，地方自治とは国家の枠内で繰り広げられる政治・行政である限り，常に国との関係に留意しなければならず，一定の制約の中で活動しなければならない。そこで，地方自治をとりまく基本的な構造を理解するために，以下では国家による統治とその変容を概観する。

国家は，**主権**，**領土**，**国民**の三つの要素によって構成されている。主権とは，ひとつの国の領域内に，あらゆる集団や個人に対して最高，絶対の支配権を有して，他のいかなる法的制限にも服しない権力である。領土とは，国境で囲まれた一定の領域のことである。国民とは，人々が人種，血統，言語，文化，歴史，宗教などを同じであると主観的に認識し，相当程度の共通性が保たれている集団である（阿部ほか 1996）。国家を構成する三要素は，ごく当たり前のことのように思われるが，実は，国家を形成するために，人為的に，すなわち，人間の意思によって作られたものである。

主権概念は，16世紀後半より中世の封建制から絶対王制が確立する流れの中で，当初は**君主主権**として確立したものが，その後の市民革命を経て，**国民主権**に変化した。主権には，立法権の独占，そして，国家内部での暴力手段の独占が確立し，警察や裁判機構，軍隊を通じて，行使される。領土は，国境線が引かれることによって確定され，現代国家では固定的なものと認識されるが，国家が形成，再編されることによって国境線と領土が見直されることもある。国民の存在も，国民としての共通の意識や一体感をつくり出すことによって成り立っている。現代のほとんどの国民国家は，主権の及ぶ領土と，国民を一致させることを目的として，国家を形成し，維持しようと，制度を整備し，統治を実行しているが，これらの三要素は固定的，不変的なものではない。

（2）近代国家の形成

近代国家は，対外的な国家の独立を図るとともに，対内的な政治的安定と国家の統合を達成するために国家の権力と権威を国内の隅々にまで行き渡らせようとする。そのために，警察，軍隊，司法，戸籍，徴税，徴兵，教育関係の行政を全国で展開するための制度を整備する。また，近代国家の形成に伴い，中央政府が首都を定め，国境線を画定することによって，国内に中央と地方という区別が空間的，社会経済的，政治的な局面ごとに生じる。それとともに，中央政府は，開拓や殖民を通じて周辺に人口を定着させるなどして，領土を実効的に統治しようとする。さらに，国家統合のためには，国の意思を地方に貫徹させるとともに，中央地方間の意思疎通を円滑に行うために，鉄道，道路，郵便，電信電話などの交通通信網を中央政府が主導して整備する。このように，異なる政治勢力を束ねてひとつの国家が形成される経緯から，近代国家は中央集権的な構造になる傾向がある。国によっては，中央政府の統治に異議を唱え，国家からの分離独立，あるいは高度な自治権を要求する政治的な運動が根強い地方を抱えている場合がある。こうした地方の動向に対して，中央政府は国家が分断される事態を回避するため，あらゆる手段を講じて国家の統合を図ろうとする。そのため，特定地域を対象として特殊な行政を行う国の組織を設立したり，他の地方自治体とは異なる特別な自治権を許容する場合がある。

また，近代国家形成以前から営まれてきた地域レベルでの自治や独自の活動を，一方的に抑圧することは非現実的であり，ほとんどの国では，国家の一体性を考慮しつつ，国家による統治を脅かさない範囲内で，地方に一定の自治権を認める形で，地方自治制度を整備する。国内の政治・行政をすべて中央政府が担うことも現実的には困難である。そのため，出先機関を全国に設置するか，地方自治体に委任する方式を通じて執行する体制を整備する。

統合を果たした国家は，その後，**近代化**と**民主化**の時代を迎える。急速な工業化と都市化とともに，中央政府の行政機能が拡大するとともに，都市問題に対処するために，都市計画，上下水道，電気，交通などの事業の担い手として，主として都市自治体の役割も大きくなる。また，参政権拡大をはじめとする政治参加の要求は中央政府レベルに止まらず，地方自治体での政治参加の拡大を求める運動も活発化する。こうして，中央政府に対する地方自治体の役割，地方自治体レベルでの政治参加の拡大によって，地方自治体の民主的な正当性も高まることにより，中央政府に対する地方自治の位置付けも次第に高まる。

（3）福祉国家化

福祉国家とは，「政府支出のうち所得保障と社会サービスに関するものが過半を占めるようになり，かつ所得保障や社会サービスを受けることが慈善ではなく国民の権利として認められた，現代国家のありかた」と定義され，19世紀末から20世紀後半に至る間に発達した（新川ほか 2004）。先進国と呼ばれる国々は，このような政策の大半を行っている。また，政府の役割の変化は，生存権の保障，所得再分配，景気変動を調整するための経済政策の3点に着目し，説明される（西尾 2001）。すなわち，近代国家から福祉国家へと変貌を遂げるにつれて，生存権を保障するための福祉政策，所得再分配機能を持つ累進課税型の税制，ケインズ主義経済型の財政政策（景気を回復させるために政府が公共事業や雇用増など支出を拡大する諸政策）など，政府が担う行政機能はますます拡大する。と同時に，政府が提供する行政サービスを全国レベルで画一的に執行する必要から，法制度としても，財政資源の配分にしても，中央集権的な制度を強化させる方向にはたらく。一方，福祉政策に関する行政サービスは，裁量の大きい対人サービスであることから，政策を執行する担い手として地方自治体の役割が期待される。実際，福祉国家としての行政機能の広がりとともに，中央政府部門のみならず地方自治体の職員数，組織，予算規模も拡大しながら，公共政策・総合計画・条例を立案し，執行する活動が活発になる。さらに，民主的な正当性を持っている地方自治体がこうした政策の担い手になることが望ましいとも考えられることから，地方自治体の位置付けも重要性を増す。このように，福祉国家化とともに，集権化と分権化が並行する形で進行する。そして，国と地方との関係が**相互依存関係**として捉えられるようになる。

また，近代化に伴う**工業化**，**都市化**に伴い，地方部の人口が減少し，大都市部に人口や産業が集中する現象が発生し，一方で地域社会の維持が困難になる問題が，他方で都市問題が顕在化する。こうした人口や産業の空間的な偏在を是正することを目的として，中央政府は人口や産業の誘導，全国レベルでの社会資本を整備する国土政策を行う。こうした政策は，基本的に政策の立案・執行は中央政府主導で進められる。一方，地方自治体は，自らの意向を国の政策に反映させることを狙って中央省庁と折衝を行うとともに，政権党の政治家を通じて働きかけを行う。また，自治体も社会資本整備事業の一部を担う。

（4）ガバナンス時代の国家の変容

近代化を達成し，経済成長と一定の行政サービス水準の引上げを全国的に達成した国家では，その後，中央集権的な行政制度の弊害が次第に現れるようになる。近代化途上では，限られた資源を国に集中した上で部門間，地域間に配分する方法が，一定の合理性を持つ場合があるが，集権的，画一的な行政制度は，地域固有の課題への対応能力を低下させる弊害を顕在化させる。こうしたことから，中央政府による地方自治体への関わり方を見直す地方分権改革の必要性が訴えられることになる。

また，福祉国家化とともに拡大を続けてきた政府機能は，1970年代に至り，多くの先進国で見直しを迫られる。この時代に，石油危機や経済構造の変化とともに，それ以前の時代のような経済成長が見込めなくなり，その結果，安定的な税収が期待できず，さらには財政危機への対応に迫られるようになる。1980年代には，アメリカ，イギリス，そして日本でも政府の役割を見直し，「小さい政府」を志向する**行政改革**が進められた。具体的には，公務員数の削減，財政規模の見直し，さらには，行政活動に市場原理や民間活力を導入する改革として，規制緩和，民間委託，民営化などの手法が進められた。その後，こうした動向は，**NPM**（New Public Management：新公共管理論）として発達し，企画と執行の分離，成果志向の政策評価などの手法も加わり，多くの国々で取り入れられた。

一方，従来までは行政活動として行われていた分野に，市民や，NPO，NGOなどの市民団体が参加する現象も数多く見られるようになった。一昔前であれば，「公共性」は行政（官）が担うべき分野とする風潮が当然視されていたが，近年，市民が行政と対等・協力の原則の下，ともに公共的な政策目的を実現する関係が望ましいとする考え方が強まるようになった。

以上のように，中央政府と地方自治体との関係が地方分権の観点から見直されるようになるとともに，文脈は異なるものの，国地方を問わず，公共政策を立案し，執行する体制を，政府部門が独占する考え方が，次第に見直され，行政と民間との関係，両者の境界線が明確ではなくなりつつある。それ以前であれば，政府部門（government）の一枚岩的な官僚制組織が排他的に行政活動を担っているという理解が一般的であったが，これを捉え直すための新しい概念として**ガバナンス**（governance）という用語が用いられるようになった。そのため，公共政策の形成・執行を，国地方の政府のみならず，民間企業，市民団体など，さまざまな主体との関係として把握する必要性が指摘される。

3　歴史的に発展してきた日本の地方自治

（1）中央集権体制の下に確立した国と地方との関係

国家による統治と地方自治との関係を，近代以降の日本に当てはめれば，どのように説明できるだろうか。

明治維新以降，日本は，徳川幕藩体制を解体する一方，主権を確立し，政府が領土と国民を直接統治する近代国民国家を形成する時代を迎える。明治政府は，**版籍奉還**，**廃藩置県**，**大区小区制**を経て，1878年に**郡区町村編制法**，**府県会規則**，**地方税規則**の**三新法**を，1880年に**区町村会法**を制定し，徐々に地方制度を整備していった。

第二次世界大戦以前の地方制度は，1889年の**大日本帝国憲法**の発布に伴う帝国議会の開設に先立って，**市制町村制**，**府県制郡制**が制定されたことにより確立した。当時，制度創設に携わっていた政府指導者は山縣有朋であり，**地方名望家**（財産と教養を備えた在郷の有力者）を地方政治の担い手とするドイツ型の地方制度をモデルにして日本の地方制度を整備した。その背景には，自由民権運動の影響が地方政治に波及することへの強い警戒心を持っていたといわれる。当時の地方制度は，納税額によって区分された制限選挙による市町村会議員の選出，市長選出手続に対する国の統制，町村会議員による郡会議員の複選制，府県会議員の郡会議員・郡参事会員，市会議員・市参事会員による複選制，官選の府県知事を導入した点に特徴がある（第6章参照）。そして，**内務省**が府県，郡市，町村を統制する体制を確立する一方，さらに，府県，郡，市町村を，国の地方行政区画として位置付けるとともに，地方自治体としての役割を兼ね備えさせる形で地方制度を整備した。こうした体制の下，国の事務は，府県を通じて官選知事が執行し，また市町村長を国の機関とみなして国の事務を執行できる機関委任事務制度を導入した。以上のような制度によって形成された国と地方との関係は，中央集権的であり，両者の役割が融合したものとして特徴付けられるようになる。

戦前の地方制度は，大正デモクラシー期に自治権を拡大する方向で見直された。市町村会，府県会議員選挙でも**普通選挙制**（ただし25歳以上の男子のみ）が，そして，市の自治権拡大などが実現した。また，等級選挙，複選制，そして郡制も廃止されたことにより，戦前日本の地方制度は，ドイツからフランス型に変化したと理解することができる。

ところが，その後，戦時体制の確立とともに，市町村の自治権は再び制約され，国の統制が強化されるようになった。また，1943年には，東京市が廃止され，東京府と統合されることによって，**東京都制**が発足することになる。

（2）民主化を志向した戦後改革の意義と課題

現代日本の地方自治制度の基本的な枠組みが，敗戦後にすすめられた戦後改革によって確立した。戦前と戦後を分ける大きな変化は，まず，**日本国憲法**が制定され，その中で地方自治に関して「第８章　地方自治」として，第92条から第95条にわたり，憲法の中で制度として保障された点にある。憲法第92条は，「地方公共団体の組織及び運営に関する事項は，**地方自治の本旨**に基いて，法律でこれを定める」と規定している。「地方自治の本旨」（the principle of local autonomy）とは，地方自治体が国から自律して自治体に関する事項を自主的に実行・決定するという**団体自治**と，自治体に関する事項を住民の意思に基づいて決定・実行するという**住民自治**の要素によって構成されている。国会の立法権も，地方自治の本旨を尊重しなければならない。

そして，日本国憲法とともに，地方自治法が制定され，都道府県と市町村の行政組織や二元代表制，住民参加が規定された。戦前は，市制，町村制，府県制など，地方制度に関する規定は個別の法令で定められていたが，地方自治法の下，ほぼ統一的かつ画一的にまとめられた。

こうして，都道府県と市町村は，首長と議会をそれぞれ住民が選挙する地方自治体となった。なかでも，都道府県知事が内務省の官選知事から，直接公選されるようになり，都道府県が完全な地方自治体として位置付けられたことの意味は大きい。また，戦前，地方制度をはじめとして内政の大半の行政分野を統括していた内務省か解体され，機能ごとに設立された各省，委員会等に分割された。その結果，戦後日本の中央行政組織の縦割り化が進行し，分立化を助長することにもなった。一方，内務省が廃止され，知事が公選され，都道府県が完全自治体化したものの，国の事務を引き続き都道府県を通じて執行させるために，機関委任事務制度が国と都道府県との間にも拡大適用された。それとともに，機関委任事務を執行する知事の指揮監督の下で，都道府県庁に勤務する国家公務員として，地方事務官制度が導入された。

戦後改革を主導していた連合国軍総司令部は，日本を軍国主義に至らしめた原因のひとつは内務省にあるとして，内務省の解体とともに，戦前の国家警察制度を自治体レベルでは自治体警察を設置するように改変した。同様に，民主化の観点から教育行政は，都道府県と市町村に設置され，公選委員によって運営される教育委員会に担われることとなった。これらの行政委員会は，アメリカの地方自治をモデルとして導入された。

ところが，その後，連合国による占領期の後半以降，米ソ冷戦の激化を背景に「逆コース」と呼ばれていた時代に，再び集権性，融合性を強める形で地方自治制度の見直しが行われるようになる。自治体警察が廃止され，警察制度は，警察庁・国家公安委員会と都道府県警察・都道府県公安委員会の体制に再編された。教育制度に関しても，教育委員会の公選制廃止，教育長任命権の集権化，義務教育学校教員任用事務の市町村から都道府県への変更が行われた。

一方，地方自治を財政面から保障する体制を構築するため，中央政府はアメリカの財政学者であるカール・シャウプを招き，戦後の地方自治制度にふさわしい税財政制度の構想を依頼した。シャウプは，国・都道府県・市町村の事務区分明確化の原則，能率の原則，市町村優先の原則の三原則を明示した上で，国税と地方税の分離，都道府県税と市町村税の分離，地方財政平衡交付金制度の確立などを**シャウプ勧告**として提言した。

しかし，シャウプ勧告を実現させるような税制改革は徹底せず，税源分離の原則は弱められ，地方財政平衡交付金制度は**地方交付税制度**（第11章参照）に改められた。地方交付税とは，所得税，法人税，酒税の国税三税（現在は五税）の一定割合を地方自治体に配分する財源とする制度であり，地方自治体の財源を保障する機能と，地方自治体間の財政格差を平等化する財政調整機能を持っている。一方，地方税に関して国が地方自治体に対して，通常によるべき税率として標準税率や，標準税率を超えて課税する場合に超えてはいけない制限税率を設定した。さらには地方債発行を許可制にするなど，地方財政に対する国の統制を強化した。財政の次元においても，集権的かつ，国と地方の役割が融合する特徴を強めたといえる。

1960年代の高度経済成長の時代，日本は福祉国家化の進展とともに政府の役割が拡大し，中央政府，地方自治体ともに，組織，人員，予算など，政府規模を増大させる。それとともに，国と地方自治体との関係は，集権化，融合化，分立化（第2章第3節参照）も促進するように変化し，**新中央集権**とも呼ばれる時代を迎える。地方自治体は財源確保のため，また，自らが進めようとする事業を確保するために，中央省庁に対して要望や交渉（通常，陳情と呼ばれる）を行い，補助金の獲得や公共事業の確保を狙う。こうした中央地方間の折衝過程では，政権党の政治家が地方自治体の利益を代弁する媒介者として介在し，中央省庁に圧力をかけるなどの行動が見られる。

福祉政策に関して，さまざまな分野の社会福祉制度が導入されるようになるが，全国レベルでの政策水準，すなわち**ナショナル・ミニマム**を確保するために，自治体レベルでの政策執行に関して，その多くが補助金の交付を伴いながら，機関委任事務制度として地方自治体によって執行されるようになる。また，国が地方自治体の組織，施設，特別の資格，職名を有する職員等を設置しなければならないとする必置規制も増大した。

一方，国土政策が本格化するとともに，社会資本整備を担う各省も，それぞれの立場から公共事業を増大させる。たとえば建設省（当時）は，道路法や河川法を改正して，幹線道路，重要河川など従来知事の管理権限であったものを基本的に建設大臣の権限として，一定部分の管理を知事への機関委任事務とした。また，地方農政局の新設，地方建設局の権限強化など，中央各省の出先機関も拡大していった。なお，公共事業の執行に際して，国が執行する直轄事業であっても，事業費の一部を地方自治体が負担しなければならない。

また，地方自治体が行う補助事業に関しては，中央各省から配分される補助金，地方債の発行，地方税や地方交付税を財源として執行する。さらに，不況時の経済政策の一環として，中央政府は公共事業を増加させることによって民間経済の需要を喚起させる手法をとることが多いが，地方自治体も公共事業を進める重要な担い手として位置付けられており，こうした政策執行の枠組みに組み込まれている。

（3）地方自治を管轄する中央省庁の役割　地方交付税による財政調整

戦後改革により内務省が解体された後，地方自治を管轄する中央省庁を創設しようとする試みが行われ，1960年における**自治省**の発足に結実する。その後，2001年の中央省庁再編後は**総務省**として今日に至っている。旧自治省－総務省は地方自治法をはじめとする法制度を通じて，また地方税財政制度や，地方交付税制度を通じて，地方自治体を統制する役割を持っている。行政改革や市町村合併など，自治制度に関する分野で中央政府が推進する政策を，地方自治体に対して誘導することもある。それとともに，**地方６団体**（全国知事会，全国都道府県議長会，全国市長会，全国市議会議長会，全国町村会，全国町村議長会）の意向を背景として，地方自治体関係者全体の利益の維持・確保に努める役割を持っている。地方交付税制度を維持し地方財源を確保したり，地方分権改革を実現させるために，他の関係各省庁と折衝するなど，中央政府の中で地方自治体の代弁者として行動する面もある。

（4）革新自治体の盛衰と首長の脱政党化

戦後の地方自治は，日本国憲法の制定をはじめとした新たな制度が創設されたもの，中央省庁が主導する行政活動を，いわば下請け的に執行する役割に止まる傾向にあった。また，地方選挙で選出される首長，地方議会の政治勢力は，自民党系または無所属の保守層が大多数を占めていた。こうした状況を変え，一石を投じる動向として，**革新自治体**が注目された。革新自治体とは，社会党，共産党など国政で野党であった革新政党とともに，労働組合，市民団体等から支持された首長を擁する自治体を意味する。革新政党の支持を受けた首長が当選するケースは，戦後から全国の地方自治体で散見されており，現在でも政権党ではない野党勢力が支持する候補者が当選する首長選挙はしばしば見られ，このこと自体は珍しいことではない。

ところが，1960年代の後半から1970年代の革新自治体への注目は都市圏を中心に革新自治体が急速に増加し，地方自治のみならず国政に対しても大きな影響を与えるなど，戦後日本の地方自治の発展に歴史的な意義を与えた点にある。

当時の日本は高度成長の最中であり，それは急激な工業化と都市化をもたらした。一方で大都市圏を中心に，大気汚染や水質の悪化，悪臭，騒音・振動などの公害や，乱開発に伴う自然環境の破壊，日照権問題が提起されるなど，無秩序な市街地形成が住民の生活環境を悪化させるとともに，産業政策や公共事業と比べて立ち遅れていた福祉政策に対して改善を求める声が強まるなど，迅速な対応が求められていた。さらに，多くの革新自治体では首長が，政治的な支持を確保する必要性からも，住民に直接，働きかけ，住民対話を行う機会を設けることに積極的であり，今までの地方自治体以上に広報広聴体制を整備することに熱心であった。革新自治体が手がけた先進的な政策は，その後，保守・革新を問わず各地の地方自治体に普及するとともに，国の法令改正を経て全国に広がる展開を見せた。

このように戦後日本の地方自治の発展に大きく寄与した革新自治体であったが，躍進する時代は長くは続かなかった。その要因として，次の三点が挙げられる。第一に，多くの市民に支持された政策は，首長の政治的支持基盤が保守・革新にかかわらず，全国に広がった。その意味で，歴史的な役割を終えることになる。第二に，革新自治体の伸張に危機感を抱いた自民党は，当時の中道政党であった民社党や公明党との連携を強化するなど，首長の座を奪還するためにあらゆる対抗策を打ち出し，ほとんどの自治体選挙で勝利した。第三に，1973年に発生した石油危機によって高度経済成長が終焉するとともに，急速に悪化した地方財政の下，豊富な財源を前提とした福祉政策や住民サービスの提供が困難になるとともに，革新自治体に対して労働組合偏重である，放漫な財政運営を行っているなどの批判が強まった。これ対し，革新自治体は社会経済的環境や世論の変化に適合した形で，新たな自治体運営の意義を市民に説得的な形で明示することができなかった。こうした諸要因が重なり，1970年代後半から全国の革新自治体は次々と姿を消していった。

革新自治体の衰退とともに，政党間対立を軸とした首長選挙も減少した。その後，ほとんどの既成政党が有力な候補者または現職を支持するという「**相乗り型**」の首長が各地で増えた。たしかに，国政レベルでの与野党対立が自治体の首長選挙に適合しない状況はあろう。ところが，主要政党「相乗り型」の首長は，強固な支持基盤を形成することから選挙でも圧倒的な強さを誇る。その結果，現職首長の多選化，投票率の低下，無投票当選の増加を招くことになった。こうした傾向は，1990年代後半に至り，**無党派・政党支持なし**を標榜する首長が次々と登場するようになるまで各地で見られた。

ただ，1980年代代以降，保守・革新，都市・地方を問わず，自治体によるユニークな政策の実践は広がりを見せている。たとえば，中央省庁の官僚出身というキャリアを持った首長であっても，情報公開や市民参加を進め，地方の立場から国に対して，積極的な発言を行う首長も現れるようになった。

（5）首長主導の自治体改革

1990年代の日本は，国地方を問わず「**改革の時代**」であった。中央レベルでは，周期的な政権交代を実現させるために選挙制度を中心とした政治改革，中央省庁の再編や規制緩和などの行政改革，国と地方自治体との関係を見直す地方分権改革が並行して進められていた。

地方レベルでも，具体化する地方分権改革をどのように評価するのか，改革後の自治体運営をどうするかに関しての議論が盛んに行われていた。それとともに，当時，全国の地方自治体で大きな問題となっていたのは**官官接待**と，これに関連する**不正経理問題**であった。中央集権的な政治・行政システムの下で，地方自治体が中央省庁から補助金を獲得したり公共事業を進めるために，地方自治体職員は通常，中央省庁の官僚に接触して公式的に要請や折衝を行うことを余儀なくされていた。こうした状況のもと，非公式的な飲食を伴う場での接触を通じて，自治体に有益な情報収集を行ったり，より深い意見交換を行う慣習があった。このような「接待」が行われていたことに対して，世論から厳しい目が向けられたことに加え，「官官接待」を行う経費を，多くの自治体ではカラ出張やカラ雇用など不正経理を通じて捻出していた実態が明るみになり，さらに厳しい批判を浴びた。

全国の自治体では，こうした「官官接待」に象徴されるような旧弊や悪しき慣行を見直すとともに，従前まで漫然と行われていた事業を再考し，効率的，効果的な自治体運営への転換を迫られた。さらに，2000年以降は，地方分権改革の成果をどのように活かすのかについても注目された。こうした中，既存の政治勢力からの支持を得ずに当選し，そして，従来の自治体運営手法にとらわれずに，新たな手法を積極的に取り入れて積極的に自治体レベルでの行政改革に積極的な首長が全国で次々と現れ，**改革派首長**と呼ばれた。

改革派首長は，「官官接待」を教訓に情報公開を徹底し，公金を適切に執行するための改革を進めるとともに，住民への説明責任の確保，効率的な自治体運営を実現するため，新たな手法を率先して導入した。1990年代後半は財政状況の悪化に直面する地方自治体が増加した。さらに，長期間にわたり計画がすすめられているにもかかわらず事業が完成せず，時代の環境が大きく変わったために効果が問題視されるダムや道路などの公共事業が各地で批判されるようになった。改革派首長らは，こうした時代状況に対応した自治体運営を行うため，NPM の考え方に裏付けられた競争原理や民間の経営手法を自治体運営に取り入れる行政改革に取り組んだ。一連の改革の中でも，政策の成果が初期の目的に照らし合わせ，達成したかどうかを検証し，見直しや改善を図る**政策評価**は，改革派知事らが積極的に導入し，全国の地方自治体に波及した経緯がある。その後，国も先進的な自治体の実践に続き，1998年より政策評価を導入し，2001年には**政策評価法**を制定した。

ところで，公共事業を執行する事業者を選定する入札には，非公式に関係者の間で落札者を事前に決めるという談合の疑いがしばしば寄せられ，実際に汚職で逮捕される首長も散見された。改革派首長は競争原理をはたらかせて，より安い価格を提示した業者が落札するように，公共事業の**入札改革**にも積極的に取り組んだ。また，当時は，国レベルでも特定非営利活動促進法（NPO 法）

が制定された時期でもあり，政府部門の活動範囲を見直し，民間に任せられる業務を委ねるとともに，政府と住民（団体）が，共通の政策目的を実現する**協働**（第９章参照）という考え方が注目されるようになった。改革派首長も，積極的に，政策形成過程への住民参加，住民（団体）との協働を進める自治体運営を行った。

本章のまとめ

①　現代日本の地方自治では，二元代表制の下，国政とは異なる独自の政治・行政が行われている。首長，議員の選出と解職・解散や，住民投票のほか，政策決定への参加の機会が開かれていることから身近である。そのため，「地方自治は民主主義の学校」と評され，住民の自由，そして政治参加を保障させるという意義を持っている。また，47の都道府県，約1700の市町村それぞれに，多様な自治が実践されている。

②　国家による統治の観点から中央集権的に位置付けられた中央政府と地方自治体の関係が，近代化と民主化によって次第に地方自治体の独自性を強めるように作用した。その後，福祉国家化に伴う政府機能の拡大は，中央政府，地方自治体双方の役割を増大させるとともに，相互依存関係を促進させた。近年，国地方を問わず，公共政策を立案し，執行する体制を，政府部門が独占する考え方が，次第に見直され，行政と民間との関係，両者の境界線が明確ではなくなり，ガバナンス（governance）という新たな概念が用いられるようになった。

③　日本の地方自治制度の原型は明治期に形成された。戦後，日本国憲法と各種法令によって，今日の地方自治制度の原型が確立した。同時に，国による機関委任事務制度，補助金，地方交付税制度の拡大により，両者が一体となって政策を形成，執行する体制が確立した。その一方で，二元代表制の下，高度成長期は革新首長が，行政改革の時代には改革派首長が登場し，先進的な政策や行政管理・改革手法をつくり出し，全国に広めた。

引用・参考文献

阿部斉・久保文明・川出良枝（1996）『政治学入門』放送大学教育振興会。

有賀弘・阿部斉・斎藤眞（1994）『政治——個人と結合　第2版』東京大学出版会。

礒崎初仁・金井利之・伊藤正次編著（2020）『ホーンブック地方自治　新版』北樹出版。

大森彌・大杉覚編著（2019）『これからの地方自治の教科書』第一法規。

岡田一郎（2016）『革新自治体』中央公論新社。

新藤宗幸（2002）『地方分権　第2版』岩波書店。

新川敏光・井戸正伸・宮本太郎・眞柄秀子編著（2004）『比較政治経済学』有斐閣。

曽我謙悟（2013）『行政学』有斐閣。

田村秀（2014）『改革派首長はなにを改革したのか』亜紀書房。

東京市政調査会編（2009）『地方自治史を掘る——当事者たちの証言』東京市政調査会。

西尾勝（2001）『行政学　新版』有斐閣。

人見剛・須藤陽子編著（2015）『ホーンブック地方自治法　第3版』北樹出版。

北海道企画振興部（2006）「夕張市の財政運営に関する調査」（2021年4月5日最終閲覧，http://www.pref.hokkaido.lg.jp/ss/scs/grp/08/honpen.pdf）。

マーク・ベビア（2013）『ガバナンスとは何か』野田牧人訳，NTT出版。

山口二郎・山崎幹根・遠藤乾編著（2003）『グローバル化時代の地方ガバナンス』岩波書店。

夕張市の再生方策に関する検討委員会（2016）「夕張市の再生方策に関する検討委員会報告書」（2022年1月31日最終閲覧，https://www.city.yubari.lg.jp/gyoseijoho/shisakukeikaku/saiseihosaku/houkokusyosyukou.files/hokoku.pdf）。

参考URL

総務省「地方公共団体の主要財政指標一覧」（2022年1月31日最終閲覧，https://www.soumu.go.jp/iken/shihyo_ichiran.html）。

（山崎幹根）

第2章
地方自治の座標軸
――日本の地方自治の特徴とは――

英議会議事堂（上）とスコットランド議会議事堂（下）
（上：2012年６月21日撮影（毎日新聞社提供），下：筆者撮影）

「日本の地方自治の特徴とは何か？」という問いに対して，みなさんはどのように答えるだろうか。たとえば，イギリスにはロンドンに「ビックベン」の愛称で知られる国会があるが，国内のスコットランド，ウェールズ，北アイルランドには法律制定権を持った議会が設置されており，そのうちスコットランドでは，大学の授業料無料化や，お酒の最低販売価格を設定するなど，独自の公共政策が形成・執行されている他，分離独立を求める動きも活発化している。また，国際化・グローバル化について見れば，国際的に対策が求められている公共空間の禁煙化や地球温暖化対策などの政策課題に対しても積極的な取り組みが見られる。本章では，現代日本の地方自治を当たり前のように受け止めるのではなく，諸外国との比較を通じて，その特徴がどこにあるのか，また，国際化・グローバル化にどのように対応しているのかを明らかにする。

本章の論点

① 国によって憲法構造や，地方自治体の政治・行政制度は，どのような違いがあるのか。
② 国際化・グローバル化，人口減少が地方自治に与える影響とは何か。またマルチレベル・ガバナンスの概念を用いることの意義と課題は何か。
③ 諸外国と比較した場合，日本の地方自治の特徴はどこにあるのだろうか。

1　憲法構造の違い

（1）主権の所在によって異なる憲法構造

世界には多種多様な統治形態を持った国家が存在するが，国家を構成する最も主要な要素である主権のあり方に注目することによって，**単一国家**と**連邦制国家**に大きく分けることが可能である。そのことが，国と地方自治体との関係，あるいは連邦政府と州政府との関係を考えるときに重要な意味を持つ。

単一国家とは，文字通り主権がひとつであり，憲法によって政治・行政制度をはじめとした統治機構や，国と地方自治体との関係が規定されている。そして，国会が制定する法律によって，地方自治制度が整備されることになる。こうした国々では，時の政権の意向によって，地方自治体の行財政権限，広域自治体と基礎自治体の構成，自治体の規模が，地方自治体の意向とは無関係に抜本的に再編されることがありうる。実際，世界の単一国家を見渡すと，大規模な地方自治制度の改革が国主導で進められている。単一国家として類別される国は，日本をはじめ，韓国，中国，フランス，イギリスなどである。

これに対して，連邦制国家とは，連邦政府と州政府のそれぞれが主権を持っており，両者の関係は成文憲法によって規定されている。わたしたちにとって，最もなじみのある連邦制国家であるアメリカを例にとって概要を見てみよう。18世紀後半にイギリスから独立した当初は，アメリカはそれぞれに主権と憲法を持つ13の州が存在していたに過ぎない。その後，合衆国憲法の制定を経て連邦政府が創設されることになるが，これは州政府の主権の一部が移譲されることによって成立することを原理としている。州政府は主権を持った統治体であり，地方自治体ではない。

アメリカの地方自治体とは，州政府の下位に位置し，創設される地方政府を意味する。なお，アメリカ以外にも，カナダ，ブラジル，メキシコ，インド，マレーシア，オーストラリア，ロシア，ドイツ，オーストリアなどの国々が連邦制を採用しているが，連邦政府と州政府との関係は一様ではない。また，ベルギーのように単一国家が，憲法改正を経て，連邦制国家へと変容を遂げる場合もある。

(2) 地方自治体の政治・行政制度

地方自治体の政治・行政制度も，国ごとにあり方は多様であり，こうした点に着目することも重要である。第一に，地方政府を運営する代表がどのように選出され，実際に政府を運営するのかという形態に着目すれば，行政部門のトップである首長を直接公選するとともに議会の議員を別々に公選する型と，議員を直接公選して議会の中から地方政府を執行するトップを選出する型に大別できる。現代日本の**二元代表制**は前者であり，アメリカも公選首長と議員を選出するいわゆる強市長型が一般的であるが，ヨーロッパ諸国の地方自治体では後者の代表制が主流である。

第二に，諸外国の地方自治体であっても，住民が首長や議員を公選する代表制が基本であるが，地方自治体の公式的な決定に住民が参加できる**直接民主制**の要素をどの程度取り入れているのかによっても特徴が表れる。日本では条例制定を通じた住民投票を行う場合，議会の議決が必要であり，結果の拘束力はなく法的には諮問的な役割に止まる（第8章参照）。これに対して，アメリカの地方自治体で実施される住民投票は住民発案によって議会の議決を経ずに行うことが可能であるとともに，投票結果に法的拘束力が生じる。このようにアメリカの地方自治は代表制を基本としつつ，直接民主制の要素が多く取り入れられている。こうした地方自治体は多くはないが，スイスの地方自治体でも住民投票が比較的多く行われている。

第三に，行政事務の執行が，一元的であるか，多元的であるかによる類別も有効である。日本の地方自治体は**総合行政主体**として，地域内における行政事務をできるだけ地方自治体が執行しているが，同時に，行政委員会制度を採り入れた**執行機関多元主義**でもある。また，他の自治体と連携して広域行政の枠組みで執行する場合もあるが例外的である。これに対して，アメリカの地方自治では，教育や消防など，特定目的の行政事務を執行するためのディストリクトと呼ばれる地方団体が，多数設立されており，多元性が際立っている。イギリスの地方自治体もロンドンを除き，大半の地域で警察と消防は特定目的の広域行政として執行されている。

このように，地域における行政事務が地方自治体によってどの程度総合的に執行されているのか，地方自治体とは別個の団体によって執行されているのかという観点からも，地方自治体の政治・行政制度を類型化することができる。

（3）政党政治の影響力

日本の地方自治には一見すると，政党政治の存在感が薄いように考えられる。ほとんどの首長は既成政党の党員として選挙に臨まず，自らを超党派からの支持を得ている「○○県民党」「△△市民党」の立場であることを強調する場合が多い。地方議会でも，全国政党に所属する議員は多くはなく，規模が小さい市町村議会になるにつれて無所属の議員が圧倒的多数を占める。こうした背景には，政令市を除く市町村では，地方議会の選挙区と定数に関して，自治体をひとつの選挙区とした大選挙区制を採用していることから，人物本位の選挙になりやすく，政党本位の候補者選択を妨げているという指摘もある。もっとも，あらゆる政党からの支持を受けずに距離を置いている，いわゆる無党派の首長もいるが，大半の首長は複数の既成政党からの支持を得ることを重視しており，選挙でも当選後の自治体運営でも，政党政治の役割を無視することはできない。地方議会の無所属議員や，政党の系列とは異なる会派を構成している議員も大半は保守系であり，何らかの形で国レベル，地方レベルで政権党の政治家との関係を持っている。

このように表面上，政党政治が地方自治の前面に出てこない現象は，極めてユニークな特徴である。諸外国では，地方政治のレベルにも，全国政党の影響力が浸透し，全国レベルで組織化されており，無所属議員は少ない。場合によっては，自治権を要求したり，分離独立を標榜したりする地域政党が存在し，全国政党との対抗が繰り広げられているところもある。

2　国際化・グローバル化と地方自治

(1) 地方自治体による国際政策

国民国家の枠組みを前提とするならば，外国との交流や連携など，国際的な公共政策は，中央政府の役割であると考えられる傾向が強い。ところが，地方自治体は外国の地方政府や国際機関との関係構築に積極的に取り組んできた経緯がある。また，国際化やグローバル化の波は，日本の地方自治にも影響を与えており，こうした面も合わせて理解する必要がある。

地方自治体による**国際政策**を概観すると，外国の自治体と姉妹都市として交流協定を締結する方法は早くから行われており，今日でも一般的に活用されている。姉妹都市としての交流は，双方の首長や議員の表敬訪問から始まり，文化交流，スポーツ交流として発展する場合もある。また，国際交流活動に熱心な自治体は，国際音楽祭，国際映画祭，国際競技大会などを主催し，あるいは誘致に力を入れるようになる。さらにはオリンピック・パラリンピックや万国博覧会，主要国首脳会談などの国際会議の招致へと発展する場合もある。一方，地方自治体が共通する政策課題を解決するために交流を深める試みに乗り出す事例も多数存在する。東京都は，1972年に「世界大都市会議」，1985年に「世界大都市サミット」を，北海道は1974年に「北方圏環境会議」を，滋賀県は1984年に「世界湖沼環境会議」を開催し，政策交流を進めてきた。また，地域の地理的特性を活かす形で，北方圏，環日本海，環黄海などのエリアで国際連携を深めようとする試みも各地で実践されている。

国際協力の分野でも，地方自治体が外務省の関係団体である国際協力機構や，総務省の関係団体である自治体国際化協会などと連携し，自治体職員の姉妹都市や国際機関への派遣，途上国や姉妹都市からの職員の受入れや技術研修などを行っている。

ユニークな分野としては，平和活動がある。1980年代には，イギリスのマンチェスター市から始まり，世界各地に拡大した非核平和都市宣言運動がある。当時は米ソの冷戦が激化しており，核軍拡による軍事的脅威を緩和する役割としての意義があった。日本の地方自治体による取り組みとしては，広島・長崎市の提起によって「平和首長会議」が発足し，核兵器廃絶に向けて世界の都市と連帯，活動が行われている。

また，地理的な特性を活かした形で，隣接する国・地域との交流を促進させる構想を持っている自治体が多い。こうした活動は，東京を経由せず，地方自治体が直接，海外と結び付くことによって情報収集やビジネスチャンスを開拓することを可能にさせ，東京を頂点とした中央集権的な構造を見直す好機になりうる。東京を起点にすれば国境に隣接する周辺地，遠隔地に過ぎない北海道や沖縄県も，国境を越えて海外との多様な交流拠点として捉え直した場合，大いなる発展可能性を持っている。実際，多くの地方自治体では，地元企業の海外進出や地域の特産品の輸出を支援し，海外からの投資や，観光客，航空路線，航路の誘致活動も熱心に行っている。海外事務所を開設するなど，活動拠点を整備している自治体も少なくない。

（2）欧州諸国のリージョナリズム

1980年代の後半以降，ヨーロッパ諸国において国（中央政府）と従来までの広域自治体とのあいだにリージョン（region）を単位とした新たな階層の地方政府を創設する動きが広がっている。また，連邦制国家の州政府が，独自性を強める動きを示すようになった。こうした一連の動向は**リージョナリズム**（regionalism）と呼ばれているが，地域によってその背景となる要因や地方政府の権能も異なり，一国の中でもその現れ方が一様ではない。

国際化・グローバル化は，地域開発政策の内容を変化させるとともに，国家の役割の限界を顕在化させる一方で地方政府の役割を高めるように作用した。さらに，ヨーロッパにおいては欧州連合の役割も，国家の役割を相対化させるようにはたらいている。また，いくつかの国の地域では，歴史的，文化的な特性を背景にして，国民国家の枠組に収斂されない地域アイデンティティ，地域ナショナリズムを強化するために，自己決定権の確立，さらには，国家からの分離独立を志向する動向もリージョナリズムを促進する要因となっている。そして，国によっては，国と地方との間で政治的な対立を生じさせている。こうした動向に対処するため，イギリスやスペインでは，国が特定の地域に特別な形で自治権を移譲しており，一国多制度型の中央地方関係が形成されている。

（3）グローバル化が地方自治に及ぼす影響

今日は**グローバリゼーション**の時代であるといわれて久しい。グローバリゼーションとは，政治，経済，文化などの分野で国境の壁が低くなり世界が一体化する現象であり，モノ，カネ，ヒト，情報等が国境を行き交い，世界がひとつのシステムを形成するように作用する。これは，冷戦の終焉，情報通信技術の発達，諸国の経済発展等による移動の加速化が背景にある。

グローバル化の進展は，国民国家による統治の限界を露呈させることになった。たとえば，以前であれば主権を背景に，ケインズ主義的な経済政策を行うことによって国内の景気を調整することを可能にしてきたが，国境を簡単に移動する企業が世界大で活動する状況の下では，従来型の景気対策としての経済政策の効果には限界がある。さらに，税率の低い国や地域へ移動したり，関連会社をいわゆるタックス・ヘイブン（租税回避地）に設立するなどの対策を駆使する企業への課税が年々困難になっている。また，金融の自由化が進行した現在では，一国単独で為替レートをはじめとした通貨の流通をコントロールすることも困難となりつつある。

事例②グローバル化による新たな課題

急速なグローバル化は地方自治体に大きな影響を与え，新たな政策課題を生じさせている。たとえば，現在，地方自治体は**政府調達**に関する国際協定を遵守しなければならない。政府部門が行う公共事業や物品，サービスの購入を，公正な競争条件の下で行うため，地方自治体はWTO（世界貿易機関）による政府調達協定や，TPP（環太平洋パートナーシップ協定：Trans-Pacific Partnership Agreement）に従わなければならない。国も，地方自治体が遵守しなければならない具体的な規定を，地方自治法施行令をはじめとした政令として制定し，協定が及ぶ対象を都道府県および政令指定都市としている。現在のところ，政府調達に関して，外国企業の参入は限定的なものに止まっている。ところが，地方自治体は，地元企業や物品を優遇する措置が外国企業や政府から協定違反として指摘された場合には，自らが国際的な紛争処理の場で争わなければならない可能性がある。過去には地方自治体が，人種差別撤廃条約を遵守する義務があるとして，提訴されたケースもある。また，外国資本による全国各地での土地の購入が急増している状況から，水源地保護の懸念が高まっていることに対応し，水資源保全条例を制定している自治体もある。

さらに，新たな住民となった外国人のための条件整備を行う役割が地方自治体に求められている。外国人受入れに関する入国管理政策は国の事務であるが，国の政策変更によって，いわゆる企業城下町と呼ばれる大規模な工場を擁する地方自治体では，日系外国人が急増するなど，地方自治体に大きな影響を及ぼしている。また，外国人技能実習生・研修生制度が，労働力不足を補う役割を実質的に果たしており，製造業の現場だけではなく，一次産業の分野にも多くの外国人が従事しており，地方でも外国人との共生が課題となっている。こうした状況に対応し，地方自治体は今までも，言語をはじめとする慣れない環境で生活をする外国人を住民として受け入れるため，教育，福祉，医療などの行政サービスを提供してきた。また，外国人住民と旧来の住民との共生を図るための努力を重ねている。現在**多文化共生**を推進する自治体も増加している。こうした中，2018年，国は入管難民法（出入国管理および難民認定法）を改正し，人手が必要な分野で外国人の就労を認め，今後５年間で最大34万人の外国人を受け入れる予定である。国は，自治体に多言語対応の一元的な相談窓口の設置を求めており，この分野での自治体の役割が，ますます大きくなるものと思われる。

（4）マルチレベル・ガバナンス

以上のように，グローバル化・国際化は，主権の行使を背景とした国家による統治の限界を表面化させることとなった。国境を越えて飛び交うヒト，モノ，カネ，情報を国家がコントロールすることは困難になりつつある。グローバル化によって生じる政策課題に対処するために，中央政府は国際機関の場での関係諸国との交渉，国際的な企業，NPO・NGO との折衝が必要となる場面が増加する。また，中央政府では十分な対応ができない政策課題に対して，地方自治体が果たす役割も大きくなる。さらには，国際機関を通じて取り決められたルールを，中央政府のみならず地方自治体も遵守しなければならない場面も増大する。このように見れば，主権を背景に，領土内の課題を解決するために，強固な官僚制組織を擁する政府部門がトップダウンで公共政策を立案・執行するという，閉じられた国境を前提とした国民国家による統治イメージは，過去のものになりつつある（図2－1）。

さらに，人口減少が地域社会に与える影響も新たな政策課題を発生させる一方で，地方自治体の運営に必要な資源の縮小を伴うことから，単独の地方自治体がすべての公共サービスを自己完結的に行うことを困難にさせている。そのため，今までとは違った形で，多様な担い手と協働する必要性が高まっている（第5章参照）。

ところが注意を要するのは，グローバル化，そして人口減少が進行するにつれて，さらに，政策形成・実施の担い手が多元化するとしても，これをもって中央政府の役割が解消されるわけではないということである。たとえば，課税制度，知的所有権，感染症対策など，国際機関を舞台としつつ，依然として国家を中心として対処せざるを得ない政策課題が少なくない。また，国際機関，国，地方自治体はそれぞれ，ゼロサム・ゲームを行っているわけでもない。政策課題解決のためのアイデア・知識・情報，法的・人的・財政的資源，利害調整，政策の執行をどのレベルの政府や団体がどのように実行するのかを，個別の政策課題ごとに考える必要がある。人口減少問題に関しても，第一義的には国が取り組む政策課題であるという原則に立ち，中央政府には全国的な見地から行うべき政策を実行する責務があることにも留意が必要である。

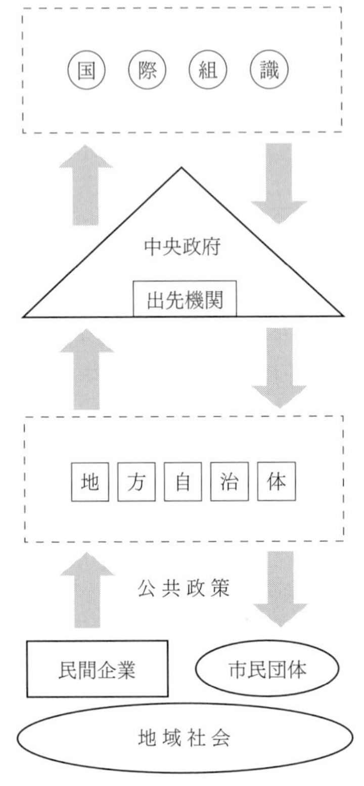

図 2-1　マルチレベル・ガバナンスの概念図

出典：筆者作成。

こうした動向を受けて，グローバル化，そして人口減少時代の政府活動や公共政策の動向を理解するために，**マルチレベル・ガバナンス**（重層的統治）の概念を用いる意義が近年，高まっている。マルチレベル・ガバナンスの中での，中央政府と地方自治体の役割は何か，また，公共政策の立案・執行における説明責任をどのように確保するのかという問いは重要であるが，政策の関与者が公式，非公式に増大すればするほど，その解を求める作業は難しさを増す。こうした問題に，理論面，実証面においてどのように答えていくのか，さらには，マルチレベル・ガバナンスが有用な概念であるのかを問い続けてゆく必要がある。

3　国際比較から見た日本の地方自治の特徴

(1) 比較をすることの重要性

「日本の地方自治は集権的か分権的であるのか」という問いは，今まで最も関心を集めた研究テーマのひとつであったが，その答えを的確に導き出すことは難しい。こうした中，村松岐夫は1980年代に新たな解釈を提示し，地方自治研究に大きな影響を与えた。村松によれば，戦後日本の中央地方関係に関しては，戦前からの特徴を引き継いでいることを強調する**垂直的行政統制モデル**として理解する見方が主流を占めていた。これに対し，戦後改革による戦前と戦後との政治体制の違い，特に，中央と地方を媒介し，地方自治体の意向を受けながら活動する政権党の政治家の役割が重要であることを強調した。それとともに，アメリカやイギリスの学説を採り入れつつ，国と地方自治体が**相互依存**の関係を深めているという理解に立った，**水平的政治競争モデル**として位置付けるべきであるとする見方を提示した。村松の提示したモデルに対しては，国と地方との関係を規範的に認識するのか，あるいは，これを中立的に捉えた上で実証的な分析を行うのかによって評価が分かれ，モデルの妥当性をめぐり実証面，方法論の面から多くの研究が行われるようになった（村松 1988）。

また，政策現場でも地方分権改革を進める際には，日本の地方自治制度がどの程度中央集権的であり，どのような問題点を持っているのかが問われ，その改善が指向されてきた経緯がある。このように，「日本の地方自治は集権的か分権的であるのか」という問いは，研究面でも，実務の面でも重要な問いであるが，分析の視点をより客観的に設定した上で実証的に分析をしなければ，「水かけ論」的な議論に終始するおそれがあることに留意しなければならない。

一方，比較政治研究の方法を採り入れ，国際機関である経済協力開発機構（OECD）などの統計情報を用いつつ，国際比較を行う研究も発展している。たとえば，各国の全政府の総収入に占める国税と地方税の比率や，総支出に占める中央政府と地方政府の割合を比較することによって，集権と分権の度合いを分析し，国ごとの特徴や，連邦制国家と単一国家との比較を行っている。また，政府間関係のあり方が，民主化の度合い，財政赤字や経済成長に与える影響，国と地方を結び付ける政党政治の役割に関する比較研究も進められている。こうした比較研究から，日本の地方政府の自主財源比率は比較的高く，また，歳出額の規模も大きいことが明らかにされている（曽我 2013，建林ほか 2008）。

（2）集権／分権・分離／融合

本節では，今までの地方自治研究で広く用いられてきた**集権／分権**，**分離／融合**の概念を紹介することによって，比較研究の意義と課題について考えたい。これらの概念は，天川晃をはじめとして今日に至るまで数々の論者によって定義され発展してきたが，共通している点は，集権と分権，分離と融合という二つの軸を組み合わせ，集権融合，集権分離，分権融合，分権分離の四つの類型を作り出すことによって，国と地方政府との関係を国際比較，または時系列比較を行うところにある（図2-2）。

集権とは，中央政府が地方政府よりも権限，財源などの資源を有しており，地方政府の活動を制約する力を強く持っていることである。これに対して，**分権**とは，地方政府が，権限，財源などの資源を十分に有しており，自律的な意思決定を行える余地を多く持っていることを意味している。

分離とは，中央政府と地方政府が，それぞれ明確に区分された事務・権限をそれぞれ執行する仕組みである。地方政府は，法律によって定められた事務のみを行う。地域住民に対する国の事務は，地方政府に任せることなく，国が出先機関を設けて直接に執行する。これに対して，**融合**とは，中央政府の事務・権限であっても，これを地方政府に委任するなどの方法によって執行する仕組みであり，地方政府は地方固有の事務と国の事務を合わせて執行することになる。

西尾勝は，集権／分権，分離／融合の概念によって**英米型**の**アングロ・サクソン系諸国**を**分権分離型**，**ヨーロッパ大陸諸国型**を**集権融合型**と類別し，近代国家の形成過程に即して，それぞれの特徴を明らかにした。アングロ・サクソン系諸国は，統一的な国家を形成する際に，集権的な統合の必要性が高くなく，地方政府の自治が認められていた。そのため，中央政府レベルでの内政の総括

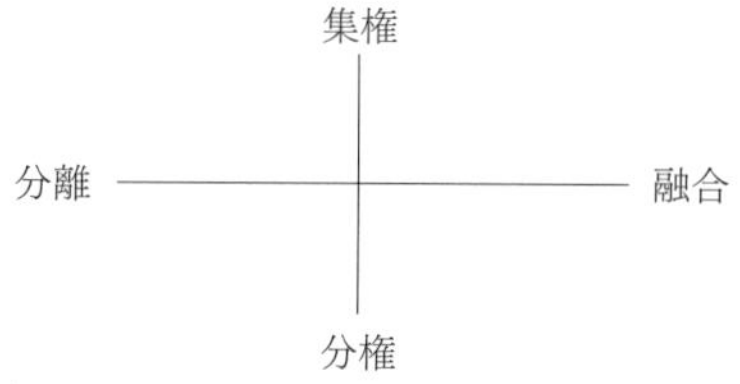

図2-2　集権／分権・分離／融合の概念
出典：筆者作成。

官庁である内務省は存在しない。また，地方政府の権限は，国が法律を制定して個別に与えられるので，**制限列挙方式**と呼ばれる。地方政府は，与えられた権限の範囲内では自由にこれを行使することができる。しかし，その範囲を超えた行為は，裁判を経て違法と判定されれば無効となる。これは**権限踰越（ultra vires）の原理**と呼ばれている。このように，アングロ・サクソン系の地方自治は，立法による統制と司法による統制によって規律されるという特徴を持つ。

これに対して，ヨーロッパ大陸諸国の多くは，封建制の時代から続く諸団体に対して，強力な権力を行使する形で国家統合を実現した経緯がある。そのため，国と地方との関係が中央集権的に規定される傾向が強い。まず，**内務省**という中央官庁によって，地方政府をはじめとした内政が統合されている。内務省は全国各地で国の事務を行うために，府県を設置するとともに，国の官僚を知事として派遣する。こうした性格を持つことから，府県は国の出先機関として整備されることになる。また，府県の下に置かれている地方政府は，地方固有の事務を行うとともに，国の事務を国からの委任という方式を通じて執行する。地方政府が執行する国の事務に対して，国は法的，財政的な手段を通じて地方政府を統制する。一方，地方政府の権限は，**概括例示（概括授権）方式**として定められており，制限列挙方式よりも幅広い権限を行使することが可能である（西尾 2001）。

こうして，集権／分権，分離／融合の概念を当てはめ，近代国家の形成過程に着目することにより，各国の地方自治の特徴を，国際比較，時系列比較を通じて明らかにすることが可能になる。ただし，集権融合型，分権分離型は，あくまでもモデルであることに注意を要する。第1章でも説明したように，福祉国家化とともに，国と地方政府との相互依存化の現象はあらゆる国で普遍的に見られる。さらに，集権融合型の国々も地方分権改革を経て，大きな変化を経験している。逆に，分権分離型の地方自治であっても，集権化の動向が見られる。あらゆる社会科学の概念がそうであるように，集権／分権，分離／融合も，すべてを説明できる万能なモデルではない。こうした点を補い，より緻密な比較分析を行うために，集権／分権，分離／融合の概念に加えて，**集中／分散**（資源が中央政府に集められているのか，地方自治体に配分されているのか），**分立／統合**（政策分野を担う行政組織が個別に存在するのか，束ねられているのか）の視点を導入することによって，比較研究の発展が試みられている。

日本の地方自治の特徴を，集権／分権，分離／融合の概念で類別すれば，**集権融合型**と位置付けることができよう。第1章で説明したように，日本の地方自治制度の源流は，戦前にドイツ型をモデルにして構築された経緯から，ヨーロッパ大陸型の地方自治の性格を有していた。戦後改革によって，内務省と官選知事が廃止され，都道府県が完全な地方自治体へと変化することによって分権化，分離化は進んだが，機関委任事務制度や補助金制度などに見られたような依然として集権融合型の特徴を引き継いでいた。その後，1990年代後半から進められた地方分権改革によって，集権性，融合性は希薄化した。現代日本の地方自治が，集権融合の類型を超えた変化を遂げているのか否かに関しては議論の余地があり，観察者が立脚する価値観とともに，制度改革の特徴と実態を把握し，評価する必要がある。

（3）固定的・画一的な地方自治制度

今までの説明とは異なる観点から整理すれば，第一に，現代日本の地方自治制度は国－都道府県－市町村の基本構造を維持しており，また，47都道府県の数も変わることなく，その意味で**固定的**であるといえる。これは，諸外国と比較すると極めて対照的である。外国では，時の政権が新たな広域地方政府を創設したり，広域自治体と基礎自治体を一層制に再編するなど，地方自治制度を抜本的に改革する試みがしばしば見られる。

現在の日本の都道府県と市町村は首長と地方議員を公選し，地方自治の本旨に基づいて運営する地方自治体である。ところが，明治期に地方制度が整備されたときに，道府県および市町村は，国の行政区画とともに，自治体としての位置付けられるという二つの役割を担うことになった。すなわち，府県も市町村も，集権融合体制の下，国の事務を執行する役割を合わせ持っている。このような事情が，地方自治制度を固定的にさせている主な要因であろう。

第二に，**地域アイデンティティ**と自治体・地方政府との関係の違いがある。日本でも，都道府県をブロックごとに統合し，国の出先機関とともに再編する道州制がたびたび提起されてきたが，今日に至るまで実現していない。その理由として，戦後改革を経て誕生した民選知事がその地位を脅かされるとして反対するとともに，機能的に分立する形で設置されている事業官庁が既得権を維持するために異議を唱えたという事情がある。また，道州制の意味内容も論者の立場によって相当異なっており，中央集権化や国家公務員数を減らすための行政改革に帰することへの批判もある。これに加えて，道州制改革には，区割り，州都の選定，全国一斉型か先行型を認めるか，現行の都道府県－市町村の再編を伴うか，そして現行憲法の枠内で行うか憲法改正を伴うかなど，具体的な制度設計を行う際に，解決が極めて困難な論点が数多く存在する。

ヨーロッパ諸国で見られたリージョナリズムとの比較でいえば，複数の都道府県を統合する道州の単位には，諸外国で見られるような歴史的，文化的要因に裏付けられる地域アイデンティティ，地域ナショナリズムという要因がなく，政治問題化することはなかった。そのため，地方から他地域と異なる特別な自治権獲得や分離独立を唱える運動が発生し，国と地方との対立が先鋭化することはほとんどない。一方，日本の地方分権改革（第4章参照）は，地域アイデンティティに裏付けられた自己決定権の確立というよりも，公共政策の独自性，自治体運営の効率化，地域経済の活性化を志向する傾向が強い。結果として，政治的な次元での地域アイデンティティという要因を欠いた形で，都道府県という自治体の存在が長い年月を経て，日本の社会に定着してきたといえる。

基礎自治体レベルについて見れば，まず，対照的な例を挙げれば，アメリカでは，必要性を認識した住民が立ち上がり，憲章の制定と住民投票による承認によって初めて基礎自治体が創設される。このため，地域住民の自治体運営に対する関心は高く，また，憲章を通じて自ら政治・行政機構を創設するために，自治体の仕組みは多様である。なお，アメリカでは，基礎自治体が存在しない地域も珍しくない。

こうした背景の違いから，アメリカの住民と日本の住民の自治観は極めて対照的である。ところが，市町村レベルで見れば，地域共同体の意識は時折，表出する。たとえば，明治期には，地域共同体の実情に合わない地方制度の導入への反発は強かった。その後も，市町村合併など大きな規模での自治体再編に対して，規模の小さい市町村からの異議申立として表れ，一定の政治力を発揮することがある。

第三に，現代日本の地方自治制度は，戦後改革を経て，日本国憲法および地方自治法を中心とした法令によって規定されることになる。これによって，全国のすべての都道府県と市町村の政治・行政制度は，二元代表制，執行機関多元主義，住民参加などが，ほぼ**画一的**に定められるようになり，どの地方自治体でも同じような仕組みで自治体が運営されている。さらに，中央レベルの行政組織が機能ごとに編成され，全国を対象に画一的な政策を形成・執行している体制が，これを助長している。実は，これを戦前と比較してみると，市制，町村制，府県制など，それぞれに政治・行政組織が異なる制度が適用されるとともに，北海道，沖縄にもやや異なる制度が，さらに朝鮮，台湾，樺太，関東州など外地には，植民地の実情に応じて個別の地方制度が導入されていた。戦前の地方制度には不均一性が見られた。

（4）いくつかの例外——東京都区制度，沖縄と北海道の振興／開発体制

戦後の地方自治制度によって画一的に中央地方関係が規定されたが，実は，いくつかの例外がある。

地方自治制度の中での唯一の例外といえるのは，東京の**都区制度**である。東京都制は1943年，戦時体制下に導入され，当時の東京府と東京市が合併し，東京都と都の下部組織としての35区が設置されることになった。戦後の地方自治制度改革を経ても，東京都が集権的に都市行政を担い，普通地方公共団体としての市よりも権限が少ない特別地方公団体である特別区の制度が継承された。

このように，東京都区制度は自治権を拡大するための特例でない。そのため，特別区からは断続的に自治権と権限の拡大が要求され，制度改正が行われてきた。なお，大阪でも東京と同様の制度を導入する構想が議論され，2015年そして2020年の2度にわたり，いわゆる「大阪都」構想をめぐり住民投票が行われたが，いずれも否決され，実現には至っていない（第8章参照）。

また，地方自治制度ではないが，国土開発政策の一環として，**沖縄**と**北海道**には他の都府県には見られない特別な**振興／開発体制**が整備されている。周知の通り，両地域は明治期に日本国に統合された経緯がある。戦後も，両地域の振興／開発政策は，**沖縄振興（開発）特別措置法**，**北海道開発法**に基づいて，特別な制度や組織が整備されている。沖縄では，戦後26年間米軍施政下に置かれていたこと，本土からの遠隔性，離島県という特性，米軍基地の集中などの特殊事情への対処が，北海道では戦後の日本経済社会の復興への寄与が，国策として位置付けられた要因となった。そのため，中央政府は限定された形ではあるが，振興／開発政策を総合的に行うための領域に即した行政組織として，国務大臣を擁する**北海道開発庁**（1950年），**沖縄開発庁**（1972年）を設置した。省庁再編を経た現在でも，内閣府に沖縄担当部局を，国土交通省に北海道局が，さらに，出先機関として沖縄総合事務局，北海道開発局がそれぞれ設置されている。こうした仕組みは，機能ごとに各省が個別に画一的に政策を行っている他府県には見られない。

このような国主導の振興／開発政策は規模が大きく，多額の事業費を伴って進められることから，それぞれの自治体運営に対して少なくない影響を与えている。総じて，沖縄も北海道も，他府県よりも有利な形で公共事業を執行できるなどの特権があることとから，国の特別な行政組織と地方自治体との間で利害を一致させており，協調を基本とした関係を維持している。一方，沖縄県，北海道ともに現行制度を前提としつつも独自の政策対応を行う場合がある。1990年代後半以降，両地域における国策の意味付けが対照的に変化しており，沖縄の振興体制は特別免税店制度，航空機燃料税の減免，諸政策の特区，一括交付金の導入など，機能を拡大する方向で独自性が強化された。ところが，北海道では特殊性を解消する方向での見直しが幾度か提起されてきた。現在，北海道には全国で唯一，**道州制特別区域法**が適用されているが，他の都府県と比べて同法によって認められた権限移譲の特例の事例は極めて少ない。

このように，東京，北海道，沖縄の特例は，国家による統治の一環として，いわば「上から」形成された経緯があり，立法権の強化や自治権の拡大を求める「下から」の政治的要求への対応として特例が導入されたわけではない。

ところで，憲法第95条では「一の地方公共団体のみに適用される特別法は，法律の定めるところにより，その地方公共団体の住民の投票においてその過半数の同意を得なければ，国会は，これを制定することができない」としている。この条項は，アメリカの地方自治の歴史で，州政府が地方政府に対して恣意的な州法を適用することが問題となり，これを禁じ，地方政府の自治を制度的に保障する措置として設けられたという沿革がある。日本では，地方自治の制度的保障というよりも，この規定に基づく**住民投票**を通じて，他の自治体とは異なる特別法を導入する手段として用いられ，実際，16の法律の制定に際して，95条の規定により住民投票を行った。ところが，この規定がどのような場合に適用されるのかの基準が明確でなく，実際に制定された特別法も特別な権限を持たないものが多かったことから，1952年以降行われなくなった。北海道開発法，沖縄振興特別措置法の制定に際しても，95条に基づく住民投票の必要性が議論になったが，内閣法制局が否定的な見解を示したこともあり，住民投票は行われなかった。

また，2000年代に至り，国が一部の地方自治体にのみ特例を認めるために，**構造改革特区**をはじめ，地域再生計画などの手法が導入されているが，先の道州制特別区域法と同様，自治体側の要望が積極的に認められているとは言い難い。特に，地方自治制度の特例に関する要望はほとんど認められていない。

本章のまとめ

①　憲法構造の違いから単一国家と連邦制国家との相違を認識することは重要である。国家の変容とともに，どちらが分権的であるか，集権的であるかを断定することはできない。また，代表制のあり方，直接民主制的要素，

事務執行の総合性／多元性という観点から，地方自治体の政治・行政制度を類型化することができる。

② 地方自治体は独自の発展を志向し，以前から国際政策に力を入れてきたが，グローバル化の進展によって生じる新たな政策課題への対応に直面している。マルチレベル・ガバナンスの概念は，公共政策の担い手が，重層化，多元化する動向を考察するための概念として登場したが，依然として残る政府の役割，説明責任の確保を問い続けていく必要がある。

③ 分権分離型の英米型の地方自治と集権融合型のヨーロッパ大陸型の地方自治が類別され，日本は集権融合型とされてきたが，その後の制度改革等により，実態は変容している。現代日本の地方自治は，都道府県－市町村制を基本としつつ，固定的，画一的な制度を維持している。例外として東京都区制度が，国土開発政策の文脈で北海道開発，沖縄振興開発体制が整備されている。特区制度による地方自治制度の多様化は見られない。また，地域アイデンティティを背景に自治権獲得を要求するような中央政府と対抗する契機を持たなかった。

引用・参考文献

秋月謙吾（2001）『行政・地方自治』東京大学出版会。

天川晃（1986）「変革の構想――道州制の文脈」大森彌・佐藤誠三郎編『日本の地方政府』東京大学出版会。

礒崎初仁・金井利之・伊藤正次編著（2020）『ホーンブック地方自治　新版』北樹出版。

稲継裕昭（2011）『地方自治入門』有斐閣。

金井利之（2007）『自治制度』東京大学出版会。

新藤宗幸（2002）『地方分権　第2版』岩波書店。

曽我謙悟（2013）『行政学』有斐閣。

建林正彦・曽我謙悟・待鳥聡史編著（2008）『比較政治制度論』有斐閣。

西尾勝（2001）『行政学　新版』有斐閣。

日本都市センター編（2005）『国際条約と自治体』日本都市センター。

日本都市センター編（2006）『ローカルガバナンスに関する国際協力のあり方調査研

究報告書』日本都市センター。
松本英昭監修・地方自治制度研究会編（2006）『道州制ハンドブック』ぎょうせい。
松下圭一編著（1988）『自治体の国際政策』学陽書房。
村松岐夫（1988）『地方自治』東京大学出版会。
毛受敏浩編著（2016）『自治体がひらく日本の移民政策——人口減少時代の多文化共生への挑戦』明石書店。
諸富徹（2020）『グローバル・タックス——国境を超える課税権力』岩波書店。
山口二郎・山崎幹根・遠藤乾編著（2003）『グローバル化時代の地方ガバナンス』岩波書店。
山崎幹根（2011）『「領域」をめぐる分権と統合』岩波書店。
山下茂（2010）『体系比較地方自治』ぎょうせい。

参考 URL

一般財団法人自治体国際化協会（CLAIR／クレア）ウェブサイト（2022年1月31日最終閲覧，http://www.clair.or.jp/）。

（山崎幹根）

第3章
地方自治体による政策・計画・条例
――どのようにユニークな政策をつくるのか――

受動喫煙防止条例によって公園を禁煙とした旨を告げる表示板
（東京都調布市・2019年6月27日撮影，毎日新聞社提供）

近年，健康面からの関心が高まり，タバコに対する規制が国の法令によって強化されているが，地方自治体も独自の規制政策を進めている。

東京都千代田区は2002年に，全国で初めて路上喫煙を取り締まる罰則付きの生活環境整備条例を制定した。その後，都市部の自治体を中心に同様の条例を制定する動向が全国に広がった。

一方，東京都は，2018年に，国の法律よりも厳しい受動喫煙防止条例を制定したが，現在のところ路上喫煙防止条例のような広がりは見られない。このように，タバコを規制する政策が典型的であるが，地方自治体ごとに政策内容の差異が生じるケースが散見される。これにはどのような要因が作用しているのだろうか。

本章の論点

①　地方自治体はどのような仕組みによって政策をつくっているのだろうか。
②　地方自治体が条例を制定する意義はどこにあるのだろうか。
③　先進的な地方自治体でつくられた政策が全国に広がる意義と課題は何か。

1　地方自治体による政策づくり

(1)政策の構造——目的，主体，対象，資源

わたしたちが生活をしている社会には解決が求められる問題が山積しており，住民や利害関係者，マスメディアからは，政府に対応を求める要求が絶え間なく寄せられる。地方自治体も，こうした要求に対処し問題解決を図るために，さまざまな**政策**をつくり，実行している。

ところで，政策に焦点を当て，地方自治体の活動を理解することにはどのような意味があるのだろうか。地方自治体あるいは地方政府の組織や権限は，それぞれの国や地域の憲法構造や政治体制によって規定されている。こうした多様性を前提に，それぞれの国の地方自治体の活動の実態を考察することは重要な作業である。一方，政策が誰によって，どのように作られて，実施され，どのような効果を及ぼし，さらには見直されていくのかを，あらゆる国や地域の政府の制度にかかわらず，抽象化し，一般化することによって，政府の政策活動の特徴を浮き彫りにすることができる。そして政府の活動，政策に関わる関係者の行動様式，さらには政策自体の特質を，より深く理解することが可能になる。こうしたことから，政策を，政府から外部環境（社会）に対してはたらきかけ，その効用が再び政府に反映されるという一連の流れとして理解する意義がある。さらに，政策を課題設定，形成，決定，執行，評価というプロセスとして，段階的に捉えることが有用になる。

地方自治体を含む，政府の政策は，達成すべき目的と，それを実現するための複数の手段との組み合わせとして理解される。一般に，抽象的なものから具体的なものへ，包括的なものから個別的なものへと分化するにつれて，**政策**（pol-

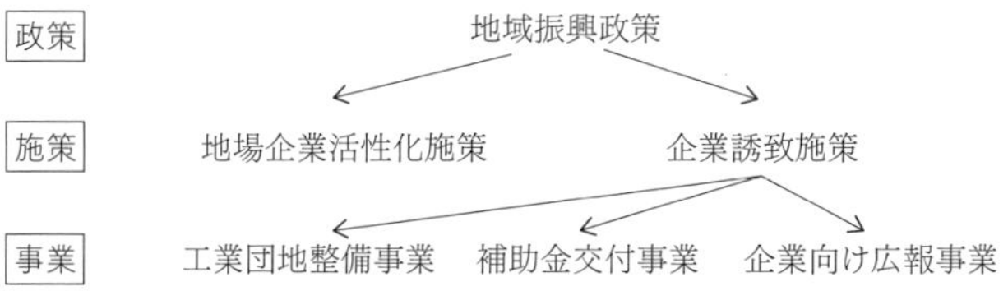

政策	地域振興政策		
施策	地場企業活性化施策	企業誘致施策	
事業	工業団地整備事業	補助金交付事業	企業向け広報事業

図3-1　地方自治の階層構造

出典：筆者作成。

icy）→**施策**（program）→**事業**（project）へと，階層的に分かれていく。それとともに，上位の目的に対応した手段が下位に連なる構造がつくられていく。たとえば，地元の経済の発展を目的とした地域振興政策を具体化するための手段として，地場産業活性化の施策や企業誘致の施策などがある。そのうち，企業誘致という施策の目的を達成するための手段として，工業団地整備事業，企業向けセールス事業，補助金交付事業など，数々の事業が位置付けられ，図3-1のように階層構造を形成する。

政策の**目的**は，望ましい社会経済の状態を達成または維持し，住民の満足度を高めるための到達点として位置付けられる。これは，「公共の福祉の増進」というように極めて抽象的に表現されることもあるが，近年では具体的な数値を伴った形で明示されることが多くなっている。どのような目的を設定するかによって，手段と対象が規定される。また，政策目的の設定には価値判断を伴うゆえ，政策目的に対して賛成，反対の対立を生じさせることもある。そのため，住民，議会，自治体職員がそれぞれの場面で，政策目標に対する合意の形成，あるいは強力な反対を少なくさせる必要がある。それぞれの場面で一定の合意を確保できる見通しが立たない政策は実現が困難である。実際，賛否を大きく二分する政策が，住民や議会の反対によって，見送られるケースもある。

政策には必ず**主体**が存在し，政策を執行する担い手となる。本書のテーマである地方自治に即していえば，通常は地方自治体の首長であり，行政組織である。地域振興政策で言えば，企業誘致を担当する部門が，予算を伴い，場合によっては条例を制定し，これを根拠にしつつ，諸事業を執行する。さらに，政策には，社会に対してはたらきかける対象がある。具体的には，人間の活動や，土地または空間という環境である。企業誘致活動であれば，通常は，当該自治体の域外で活動している企業や工場を対象にして，自治体への移転や新増設などを働きかけ，受け皿となる工業用地やオフィス，経済活動に伴い必要となる社会基盤整備を行う。

政策の主体が対象にはたらきかけを行うものとの理解に立てば，政策には必ず**手段**が存在し，通常，単一のものではなく，複数の手段が存在する。その中でも，最も主要なものは**規制的手段**である。自治体には条例制定権があり，対象者の自由を制限し，義務を課す法的ルールを整備することによって，政策目的を達成しようとする。対象者は，罰則などの制裁を回避するために，積極的または消極的にルールを遵守する。自治体が，人々の行為を統制するために許可や認可を行うことも，規制的手段の一種である。規制的手段とは別に，**配分的手段**も広範に見られる。これには，すべての住民に等しく同一のサービスを供給することによるもの（例：教育，保健福祉，消防，上下水道供給など）と，特定の対象者の行動を助長するために特別な資源を配分するものがある（例：補助金，税の減免など）。

さらに，**誘導的手段**と呼ばれる，対象者の合意を得つつ，対象者が政策目的にとって望ましい方向に自発的に行動することを促す手段である。これには，啓発や警告などの情報提供から，自治体の説得による自主規制，民間事業者に自治体の政策目的を自発的に受容させる行政指導などの手段がある。規制的手段や配分的手段とは異なり，可視的ではなく地味な政策手段と思われるが，予算や取締りを執行するための人員をそれほど必要としないため，実は幅広い分野で多用されている。

このように政策手段を理解すれば，手段に必要な**政策資源**の多寡が政策目標の達成に重要であることがわかる。一般に，地方自治体が政策活動を行うためには，**法**（根拠となる国の法令および条例），**財**（予算としてあらわれる金銭的資源），**情報**（政策執行に必要な統計情報や政策対象の実態，他自治体の先例など），**組織**（政策執行を裏付けるための人的集団とその活動）などの政策資源が不可欠である。たとえ素晴らしい政策目的を設定し，多くの利害関係者からの合意を確保したとしても，実行するための手段を裏付ける政策資源が欠けていれば，政策目的の達成は困難である。そのため自治体は，政策資源を調達するために，既存の予算や組織の見直し（スクラップ・アンド・ビルド），自らの条例制定のほか，国への立法措置の要請，国の補助金獲得を行わなければならない場合もある。

（2）プロセスとしての政策

政策に注目して自治体活動を考える際，政策を段階ごとに進んでいく一連の流れとして把握する理解が一般的である。このように政策を捉えることには，①政策を固定的に捉えるのではなく，時とともに変化するものとして動態的に理解できる，②政策が立案，決定された時点で完結するのではなく，執行され，その成果に対する評価を経て，再び政策立案へとフィードバックするものと理解できる，③それぞれの段階を区分し，分析することによって政策の特徴を明らかにできるという意義がある。政策を一連の流れとしての理解は，最近では国や地方自治体のみならず民間企業の業務でも重視されており，企画（plan），実行（do），点検（check），行動（action）という**PDCAサイクル**として普及している。これに対し，政府活動の政策分析方法としては，図3-2のように，政策課題設定，政策立案，政策決定，政策執行，政策評価という五つの段階に区分される流れとしての理解が一般的である。

第一段階の**政策課題設定**（agenda-setting）は，政策立案に先立ち重要な意味を持つ。われわれの社会には，解決が求められる問題が山積しており，人々または諸集団は，政府に対して政策としての対処を要求している。ところが，すべての社会問題が政府に認識され，政策課題として取り上げられるわけではない。政策立案者，政策決定者の認識能力には限界があり，社会に存在するすべての問題を認知できるわけではない。また，世論やマスメディアの関心も限定的であるし，移ろいやすい。さらに，政府は，解決が求められる世の中の多くの社会問題にすべて対応できるだけの十分な政策資源を持っているわけではない。こうした状況の下で，政府が数多くの社会問題の中から，何を選択し，政策課題として設定するかは，自動的に決まるのではなく，政治的な要因によって影響される。そのため，世論やマスメディアの注目が集まる大きな事件や事故，裁判の判決，首長や議会の選挙結果が，政策課題設定に作用することがある。反対に，政府，または利害関係者が，意図的に社会問題を放置し，注目を

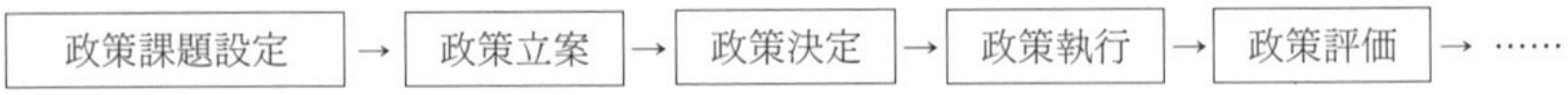

政策課題設定	→	政策立案	→	政策決定	→	政策執行	→	政策評価	→ ……

図 3-2　政策分析の五つの段階

出典：筆者作成。

集めないように問題を隠蔽し，政策課題として取り上げない非決定の作用がはたらくこともある。解決が求められる社会問題を，自己責任，家庭の問題，あるいは市場の責任として，政府による政策対応を回避することがしばしば見られる。

第二段階の**政策立案**（policy formation）は，政府が対応すべき課題として設定されたものを政策にする場面である。先に説明したように，実効性を持たせる形で社会に働きかける政策をつくるためには，目的の具体的な設定，対象の特定，政策手段の具体化を通じて，条例のような立法形式，あるいは予算を伴った事業案とする必要がある。また，合意を得られるかどうか，政策資源を調達できるか，現実の社会に対して執行できるかなどの観点から，実行可能性を検討しなければならない。こうして，政策目的を達成するための法，財，情報，組織などの政策資源を確保しなければならない。政策立案作業には，専門知識や技術，さらには立案作業を行うための労力や時間が必要になる。地方自治体では，こうした作業のほとんどは首長と行政職員によって担われている。また，この段階で，地方自治体が設置する審議会や委員会に利益団体や業界団体らが集められ，合意形成が図られる。これに加えて，アンケート調査，パブリックコメント，審議会・委員会への公募など，不特定多数の住民の意見や意向を聴取し，反映させる場面が設けられる。このような公式的な機会のみならず，利害関係者は，政策立案者や政策決定者に接触し意思疎通を図ったり，世論の理解を得るための情報発信を行うなど，非公式的に影響力を行使しようと活動する。

第三段階は，**政策決定**（decision making）である。制度上の決定権者が，関係者からの合意を確保し，政策案を公式のものとする。地方自治体では，首長による決定と，議会による議決がこの場面に該当する。

第四段階は，**政策執行**（policy implementation）である。一般的に，地方自治体外部の関係者やマスメディアによって政策決定および前段階までの政策形成に多くの注目を集めるが，その後の行方についてはあまり関心が向けられない。ところが，多くの人々から支持を受けて目的を設定し，十分な政策資源を備えるように手段を整え，立案作業を行った政策が，執行の段階で問題を起こし，当初の目的を達成できない場合がある。さらに，行政の活動は，単に機械的に法令や条例を当てはめる作業ではない。現場の行政職員が裁量を持ち，現状を認識して，法律や条例や規則の適用を個別に判断することが多い。それゆえ，立案と決定段階の法的ルールを形式的に見ただけでは，行政活動の実態を理解することができない。政策を執行する行政組織の活動，職員の行動様式を検討する必要がある。また，近年，さまざまな官民連携手法（第13章参照）が導入されるようになっており，自治体による公共サービス提供が，自治体職員による直接的な執行のみならず，民間企業や住民団体によって担われるように多様化している。

最後の第五段階には，**政策評価**（policy evaluation）が位置付けられ，政策が所期の目的を達成したのか否か，効率的に政策を執行したのかを測定する。目的達成や効率性を向上する余地が表れた場合，政策の修正，転換，廃止など，改善を新たな政策立案の段階に反映さるためのフィードバック作用が求められる。一昔前の政策過程では，政策立案および政策決定に関心が集まり，さらに言えば，どれだけ多額の予算が配分され，多くの事業を行ったのか，いわば，量的次元の多寡を評価する傾向が強かった。これに対し，1990年代後半以降，NPM 型の行政改革が広がる中，政策を予算の執行額や事業量などアウトプット（産出）よりも，望ましい社会経済環境の状態や住民の満足度というアウトカム（成果）に基づいて，政策目的の達成度を評価すべきであるとする考え方が強まるとともに，より適切な形で評価を行う手法も開発され，発展している。従前も，監査委員による監査など，政策を事後的にチェックする仕組みはあったが，法令や会計手続きに違反していないかどうかという合法性の観点が中心であった。政策評価の考え方が注目されてからは，政策目的をどこまで達成できたのかという有効性，さらにはより少ない費用でより高い成果をあげることができるのかという効率性の観点が，成果主義と合わせて強調されるようになった（秋吉ほか 2020）。

このように，政策を動態的に一連の流れとして理解することによって，複雑な政策過程を簡素に，それぞれの段階ごとの特徴を明らかにすることができるという分析上の有用性がある。ところが，このように政策を段階論的に捉える考え方に関しては，現実の政策過程では，立案段階と決定段階が典型的であるが，各段階を明確に区分することが困難であり，過度に非現実的な単純化を生じさせるとの指摘もあることに留意する必要がある。また，評価活動も形式化し，適切にフィードバック作用を果たしていないと指摘されることが少なくない。

それゆえ，現実の政策をとりまく環境が複雑かつ変わりやすいことを踏まえた上で，政策を目的－手段の構造と，段階論的に捉える考え方は，あくまでも分析のためのモデルとして理解する必要がある。さらに，段階的理解に加えて，政治学や公共政策学の分野では，政策をより適切に分析するための理論が発展を遂げている。こうした諸理論を組み合わせた考察を行うことによって，現実を分析することが望ましい。

（3）自治体総合計画の意義と課題

地方自治体は多種多様な政策を行っているが，これを全体としてまとめ，中長期的な方向性を示す仕組みとして**総合計画**を策定する。総合計画には，①望ましい自治体の将来像を構想し，提示する，②すべての政策分野を包括し，体系性を持たせて総合的に政策を実行する，③合理的な自治体運営の指針とする，主として三つの役割が期待されている。一般的に総合計画は，基本構想（目指すべき長期的将来像と目的を提示する。約10カ年の期間），基本計画（基本構想の下位に位置付けられ，具体的に政策または施策レベルで中期的に達成する目的を提示する。約５カ年で，通常，前期基本計画，後期基本計画と区分される），実施計画（個別の施策または事業を予算と連動させ，定期的に改定される。約３カ年）の３層の構造を形成している。

地方自治体による総合計画策定を歴史的にたどると，戦後日本の地方自治がユニークな形で発展してきたことがわかる。戦後から1960年代の高度経済成長の時代までは，すべての自治体が総合計画を策定していたわけではなかった。この時代は，国土開発計画とこれを具体化した地方自治体の発展構想を連動させ，国の特定開発地域の指定や公共事業の実施を有利に進めることを意図していた。そして，企業誘致や産業基盤整備など経済開発を主要な目的にした総合計画が多かった。こうした動向と連動し，総合計画を策定し，推進するための組織として，企画室・企画部などの担当部局が設置され，政策の立案，自治体外部の関係機関との調整，自治体内部の関係部局間の調整を図る役割を担うようになる。

1960年代の後半に至り，政治学者の松下圭一が**シビル・ミニマム**，すなわち地方自治体が社会保障，社会保健，社会資本に関する公共政策の達成目標を，数値，期限，財源等を伴いながら，市民に対して明示する政策公準として主体的に設定するべきであるという考え方を提示し，民主的，合理的，体系的な自治体運営の推進を提唱した。東京都や武蔵野市など，こうした概念を取り入れた総合計画が，先進的な地方自治体で策定されるようになる。

総合計画が自治体運営上，重要性を高める中，国は市区町村に基本構想の策定を義務付けるために1969年に地方自治法を改正した。こうして形式的には，地方自治体による総合計画の策定と運営は自治体活動の基本として定着した。ところで，総合計画の策定段階では，地方自治体の側が人選する審議会や委員会を設置し，計画案を検討する方法が一般的であるが，地方自治体によっては住民参加を積極的に進め，計画策定委員の公募，住民アンケートやパブリックコメントの実施，また，住民に初期の段階から原案の策定を委ねるなど，多様な参加手法が取り入れられた。1990年代後半に至ると，NPM の考え方に基づき，今まで以上に合理性，体系性，成果志向が強調され，政策・政策目的の数値化，重点政策・施策の明確化，フィードバック作用の強化が図られ，行政管理の主要な手段としてみなされるようになる。2011年には地方分権の観点から地方自治法が改正され，法律による総合計画策定の義務付けは廃止されたが，地方自治体は自主的に総合計画を策定し，自治体運営の基本的な仕組みとして定着しているといえる。

ところが，総合計画が存在することと，実際に「計画的」な行政運営が行われていることは別問題である。多くの住民を巻き込み，多大な労力を費やして策定された総合計画が，その後，顧みられることなく「お蔵入り」し，計画が「絵に描いた餅」と化している自治体も少なくない。このような形骸化を回避するためには，首長をはじめとした自治体幹部が，行政運営・管理の基本として日常的に総合計画を位置付け，計画の施策・事業を毎年度の予算編成と連動させ，さらには，住民や議会を巻き込む形で，施策・事業の成果を評価し，その結果をフィードバックさせる運営を，継続して実践できるかが重要である。

事例③自治体による地域振興政策の発展

産業構造の変化とともに，大都市圏からの企業誘致とは異なる新たな地域振興政策として，地域に存在する資源や人材，情報等を見直し，付加価値を高めて自治体の内外に発信する内発型の発展の考え方が注目されるようになった。こうした中，1980年代には，大分県，そして北海道の「一村一品運動」が注目された。二つの道県では，個々の市町村が地元の産品や伝統的な文化，新たに創出されたイベント等を売り出し，産業や観光の振興，住民(団体）の自立を促すことが奨励された。地場資源活用型の地域振興政策は，全体として市町村を中心とした行政主導型で進められるパターンが多数を占めていたが，自然環境の保護，伝統的な歴史的町並みや文化の保存，地域資源を高付加価値化して商業化に結び付ける実践には，行政関係者に止まらない多くの住民（団体）が活動の中心的な担い手として活躍している事例も数多く見られる。「一村一品運動」はその後，発展途上国における地域振興政策としても注目されるようになった。また，「一村一品運動」と呼ばれていなくとも，同様の地域振興政策は，「まちづくり」や「地域おこし」とも呼ばれ，広範に行われてきた（平松 1990)。

一方，国も，1980年代後半頃から次第に，地方自治体からユニークな政策アイデアの提案を奨励し，これを追認して事業化する手法を多用するようになった。1988年，「ふるさと創生一億円事業」として，全国の地方自治体に使途が自由な1億円を一律に交付し，各自治体が創意工夫をこらして地域振興政策を行うことを奨励した。2002年より始まった「構造改革特区」では，自治体や民間企業から出される規制緩和によって地域経済を活性化させる提案に対して，国が認めたものを特例として法制度上の規制を緩和する方式である。その後も，名称は異なるものの「特区方式」は，その後の歴代の政権にも引き継がれ，多用されている。このような，地方自治体が政策アイデアを提案し，国がこれを追認し，自治体が政策を執行するパターンには，地方分権の原則に則して見るといくつかの問題点が指摘できるのであるが，国と地方の双方の思惑が一致する面もあり，今後もさまざまな政策分野で用いられるだろう（西尾 2007）。

2　地方自治体による条例制定

（1）主要な政策手段としての条例制定

地方自治体による政策活動の中でも，条例制定は主要なものとして位置付けられる。ところが，自治体による条例制定権にどこまでの自由が認められるのか，あるいは，どのように国の法令の制約を受けるのかは一律に判断できないことから，法律と条例との関係は常に争点となる。

日本国憲法は，第92条で「地方公共団体の組織及び運営に関する事項は，地方自治の本旨に基いて，法律でこれを定める」と，第94条で「地方公共団体は，その財産を管理し，事務を処理し，及び行政を執行する権能を有し，法律の範囲内で条例を制定することができる」と規定している。それゆえ，地方自治の本旨を阻害するような法律が制定された場合，裁判の判決を経て違憲・無効になりうる。その意味で，国会の立法権は無制限ではない。また，法律と条例との関係も，憲法第94条の規定に加えて，地方自治法第14条では「地方公共団体は，法令に違反しない限りにおいて，……条例を制定することができる」と規定しているものの，条例制定権を限定的に解釈するのではなく「地方自治の本旨」の原則に即して積極的に位置付けることが期待されている。

（2）条例制定権の拡大

地方自治体の条例制定権に関しては，戦後しばらくの間は，**法律先占理論**（法律の中に条例制定を認める規定がなければ，条例制定はできないとする考え方）という解釈が主流であった。ところが，1969年に東京都が制定した公害防止条例では，法律より厳しい基準を設定し，規制対象を拡大させる「上乗せ条例」として規制を課すことによって，直面する公害問題に対処した。その後，国が法律を改正し，東京都条例の規制を追認したことによって，自治体の条例制定権が広く認められるようになった。そして，東京都条例と同様の，法律よりも厳しい規制を課した公害防止条例が全国の他の地方自治体でも制定されるようになった。

さらに，道路交通法に加えて公安条例を制定することが違法であるかどうかが問われた徳島市公安条例事件の最高裁判決では，条例が法令に反するかどうかは，両者の趣旨，目的，内容，効果を比較し，両者の間に矛盾抵触があるかどうかによって判断すべきであるとする**実質的判断説**が採用された。その後，各地で法律よりも厳しい規制を課した条例が制定されるようになり，いくつかは訴訟で争われたものの，判決を通じて条例の適法性が認められている。ところが，すべての条例が適法と認められているわけではない。長崎県の飯盛町旅館建築規制条例や，兵庫県宝塚市パチンコ店等建築規制条例など，違法判決が下されているものもある。法律と条例との関係に関しては，法令解釈，判例，学説を法学の分野からいっそう検討する余地がある（礒崎 2018）。

（3）要綱行政の活用

地方自治体による政策手法の発展の中で重要なものに，要綱行政の活用がある。**要綱**とは，地方自治体が**行政指導**（行政機関がその任務又は所掌事務の範囲内において一定の行政目的を実現するため特定の者に一定の作為又は不作為を求める指導，勧告，助言その他の行為であって処分に該当しないもの）を行う場合の準則として定める内部規範であり，法規ではないが，これを利用することによって民間事業者の自発的受容を確保する誘導的手段のひとつである。

要綱行政の一例として宅地開発要綱がある。全国各地の自治体で行われていた中で，1968年に神奈川県横浜市が宅地開発要綱を制定し，宅地開発事業者に対して公共用地の提供を求めたり，日照障害，電波障害対策を促すなど，急激な宅地開発に伴う紛争を事前に抑止する手法を用いた事例が注目を集めた。この宅地開発要綱も，当時の法律では不十分であった民間の開発事業者に対するコントロールを地方自治体が主導して行うことを可能にしたという意義があった。このように，地方自治体は，法律の不備を協定の締結や，要綱による行政指導など，地方自治体が従来まで行使しなかった手法を駆使することによって，差し迫る環境問題，公害問題に積極的に対処した。こうした手法は**権限なき行政**と呼ばれながら全国の地方自治体で展開された。

ところで，要綱による行政指導に対しては，違法とする判決が次々と出されている。要綱は地方自治体の内部規範であり，対外的に法的効力を持たない性格のものであり，行政指導は相手方の自発的な同意を得ながら目的を達成しようとする手段である。それゆえ，行政指導は相手方が協力を拒んだ場合，要綱を根拠にして，相手方の権利を制限したり義務を課したりすることはできないと理解されている。実際，要綱に従わなかった開発事業者に対して水道供給を拒んだ事例である東京都武蔵野市水道法事件判決では，要綱に基づいた行政指導が違法とされた。要綱による行政指導には，法律の不備を補い，直面する政策課題を迅速かつ柔軟に解決するという利点があるが，近年では，行政手続法の制定という時代の流れの中，条例として制定し，執行することが望ましいという考え方が一般的である（北村 2018）。

3　地方自治体政策の広がり

（1）先進的条例の全国的な波及

国に先んじて先進自治体が制定した条例が他の地方自治体に波及し，その後，法律の制定，改正へと広がりを見せるパターンは，いろいろな政策分野で見られる（表3－1）。

第一に，**情報公開制度**が全国の自治体に普及した。住民参加を保障し，透明かつ公正な自治体運営を行うためには，自治体行政の情報公開は不可欠な前提

1964年	神奈川県横浜市：電力会社と公害防止協定を締結
1967年	兵庫県川西市：宅地造成事業の指導要綱
1968年	石川県金沢市：伝統環境の保存条例，倉敷市，伝統美観保存条例
1969年	東京都：公害防止条例
1972年	京都府京都市：市街地景観条例
1978年	兵庫県神戸市：都市景観条例
1976年	神奈川県川崎市：環境影響評価（アセスメント）条例
1979年	滋賀県：琵琶湖の富栄養化防止条例
1982年	山形県金山町：情報公開条例，神奈川県も公文書公開条例
	高知県窪川町：原子力発電所設置についての町民投票条例（未実施）
1985年	滋賀県：ふるさと滋賀の風景を守り育てる条例
1988年	熊本県：環境基本条例
1990年	神奈川県川崎市：市民オンブズマン条例
1997年	大阪府箕面市：市民参加条例
2000年	北海道ニセコ町：まちづくり基本条例（自治基本条例）
	東京都：銀行業等に対する事業税の課税標準等の特例に関する条例
2001年	三重県：産業廃棄物税条例
2003年	高知県：県税条例改正（森林環境税導入）
2006年	北海道栗山町：議会基本条例
2009年	神奈川県：受動喫煙防止条例

表 3-1　先進自治体が制定した条例等

出典：礒崎（2018），北村（2018）などを基に筆者作成。

条件である。国レベルではロッキード事件（アメリカのロッキード社による航空機売り込みに際して，首相をはじめとした政治家に賄賂が渡された贈収賄事件）以降，注目が集まり，法制化が検討されたものの実現に至らなかった。一方，地方レベルでは，従前の地方自治体が中心となって行う広報広聴だけでは不十分であるとの認識が高まり，住民の「知る権利」を保障し，住民が主体として開示請求ができるように運用できる情報公開制度の整備が求められるようになる。1982年，山形県金山町が情報公開条例を，神奈川県が公文書公開条例を制定して以降，自治体で情報公開条例を制定する動向が広がりを見せた。その後，国レベルでは1999年に情報公開法が制定された。

第二に，**環境アセスメント制度**も自治体主導で普及した。1960年代から1970年代の公害問題や公共事業の実施をめぐり，官民の事業者と住民との紛争が頻発したことを教訓に，事業者の開発行為や行政が行う公共事業を進める際のルールを整備する必要性が指摘されるようになった。こうした状況の中，アメリカで導入され，注目が集まっていた環境アセスメント制度を導入する機運が高まった。環境アセスメントとは，大規模な開発事業の影響を事前の計画段階において予測，評価し，必要な対策を講じた上で，事業の執行を決定する制度である。これは，1976年に神奈川県川崎市が，1979年に北海道が環境アセスメント条例を制定して以降，徐々に他の地方自治体に広がった。国も，環境省が1970年代より環境アセスメント法の制定を検討し，法案を準備するものの，経済界をはじめ開発事業を所掌する省庁や自民党などの反対もあり成立せず，1984年に環境影響評価実施要綱の閣議決定で決着を見た。その後，ようやく1997年に環境影響評価法が制定された。

第三に，**景観を保全する政策**が挙げられる。歴史的な街並みを保存したり，多くの地域住民にとって良好な景観を維持するための取り組みも，以前から各地の自治体で行われてきた。景観保全政策は上記二つの事例とは政策の発展がやや異なる。国は1966年に古都保存法を制定，これを受けて1968年に金沢市と倉敷市が，伝統的環境・景観を保存するための条例を制定した。その後，自治体独自の政策形成として，1972年に京都市が市街地景観条例を，神戸市が78年に都市景観条例を制定するなどの実践が全国に広がった。その後，1980年代後半のいわゆるバブル経済の時代，全国に波及した開発圧力への対策として，各地の自治体で開発規制とともに景観の保全を目的とした条例が制定されるようになった。1990年の大分県湯布院町が制定した潤いのあるまちづくり条例や，1993年の神奈川県真鶴町のまちづくり条例が注目された。こうした流れを受け，国も先進自治体の条例の成果を取り入れつつ，2004年に景観法を制定した。

このように先進自治体によって形成された新たな政策が，他の地方自治体に導入されることによって波及する現象は一般的に見られるようになった。近年では，人口減少を背景にして深刻化している空き家問題に対応するため，先進的な自治体は空き家対策条例を制定，全国に波及するとともに，国もその後，空家等対策特別措置法を制定した。伊藤修一郎は，政策が波及するプロセスで，新たに政策を形成する自治体が政策内容を修正することによって多様化する動向が見られるとして，これを地方自治体間による**相互参照**と呼んだ。相互参照によって政策が多様化しつつ発展するということは，新規政策をゼロから創出することに比べて，政策形成に要する労力を低く抑えることができる。さらに，新たな政策の導入に伴う政治的・行政的なリスクを回避することが可能である。そのため相互参照は，大多数の一般的な自治体にとって受け入れやすい政策対応である。ところが，当事者意識を欠いた政策の導入は，先進自治体の政策の安易な引き写しとなり，実効性を欠く恐れがある（伊藤 2002，2006）。

事例④多様化する受動喫煙防止政策

タバコの悪影響から健康を守るための政策は，2004年に「タバコの規制に関する世界保健機関枠組条例」が締結されるなどグローバルなレベルで進み，公共空間での喫煙を禁止する規制を導入する国が増えていった。日本でも2002年に健康増進法が制定されたが，努力義務の規定に止まった。これに対し，神奈川県は2009年に全国で初めて一定規模以上の公共施設に対して罰則を適用する受動喫煙防止条例を制定した。2012年には兵庫県も同様の条例を制定した。その後，2020年の東京オリンピック・パラリンピックを前に，国は2018年に健康増進法を改正し，全国レベルで一定規模以上の施設を対象に喫煙を規制した。こうして，一部の先進自治体が進めていた受動喫煙防止政策が，国の法改正に伴い，全国を対象に一律の規制が課せられるようになった。ところがその後も，国よりも厳格な規制を執行する条例を制定した自治体もあれば，努力義務を明記した条例を制定する自治体，さらには，条例制定を行わない自治体に分かれている。このように，国による規制の導入後も，自治体間の政策波及と相互参照によって受動喫煙防止政策が多様化している。先進自治体が国よりも厳しい規制内容を規定した受動喫煙防止条例の制定を可能にした要因として，自治体の条例制定権に加え，地方分権改革によって行政罰である過料を課すことが容易になったという経緯がある。さらに，喫煙者の健康問題としての禁煙推進を，非喫煙者を対象とした公衆衛生の改善へと政策課題を設定し直すことにより，多くの人々の関心を高めたことが功を奏した。

アメリカの政治学者であるキングダンの「政策の窓（window of opportunity）

モデル」によれば，問題（解決すべき課題），政策（問題の解決策），政治（政策決定に関わるアクターの行動や，選挙による交代など）の三つの流れが合流し，「政策の窓」が開くことによって，政策決定が実現するという。本事例にあてはめれば，受動喫煙という問題，公共空間の禁煙という規制政策，内閣や首長による決断という三つの流れを見出せる。このように，抽象度が高いと思われるモデルを実際の事例に適用することによって，受動喫煙防止条例をはじめとした自治体による政策刷新の考察を，国との違いや自治体間比較の観点からも，より的確に行うことが可能になる。

（2）基本条例の意義と課題

個別の政策課題への対処とは異なり，**基本条例**制定も広がりを見せている。1997年，兵庫県箕面市は，住民が市政に参加する基本原則を住民参加基本条例として制定した。2000年，北海道ニセコ町は，従前より取り組んできた住民参加と情報共有を，今後も町政運営の基本理念としてルール化して継続させることを意図して，町政全体の最高規範として位置付けた**まちづくり基本条例**（その後，全国で制定される**自治基本条例**と同様の内容）を制定した。条例には，基本理念や基本原則を明示し，これらを総合計画の策定実施，財政運営，政策評価の場面でどのように反映させるかを規定するとともに，首長，職員，議会の責務，住民の権利と責務が定められている。ニセコ町から始まった自治基本条例制定の動向は，住民自治を拡充するための手法として注目され，全国の自治体に広まった。同様の事例として，2006年に北海道栗山町議会による，住民参加や情報公開を原則として議会改革の理念を規定した**議会基本条例**を制定がある（第7章参照）。同条例はその後，議会改革のモデルとなり，全国の議会で同種の条例が制定されるようになる。基本条例は，権利を制限し義務を課す一般的な条例と異なり，制定自体は比較的容易であることから相互参照されやすく，他自治体への波及効果は大きい。一方で基本理念や，関係者の責務等を提示するにとどまることから，実効性を確保するための手段を持たず，人々の関心が薄れるにつれて容易に形骸化するおそれもある。基本条例の実効性を確保するためには，首長，行政職員，議会，住民等，それぞれの担い手が条例目的を理解し，日々の自治体運営の中で条例を活用する必要がある。

本章のまとめ

① 政策は目的と手段をセットとして，自治体が社会にはたらきかけるものとして，また，政策課題の設定，政策立案，政策決定，政策執行，政策評価という一連の段階を経る流れとして理解される。諸政策を束ねている総合計画は時代とともに，自治体独自の将来展望の提示，合理的・体系的な自治体運営の手段，成果志向型の管理手法として発展を遂げるとともに，策定過程への住民参加の機会も拡大し多様化している。

② 課題解決のための国の法令が不十分である場合，先進的な自治体が独自に条例を制定し，率先して問題解決を図るケースが見られる。こうした自治体の立法活動の発展は政策現場に止まらず，法律と条例との関係についての考え方を，条例制定権を拡大する方向で見直すことに寄与したという意義があった。

③ 国に先んじて先進自治体が制定した条例が，自治体間の相互参照によって他の自治体に波及し，その後，法律の制定，改正へと広がりを見せるパターンは，いろいろな政策分野で見られる。近年，注目されている基本条例は，実効性を確保するための手段を持たず，容易に形骸化するおそれもある。政策波及が自治体の政策能力を向上に作用するのか，安易な引き写しに止まっているのか，留意が必要である。

引用・参考文献

秋吉貴雄・伊藤修一郎・北山俊哉編著（2020）『公共政策学の基礎　第３版』有斐閣。

伊藤修一郎（2002）『自治体政策過程の動態――政策イノベーションと波及』慶應義塾大学出版会。

伊藤修一郎（2006）『自治体発の政策革新――景観条例から景観法へ』木鐸社。

伊藤修一郎（2020）『政策実施の組織とガバナンス――広告景観規制をめぐる政策リ

サーチ』東京大学出版会。
礒崎初仁・金井利之・伊藤正次編著（2020）『ホーンブック地方自治　新版』北樹出版。
礒崎初仁（2018）『自治体政策法務講義　改訂版』第一法規。
北村喜宣（2018）『自治体環境行政法　第8版』第一法規。
新藤宗幸（2002）『地方分権　第2版』岩波書店。
西尾勝（2000）『行政の活動』有斐閣。
西尾勝（2001）『行政学　新版』有斐閣。
西尾勝・大森彌・寄本勝美・新藤宗幸編著（1986）『自治行政要論』第一法規。
西尾勝監修・東京市政調査会研究室編著（2007）『検証　構造改革特区』ぎょうせい。
人見剛・須藤陽子編著（2015）『ホーンブック　地方自治法　第3版』北樹出版。
平松守彦（1990）『地方からの発想』岩波書店。
松下圭一（1996）『日本の自治・分権』岩波書店。

参考 URL

リサーチ・ナビ国会図書館「条例の調べ方」（2022年1月31日最終閲覧，https://rnavi.ndl.go.jp/research_guide/entry/post-611.php）。

（山崎幹根）

第4章
地方分権改革
——自治の理念は実現したのか——

三位一体の改革で国から地方への分権を議論した
「国と地方の協議」（後に法制化）
（東京都千代田区・2005年12月1日撮影，毎日新聞社提供）

1990年代の日本は「改革の時代」であった。政治改革，行政改革，司法制度改革など，多くの分野で議論が巻き起こり，実行されていった。

地方自治の分野でも中央集権体制の弊害が次々と明らかにされ，分権改革を進めるべきであるとの主張が地方自治の現場をはじめとしてさまざまな立場から唱えられるようになり，2000年に地方分権改革一括法が施行され，制度改革が実現した。その後，「三位一体改革」と呼ばれた地方財政改革も行われた。さらに，2006年から第2次地方分権改革が進められ，今日に至るまで断続的に制度改正が行われている。一連の地方分権改革によって，現代日本の地方自治の仕組みはどのくらい変わったのであろうか。そして，住民，首長，地方議員らが追求した自治の理念は，はたして実現したのであろうか。

本章の論点

① なぜ地方分権改革が唱えられてきたのか。
② 地方分権改革によって日本の地方自治はどのように変化したのか。
③ 地方分権改革の成果は実際にどのように表れているのだろうか。
④ 地方分権改革による自治体間の政策水準の多様化は望ましいのか。

1　多義的な「地方分権」

（1）地方分権改革に至る背景――中央集権体制の弊害が顕在化

地方分権改革を具体化するために設置された地方分権推進委員会は，改革が求められる背景を以下の5点に要約している。①中央集権型行政システムの制度疲労（限られた資源を国に集中した上で部門間，地域間に配分する方法が時代に適合しなくなり，地域の多様性や個性の軽視，地域課題への対応能力が低下する弊害が顕在化した），②変動する国際社会への対応（国の国内問題に関する負担を軽減させ，国際的な対応力を向上させる必要が認識されるようになった），③東京一極集中の是正（地域人材の育成，地域経済の活性化，地域社会の活力を引き出す能力の向上の必要性が再認識された），④個性豊かな地域社会の形成（真のやすらぎと豊かさを実感できるために，地域社会の自己決定権の拡充，成熟社会の構築を目指す），⑤高齢社会・少子化社会への対応（総合行政化，公私協働化のための創意工夫）。

日本の国と地方自治体との関係は，第2章で説明したように**集権融合型**と呼ばれる特徴を持っていた。すなわち，地方自治体の活動は，機能ごとに分れた中央各省が全国を対象に画一的に規定する法令に従い，国が配分する財政資源に依存する傾向が強かった。こうした制度の下では，地方自治体が地域課題の解決や，地域住民の要望を実現させるための独自の政策を形成・実施することが困難であった。このため，タテ割行政の弊害が地方自治体の運営に及んだり，国と地方自治体との間で煩雑な手続きが生じることにより非効率性が高まるという問題が指摘されるようになった。

（2）論者や国によって異なる意味を持つ地方分権

中央集権型の行政システムを改革することによって，その弊害を除去するという「総論」に関しては，ある程度の共通性が見られるものの，地方分権改革の意味する内容は論者によって大きく異なっている。どのような権限を国から地方に移譲するのか，どのように税制・財政制度を見直し，また財政資源の配分を見直すのか，市町村合併や都道府県の再編を含む道州制を伴うのか，中央省庁の再編や規制緩和など行政改革とどのように関連付けるかなど，地方分権改革の「各論」は多岐にわたる。さらに，日本の統治構造を連邦制に抜本的に改変すべきであるとする主張もある。

また，1990年代から2000年代にかけて，イギリス，フランス，スペインなどヨーロッパ諸国のみならず，韓国をはじめとした東アジア諸国など世界各地で地方分権改革が実行された。ヨーロッパ諸国では，**補完性の原理**，すなわち，より小さい基礎的な単位の政府が行えることに対して，より大きい政府が介入することを控えるべきであり，より小さな単位の政府が行うことが難しいことに対して，より大きな政府は協力すべきとする考え方が広がっている。補完性の原理は，欧州連合（EU）の統治原理として確立している他，欧州各国の地方自治制度の基本原則として位置付けられるようになった。日本の地方分権改革にも程度は異なるものの，こうした世界各国の動向と共通する要素を見出すことができる。

（3）地方分権改革に至る一連の過程

日本の地方分権改革は，1993年6月，衆議院と参議院がともに「地方分権の推進に関する決議」を行うなど，1990年代に至り，徐々に具体化した（表4-1）。地方6団体も，1994年9月，地方自治法に基づく「地方分権の推進に関する意見書」を国に提出した。

1995年5月には**地方分権推進法**が制定され，続いて7月に地方分権推進委員会が発足し，改革に向けた検討作業が具体化する。その後，中間報告，第1次勧告から第5次勧告，最終報告が断続的に発表されるとともに，1998年5月には改革を具体的に実行するための地方分権推推進計画が閣議決定された。これ

内閣	主な経緯	
宮澤内閣（H 3.11～H 5. 8）	H 5. 6　地方分権の推進に関する決議（衆参両院）	第一次分権改革
細川内閣（H 5. 8～H 6. 4）	H 5.10　臨時行政改革推進審議会（第 3 次行革審）最終答申 H 6. 2　今後における行政改革の推進方策について（閣議決定）	第一次分権改革
羽田内閣（H 6. 4～H 6. 6）	H 6. 5　行政改革推進本部地方分権部会発足	第一次分権改革
村山内閣（H 6. 6～H 8. 1）	H 6. 9　地方分権の推進に関する意見書（地方六団体） H 6.12　地方分権の推進に関する大綱方針（閣議決定） H 7. 5　地方分権推進法成立 H 7. 7　地方分権推進委員会発足（委員長：諸井虔）（→H13. 7 解散） ※H 8. 3　中間報告　H 8.12　第 1 次勧告　H 9. 7　第 2 次勧告　H 9. 9　第 3 次勧告　H 9.10　第 4 次勧告 H10.11　第 5 次勧告　H13. 6　最終報告	第一次分権改革
橋本内閣（H 8. 1～H10. 7）	H10. 5　地方分権推進計画（閣議決定）	第一次分権改革
小渕内閣（H10. 7～H12. 4）	H11. 7　地方分権一括法成立　⇨　機関委任事務制度の廃止，国の関与の新しいルールの確立等	第一次分権改革
森内閣　（H12. 4～H13. 4）	H13. 7　地方分権改革推進会議発足（議長：西室泰三）（→H16. 7 解散）※H15. 6 三位一体の改革についての意見	
小泉内閣（H13. 4～H18. 9）	H14～17. 6　骨太の方針（閣議決定）（毎年） 17. 11　政府・与党合意 ⇨ 国庫補助負担金改革・税源移譲・地方交付税改革 ｝三位一体改革	
	H18. 6　地方分権の推進に関する意見書（地方六団体） H18. 7　骨太の方針（閣議決定）	第二次分権改革
安倍内閣（H18. 9～H19. 9）（第 1 次）	H18.12　地方分権改革推進法成立 H19. 4　地方分権改革推進委員会発足（委員長：丹羽宇一郎）（→H22. 3 解散）	第二次分権改革
福田内閣（H19. 9～H20. 9）	※H19. 5　地方分権改革推進にあたっての基本的な考え方	第二次分権改革
麻生内閣（H20. 9～H21. 9）	H20. 5　第 1 次勧告　H20.12　第 2 次勧告　H21.10　第 3 次勧告　H21.11　第 4 次勧告	第二次分権改革
鳩山内閣（H21. 9～H22. 6）	H21.12　地方分権改革推進計画（閣議決定）	第二次分権改革
菅内閣　（H22. 6～H23. 9）	H23. 4　第 1 次一括法，国と地方の協議の場法等成立 H23. 8　第 2 次一括法成立	第二次分権改革
野田内閣（H23. 9～H24.12）		第二次分権改革
安倍内閣（H24.12～）（第 2 次）	H25. 3　地方分権改革推進本部発足（本部長：内閣総理大臣） H25. 4　地方分権改革有識者会議発足（座長：神野直彦） H25. 6　第 3 次一括法成立 H25.12　事務・権限の移譲等に関する見直し方針について（閣議決定） H26. 5　第 4 次一括法成立	第二次分権改革
	（H21.12～H26. 5）⇨ 義務付け・枠付けの見直し 事務・権限の移譲（国から地方，都道府県から市町村） など	第二次分権改革

表 4-1　地方分権改革のこれまでの経緯

出典：内閣府（2014）。

を受けて，1999年７月には**地方分権一括法**が制定され，2000年４月に施行された。地方分権一括法は，地方自治法をはじめとする475本の法律を一括改正するという大規模なものであった。地方財政改革に関しては，2004年から2006年の間，国庫補助負担金改革，国から地方への税源移譲，地方交付税改革を同時に進める**三位一体の改革**を行った。

続いて，地方分権一括法の制定による改革で残された課題に対処するため，第２次地方分権改革が着手された。2006年６月，地方６団体は「地方分権に関する意見書」を国に提出し，いっそうの分権改革を主張した。国は，経済財政諮問会議で検討される「骨太の方針2006」の中で，新たな地方分権改革を進める姿勢を明らかにした。そして，2006年12月に**地方分権改革推進法**が制定され，2007年４月には地方分権改革推進委員会が発足した。その後，基本的な考え方，第１次から第４次勧告が発表された。その後，地方分権改革に関する法律（正式には「地域の自主性及び自立性を高めるための改革の推進を図るための関連法律の整備に関する法律」）が，第１次から第11次まで一括法として制定される形で断続的に進められ，今日に至っている。

2　現代日本の地方分権改革

（１）第１次地方分権改革と新たな事務区分

1990年代に進められた地方分権改革は以下の点を原則としてすすめられた。第一に，国から地方自治体への**関与**を縮小することによって自治体の自由度を拡大することを，改革の基本方針と位置付けた。すなわち，国から自治体に対する統制や干渉を弱めることによって，自治体の自主性や創意工夫を尊重することにあった。分権改革の推進者も，この改革では，自治体が行っていない事務を，新たに国から地方に移管するという権限移譲を主眼としていたわけではないことを強調していた。

第二に，すべての地方自治体関係者の総意として，**地方６団体**が共通して要望した事項を実現させた。その結果として，今回の分権改革は関与の縮小，自治体の自由度拡大を主眼とした改革を中心に行うことを基本方針とした。一方，道州制や，都道府県—市町村の二層制の再編など，現行の市町村・都道府県制度を抜本的に見直し，地方自治体間の利害対立が生ずるような課題は触れられなかった。

第三に，今回の改革は，国と地方との関係の改善が中心となっており，住民と自治体との関係の見直しは今後の課題とされた。すなわち，**住民自治**よりも**団体自治**に焦点を当てた改革であった。

こうした諸原則の下，国と地方自治体との関係を，「上下主従」から「対等協力」へと新たな関係を構築することが目指された。国から自治体への**関与の一般原則**は，改正された地方自治法に，①法定主義（法律又は政令による。省令や規則は不可），②必要最小限の原則（地方自治法245条の３によって，国と自治体との関係をルール化。各省庁が個別法によって独自の関与形態をつくらないようにすることに留意している），③公正・透明の原則（関与の手続きを書面主義にして，審査基準や期限を明記することによって，国による非公式的な統制を排除）とするように規定された。また，中央省庁が発する通達・通知に自治体が法的に拘束される必要はなく「技術的な助言」に改められた。

国から地方への関与を見直し，国と地方との関係を「対等協力」を原則とするために最も重視された改革が**機関委任事務制度**の廃止であった。機関委任事務制度とは，自治体の首長を国の機関とみなして，国の事務を委任，執行させる制度であった。国は，行政の全国的な統一性と公平性を図る必要性を主張し，戦後から機関委任事務の数を増加させてきた。機関委任事務制度は，民主的に選出された住民の代表である首長が国の機関と化し，主務大臣による指揮監督に服するという点に，従来から強い批判が寄せられていた。そして機関委任事務の執行を担保する制度として，職務執行命令制度が設けられており，首長に代わって主務大臣が，裁判を経て，事務を代執行できることになっていた。ただし，国に強力な権限を与えていた職務執行命令制度ではあるが，いったん執行されれば政治的に大問題になり，中央政府に対する強い批判も起こることが予想されることから，ほとんど執行されることはなかった。

第１次地方分権改革によって機関委任事務制度は廃止されたことに伴い，従来の事務区分が見直され，機関委任事務は，**自治事務**，**法定受託事務**，（国に

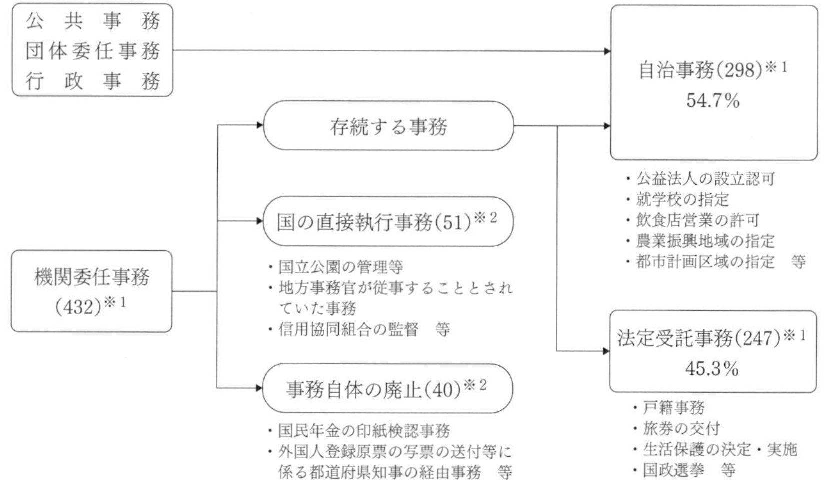

図4-1　機関委任事務の廃止に伴う新たな事務の考え方

注1：地方分権一括法で改正された法律数475本
　2：(　) 内は法律本数であり，事務区分間で法律の重複があること等により相互に合計数は合わない。
　　※1：地方分権一括法（本則）による改正法律のほか，同法による改正法律以外の法律を含む本数
　　※2：地方分権一括法（本則）による改正法律の本数
　3：自治事務，法定受託事務の数値について
　　・自治事務　298÷（298＋247）×100＝54.7%（法定受託事務も同様に算定）
　　・機関委任事務のみの数値であり，公共事務，団体委任事務，行政事務の法律数は含まれない。
出典：地方分権推進本部（2000）。

よる）直接執行事務へと類別された（図4－1）。

自治事務は自治体固有の事務であるが，法制度上，法定受託事務でないものと定義されている。地方自治体による条例制定権，地方議会による監査・監督権がある。しかしながら，地方自治体が全く自由に事務を執行するわけではなく，国の関与も残っている。ただし，国の関与は法律に基づくものとして，助言・勧告，資料提出要求，協議，是正要求（非権力的な関与）を原則とすることとされている。また，分権改革以前，自治体が行っていた公共事務や団体委任事務に加え，行政事務も，自治事務として扱われるようになった。

一方，法定受託事務は，「国が本来果たすべき役割に係るものであって，国においてその適正な処理を特に確保する必要があるもの」と定義される。自治体による条例制定権，地方議会による監査・監督権も認められている一方，国

	機関委任事務	自治事務	法定受託事務
条例制定権	不　　可	法令に反しない限り可	法令に反しない限り可
地方議会の権限	・検閲，検査権等は，地方自治法施行令で定める一定の事務（国の安全，個人の秘密に係るもの並びに地方労働委員会及び収用委員会の権限に属するもの）は対象外 ・100条調査権の対象外	原則及ぶ （地方労働委員会及び収用委員会の権限に属するものに限り対象外）	原則及ぶ （国の安全，個人の秘密に係るもの及び収用委員会の権限に属するものは対象外）
監査委員の権限	地方自治法施行令で定める一定の事務は対象外		
行政不服審査	一般的に，国等への審査請求が可	原則国等への審査請求は不可	原則国等への審査請求が可
国等の関与	包括的指揮監督権 個別法に基づく関与	関与の新たなルール	

図 4-2　自治事務と法定受託事務の法律上の取扱いの違い

出典：地方分権推進本部（2000）。

の強い関与が認められている（助言・勧告，資料提出，協議，同意，許可・認可・承認，是正指示，代執行など，権力的な関与を含む）。機関委任事務制度は廃止されたものの，現在でも法定受託事務の権力的関与として代執行制度は残っている（各大臣の勧告，指示に知事が従わない場合，裁判を請求，知事が裁判に従わない場合に代執行を実行することができる）。

こうして，機関委任事務制度が廃止され，自治事務と法定受託事務という新たな事務区分に類別されたことによって条例制定権が及ぶ範囲が拡大し，地方自治体の自主性を活かす余地が広がった（図 4－2）。

（2）必置規則の見直し・財政自主権・紛争処理手続

また，国から地方自治体に対する関与のあり方で問題とされていたものに**必置規制**がある。必置規制とは，国が地方自治体に対して，組織の設置や職，資格等の要件を義務付ける制度である。この必置規制によって，地方自治体の自主的な行政組織の編成や職員の配置が制約されるという弊害が指摘されていた。

必置規則の見直しによって，組織の長の資格，専任規定，職員配置等は大幅に緩和された。たとえば，保健・医療・福祉部門を統合した施設の設置，審議会等の廃止・統合，公立図書館の館長の国庫補助を受ける場合の司書資格規制および専任規定の廃止等が可能になるなど，地方自治体が主体的に組織や施設の編成・改組を行うことができるようになった。

補助金は国の地方自治体に対する誘導，または統制手段として利用されている面があり，また，補助金の申請や執行手続が詳細かつ画一的に定められていることから，以前から抜本的な見直しを求める声が強かった。第１次地方分権改革では，補助金を廃止し，一般財源化して整理合理化することを目指したが，実現は一部に止まった。また，課税自主権に関して，法定外普通税の許可制度を廃止し，法定外目的税とともに国との協議を通じて創設することが可能になった。これによって，全国各地で，産業廃棄物税，森林環境税，宿泊税などが導入された。地方債の発行も，許可制度を見直し，協議制を原則とする見直しを行うなど，国の地方自治体に対する財政統制を緩和し，地方自治体の財政自主権を拡大することが目指された（第11章参照）。

第１次地方分権改革では，国と地方自治体との関係を「対等協力」にするため，今まで説明したように，関与のあり方の基本原則を確立した。さらに，これを実効的なものとするため，国の関与に対して地方自治体が異なる考えを持ち，国と地方自治体の見解が対立した場合，これを審査する場として，第三者機関として総務省に**国地方係争処理委員会**を設置した。同委員会は，国の関与が違法等であると認めた場合には，国に対して必要な措置を行う旨の勧告等を行う。一方，地方自治体が委員会の審査結果・勧告に不服がある等の場合には，地方自治体は高等裁判所に，違法な国の関与の取消し，または国の不作為の違法確認の提訴をすることができる（西尾 1999，2007）。

なお，2012年には，国等が係争処理手続の対象となる権力的関与を行い，地方自治体が応じた措置を講じず，しかも係争処理手続を利用しない場合に，国等は地方自治体を被告とする**違法確認訴訟**を提起できる制度が導入された。

（3）第2次地方分権改革

第2次地方分権改革は，第1次地方分権改革の残された課題に対処するため着手された。こうした事情から，改革の内容が多岐にわたっており，また，改革の実現可能性が難しい課題が山積していた。2006年，地方分権改革推進法の制定とともに設置された地方分権改革推進委員会が具体的な改革案を検討し，4次にわたる勧告が2008年から2009年にかけて提出された。その後，第1次から第10次にわたる一括法が制定された。

第2次改革の概要からは，以下の特徴が挙げられる。

第一に，国の地方自治体に対する規制緩和として，個別の法令等による**義務付け・枠付け**を見直すことによって，地方自治体の自主性を高めることを目指した。具体的には，施設・公物設置管理の基準，地方自治体が国との間で行わなければならない協議，同意，国による許可，認可，承認の見直し，地方自治体が策定しなければならない行政計画の見直しなどが行われた。こうした改革は，先の第1次改革で進められた関与の縮小と方向性が共通している。

第二に，国から自治体への**事務権限の移譲**が行われ，その中では自治体からの要望が強かった，4ヘクタールから2ヘクタールの農地転用に関する許可権限，ハローワークの求人情報の地方自治体への提供が実現した。

第三に，都道府県から市町村への事務権限の移譲を積極的に進めた。日本の地方自治では，合併を通じて市町村の規模を拡大させ，地域の総合行政主体として，国，地方を問わず多様な事務を担うことを期待してきた経緯がある（第5章参照）。こうした動向と並行して，都道府県の権限を市町村に移譲するために，条例による事務処理特例制度が規定された。第2次地方分権改革では，さらに市町村への権限移譲を進めるための法令の見直しが行われた。また，今回の権限移譲は，すべての市町村を対象としたものと，政令指定都市または市を対象としたものが類別され，地方自治体の規模によって対応が異なっている。

第四に，国の政策形成に地方自治体の意見を反映させることを目的として，公式的な**国と地方の協議の場**を設置することを法制化した。

その後も分権改革は断続的に行われている。それ以降は，地方自治体からの提案を国が検討し，関係府省との調整を経て，全国の地方自治体を対象として制度改正を図る**提案募集方式**を，さらには，全国一律ではなく個別の地方自治体への権限移譲を進める**手挙げ方式**によって，断続的に地方分権改革が進められている。

（4）財政自主権の確立

法制度面の改革とともに，地方自治体の財政自主権の強化は地方分権改革の最も重要な課題である。しかしながら，財政資源の配分を変更することは，明確な利害対立が生じるゆえ，きわめて難しいテーマでもある。また，補助金の改革は，中央府省と地方自治体のみならず，国・地方の政治家を巻き込む事態にもなるために，改革はいっそう困難を極めるため，抜本的な改革は行われなかった。

小泉純一郎内閣は，2004年度から2006年度の間，国庫補助負担金改革，国から地方への税源移譲，地方交付税改革を同時に進める**三位一体の改革**を行った。この改革を通じて，第一に，国庫補助負担金の見直し4.7兆円（今後も地方が実施する事業として３兆円，事業の廃止約１兆円，手続きの簡素化・執行の弾力化（交付金化）するものとして約8,000億円を引き続き国の予算として計上），第二に，国から地方自治体への税源移譲として個人住民税の税率を一律10％にすることによって３兆円の移譲，第三に，地方交付税の見直しが実行され，総額の抑制，算定方法の見直しによって約５兆円が削減された。

3　一連の地方分権改革に対する評価

（1）第１次地方分権改革の成果

第１次地方分権改革の成果を検証するため，地方６団体が設置した地方分権改革推進本部は，2002，2003年に，都道府県と市町村に対して調査を行った。その結果，２カ年で，都道府県177件，市区町村337件，合計のべ数で514件の改革の成果を活かした実践があったことが明らかになった。具体的な事例として，幼保一元化の推進，保健・医療・福祉部門の総合化，学級編成や通学区域の弾力化，下水道と農業集落排水等の統合，審議会等の廃止・統合，新税の導入など課税自主権の活用が挙げられている。

このように2000年の地方分権一括法の施行から数年余りの間に，全国レベルで見ればかなりの数の実践が見られたことがわかる。これを都道府県，市町村に分けてみると，総数が47である都道府県で177件，当時の総数が約3,200であった市町村で337件であり，都道府県の方が積極的であったことがうかがえる。この背景には，事務全体に占める機関委任事務制度の割合が多かったとされる都道府県にとって，機関委任事務制度の廃止を中心とする関与を見直した効果が大きかったという要因が作用したと考えられる。一方，2007年に日本都市センターが全国の市と特別区の首長に対して行ったアンケート調査の中で，「地方分権改革は，市区町村にとって有益であったと思いますか」との問いが設けられていた。最も多い回答は「特に変わらない」約46％であり，「有益であった」約34％，「有益でなかった」約19％と続いている。このような調査結果が物語るように，第1次地方分権改革は都道府県に対して一定の変化を及ぼしたものの，市町村に関しては受け止め方の差が大きく，積極的な対応をする自治体とそうでない自治体との姿勢の違いが明らかになったものと考えられる。

また，近年の研究では，多くの職員が自治体の現場は分権改革前とほとんど変わっていないとの認識を持っており，また，自治事務と法定受託事務の区分を意識して業務を行っている職員も少ないことが指摘されている。

（2）財政自主権は強化されたか

三位一体の改革によって，地方自治体が長年訴えてきた自主財源を強化する税源移譲が初めて実現したという点に関しては，画期的な改革であった。ところが，国庫補助負担金の改革について見れば，地方自治体側が要望していた補助金の廃止は約12％しか実現せず，義務教育費国庫負担金，児童手当，児童扶養手当など自治体側が望まない形で補助負担率の引下げが行われた。その結果，補助金制度自体は存続したため，国が地方自治体を統制する手続きは残り，当初目指していた補助金の整理合理化による自治体の自主性の強化にはつながらなかった。さらに，同時に行われた約5兆円の地方交付税の削減により，多くの地方自治体が財政難に陥った。これは，財政規模の小さい自治体に大きな影響を与えたため，当時，国が強力に推進していた市町村合併を加速させる要因となった。このように三位一体の改革では，自治体が財政自主権の強化を実感することなく，むしろ，国から地方自治体への財政資源の配分が削減されたことに対する批判の声が高まった。

（3）第2次地方分権改革――義務付け・枠付け緩和の効果は

第2次地方分権改革の成果として実現した第1次一括法から第4次一括法によって，義務付け・枠付けの見直し975条項（当初目標の74%，以下同様），国から地方への事務・権限移譲66事項（69%），都道府県から市町村への事務・権限の移譲113事項（67%）が実現した。これにより，たとえば，公営住宅の設置基準や収入基準，道路構造の基準，児童福祉施設の設備・運営基準を地方自治体が条例制定を通じて，定めることができるようになった。また，補助金等適正化法の見直しにより，地方自治体が補助対象財産の処分を行いやすくした。さらに，国と地方の協議の場が法制化したことは，地方自治体からの声を国政に反映させるための公式の機会を設けることを実現させた。

このように，第2次地方分権改革は，第1次地方分権改革の残された課題への対応として取り組まれ，いくつかの分野で改革を実現させた。しかしながら，法令の義務付け・枠付けの見直しに関しては，国が個別法によって「従うべき基準」「標準」「参酌すべき基準」を示した上で，すべての地方自治体に対して一律に細目の設定を条例に委任する方法を導入しており，地方分権の原則に即した制度改革とは言い難い。そもそも，自治体の条例制定権は個別法の規定によって条例制定を委任する方式よりも，むしろ憲法第94条に基づくべきであると指摘される（北村 2018）。さらに，第2次地方分権改革では，国の出先機関の廃止・縮小と国の事務の自治体への権限移譲が検討されたものの，ほとんど進まなかった（礒崎 2018）。

（4）近年の立法で地方分権改革の理念は尊重されているのか

このように，一連の地方分権改革によって国と地方自治体との関係を対等・協力にする原則が確立し，さまざまな改革が行われてきた。それでは，地方分権改革の理念は，現実の地方自治の現場で尊重されているといえるのだろうか。

たとえば，2014年から東京一極集中問題と地方の少子高齢化，地域活性化対策として進められてきた**地方創生**を例にとってみると，国が法律で政策の基本方針を示し，全国の地方自治体に対して「自発的」に，人口ビジョンと総合戦略（計画の一種）を策定させている。さらに，補助金を誘因に地方自治体からの申請が国に採択されることによって交付金が配分され，自治体が行いたい事業が執行される。こうした手法が，地方分権改革の理念と相反していることは言うまでもない。ところが，類似の手法が用いられ，国の法律に即して地方自治体が行政計画の策定を事実上強いられるケースは増加傾向にある。地方創生に関していえば，自治体からの提案が認められ，交付金を獲得できている地方自治体と，そうではない地方自治体との差も生じている。また，全国レベルでの人口減少傾向が止まらず，東京一極集中現象にも歯止めがかからない中で，個々の自治体の努力で少子高齢化問題に対応する効果的な政策を形成・実施することは困難である。むしろ，自治体間競争によって，子育て世代や移住者など人口の奪い合いを繰り広げているに過ぎないと見ることもできる。同様の現象は，国が奨励し，地方自治体が自主財源を確保するために行っているふるさと納税制度にもいえよう。このように，地方分権というスローガンの下で行われる改革だけに注目することなく，日々の行政活動の中でも，基本理念が尊重されているのか否かに留意する必要がある。

事例⑤国地方係争処理委員会の現実

分権改革の成果として，国地方係争処理員会が設置されたが，必ずしも地方自治体の意向が尊重されるように作用していないという現実がある。そもそも，自治体の側から，国の関与に対して不服があっても審査を申し出るケースが少ない。現在までのところ，①横浜市長が，総務大臣による勝馬投票券発売税の新設に対する不同意に対して，②新潟県知事が，国土交通大臣による北陸新幹線の工事実施計画に対する認可に対して，③沖縄県知事が，国土交通大臣による沖縄県名護市辺野古の米軍基地建設の公有水面埋立に対する，ⅰ.取消に対する執行停止，ⅱ.取消に対する是正指示，ⅲ.撤回（埋め立て承認取消し）に対する執行停止，④沖縄県知事が，国土交通大臣による沖縄防衛局長の審査請求に対する裁決に対して，⑤沖縄県知事が，農林水産大臣によるサンゴ移植をめぐる県への是正指示に対して，⑥泉佐野市長が，総務大臣による同市のふるさと納税制度からの除外に対して，提起された事例に止まる。

国地方係争処理委員会はこれらの申出に対して，①国に横浜市との再協議を勧告，②審査の対象でないとして申出を却下，③ⅰ.関与に該当せずとして却下，ⅱ.判断せず国と県に協議を求める見解を提示，ⅲ.関与に該当せずとして却下，④関与に該当せずと却下，⑤違法ではないと県の主張を却下，⑥総務大臣に除外を再検討するよう勧告，を行っている。このように，委員会で実質的な審査を踏まえた勧告が，さらには地方自治体の主張を認める勧告が非常に少ない。

委員会の審査結果に不服がある場合，地方自治体は高等裁判所に提訴することができる。名護市辺野古の米軍基地建設の場合，沖縄県は国に対する訴訟を行っているものの，一連の判決では，敗訴が続いている。ふるさと納税の場合では，委員会の勧告にもかかわらず総務省が泉佐野市の除外を見直さなかったため，泉佐野市が国を提訴し，最高裁で市の主張が認められた。

事例⑥摂津訴訟

1973年に大阪府摂津市が国庫負担金の超過負担の解消を求めて国を訴えた摂津訴訟は，判決ではなく提訴が紛争を政治的，行政的に解決に導いたユニークな事例である。1960年代後半から1970年代の高度成長期，多くの人口急増都市は保育所の建設に追われていたが，国が交付する補助金が実態とかけ離れていたことから超過負担問題が生じており，多くの自治体にとって重大な関心事であった。摂津市の提訴は，市議会での全議員の賛成，大阪府市長会，革新市長会の支持を得たほか，衆議院地方行政委員会も摂津市で現地調査を行った。訴訟では補助金適正化法に基づく交付申請および交付決定手続のあり方が問題となり，市が敗訴する結果に終わったものの，当時の厚生省は保育所設置に関する補助金の見直しに着手，定額打ち切り制度を廃止し，定率補助方式に変更するなどの制度改正を行い，超過負担問題を解決させるに至った。摂津訴訟は，判決を通じた紛争解決とは異なり，提訴が地方自治体による国の政策に対する異議申立の機会となり問題の解決に至るという，地方自治の歴史の中で大きな意義を持つ事例となった（内田 1983）。

4　地方分権をめぐる論点

（1）地方自治体間で政策水準が異なることをどのように考えるべきか

地方分権改革を進めれば，拡大した法令解釈権，条例制定権，課税権などを活用する形で積極的に独自の政策づくりに励む自治体と，そうではない自治体とが現れ，結果として自治体間で同一政策の内容や水準の差異が拡大することが予想される。これを地方分権改革の結果として受け止めた上で，政策水準を維持し高める責任は首長，地方議会，そして住民にあると認識すべきであろうか。今までも，地方自治体は，地域の政策課題に率先して取り組む「先駆自治体」とそうではない「居眠り自治体」に二分されると指摘されてきたが，地方分権改革は差異化を促進していくことになる。これに対して，自治体間で基本的な住民サービスの水準に格差が生じることは好ましくなく，分権を通じて地方自治体に政策対応を委ねるよりも，国が全国レベルでの統一的な政策水準，すなわちナショナル・ミニマムを確保する責任を担うべきであるとする考え方も強い。

このように地方分権は，政策水準を確保する責任の主体は地方自治体であるのか，ナショナル・ミニマムを維持するために国であるべきか，さらには，地方自治体は住民から信頼をえることができるかという議論を巻き起こすことにもなる。

事例⑦評価が分かれた学童保育の分権

全国知事会，全国市長会，全国町村会は共同で，学童保育の人員配置に関する義務付け・枠付けを見直し，基準の設定を自治体の意向に委ねる提案を行った。学童保育とは，親が働いている家庭の小学生を放課後に受け入れる事業である。国は2019年，内閣府の地方分権改革有識者会議の専門部会での検討を経て，児童福祉法と厚生労働省令を改正した。今回の制度改正により，地方自治体は，従来の基準を維持するか，条例を制定して独自の基準を設定するかを選択することが可能になった。その意味では，地方分権がいっそう進んだことになる。この背景には，働く親の増加に伴いニーズが高まっているという事情があった。全国の地方自治体が，学童保育の運営に際して保育士などの有資格者を確保することが困難であるとして，基準の緩和を国に求めたことから，この制度改革が実現した。ところが，保護者らの団体や日本弁護士連合会は，「基準設定を自治体に委ねると自治体間の格差拡大，基準の低下を招く」として，法令改正に反対した経緯があった（『北海道新聞』2019年1月24日付朝刊等を参照）。

（2）地方分権によって効率性は向上するのか，低下するのか

国よりも地域の実情を理解している地方自治体が，政策の形成・執行の主体となる方が，効率性が高まるのではないか，また，地方自治体の方が住民の目が届きやすく，さらには，受益と負担の関係も実感しやすいために監視機能がはたらきやすいのではないかと考えられる。こうした見方に対して，個々の地方自治体が政策を形成・執行する方が，全体的に見れば非効率ではないか，全国あるいは広域の単位で一括的に政策を形成・執行した方が適切ではないかとの意見や，地方自治体の行財政制度を画一的にした方が，国からの監視，監督も容易ではないかとの見解が表明される。

自治体運営に関しては，今までにも市町村合併や道州制など，規模を拡大することによる効率性や専門性の向上を追求する構想も提起されてきた。また，

福祉や教育などの対人サービスに関する政策は地方自治体が担うことがふさわしく，一方では，普遍的な現金給付に関する政策は国が担うことが望ましいともいわれてきた。いかなる分野の政策形成・執行を，どのレベルの政府に任せることが適切であるのかを，単純明快な理論で整理することは非常に難しい。現実の政策がどのように形成・執行されるのか，その際の国・自治体の役割を実証的に検討する中で，適切な解を見出す必要がある。

（3）地方自治体は分権を受け止める能力を持っているのか

地方分権改革の推進には，地方自治体が適切に政策を形成・執行する能力，さらには住民自治を行う能力があることを前提にしている。しかしながら，地方分権に反対，または慎重な論者はこの点に異議を唱える。たしかに，過去をさかのぼれば全国の自治体で，**官官接待**（地方自治体職員が国の官僚を接待すること。その際の経費を不正経理によって捻出していたことが問題になった），補助金の不適切な執行，談合事件による首長の逮捕，官製談合事件など，数々の不祥事や，事件が発生してきた。近年では，首長・議員の多選，無投票が増加することによって，住民の政治参加が実質的に制約される事態も生じている。また，北海道の夕張市は，炭鉱閉山後の地域振興政策の失敗を主な要因とする財政破綻により2007年に**財政再建団体**（後の財政再生団体）となり，現在も財政再建に取り組んでいる（第1章事例①参照）。

このような事件に至らなくても，地方自治体で生じる不祥事や不手際は少なくない。適切に財政資源を利用しつつ，多様な意見や要望を持つ住民の意向を反映させながら自治体運営を行うことは，決して当たり前のことではない。まして，限りある資源を適切に利用しつつ，国の干渉や介入から一線を画して，地域固有の政策課題を主体的に解決するためには，多くの知恵と労力を必要とする。国が制定する法令を受動的に執行し，補助金の確保に奔走する役割に留まる方が楽かもしれない。

地方分権，さらには地方自治を理念通りに実践することは容易ではない。自治体運営能力の有無は，自治体の首長，議員，職員，そして住民に問われている。

本章のまとめ

① 1990年代から地方分権改革が具体化していく背景には，「中央集権型行政システムの制度疲労」，すなわち，画一的な制度と国から自治体への関与が，自治体の独自性・自主性を阻害しているという認識が多くの関係者の間で共有されたことが大きく作用し，全国の都道府県と市町村が一体となり，すすめられてきた。

② 日本の地方分権改革は，現行の地方自治制度を前提に，国と地方自治体との関係を対等協力とすることを原則として，国から自治体への関与を縮小し，地方自治体の自由度を拡大する，団体自治の強化を中心にした改革であった。そのため，国の事務・事業を地方自治体に移管させる権限移譲は，ほとんど実行されなかった。

③ 地方分権改革が実現した後に，条例の制定，新税の導入，組織や施設の再編・統合など，独自性を発揮して自治体運営を行っているところもあるが，成果を活かしている地方自治体は，全体としては必ずしも多くはない。国と地方自治体との対立が司法の場で争われることがあるが，裁判所が分権理念を尊重し，自治体側の主張を認める余地は限定的である。

④ 分権改革の成果を積極的に活用する自治体とそうではない自治体との間に，政策水準の差異が生じる可能性があり，自治体間の格差を積極的に受け入れる考え方と，全国レベルでの政策水準を同一にすべきとする考え方との違いが生じており，地方分権に対する評価を分けている。

引用・参考文献

礒崎初仁（2017）「法令の過剰密度と立法分権の可能性——分権改革・第3ステージに向けて」北村喜宣ほか編著『自治体政策法務の理論と課題別実践』第一法規：189-204。

礒崎初仁（2018）『自治体政策法務講義　改訂版』第一法規。

今井照（2021）「国法によって策定要請される自治体計画リスト」『自治総研』(515)：61-86。

内田剛弘（1983）「超過負担をめぐる摂津訴訟」阿利莫二編『事例・地方自治　第5巻　運動』ほるぷ出版：184-185。

大森彌・大杉覚（2019）『これからの地方自治の教科書』第一法規。

嶋田暁文（2017）「自治体職員の働き方改革と自治体行政システムのあり方――分権改革論議で見落とされてきたもの」阿部昌樹・田中孝男・嶋田暁文編著（2017）『自治制度の抜本的改革』法律文化社：288-311。

北村喜宣（2018）『分権政策法務の実践』有斐閣。

地方分権推進本部（2000）「スタート！地方分権」（2022年1月31日最終閲覧，http://www.bunken.nga.gr.jp/data/link/start.pdf）。

地方分権改革有識者会議（2014）「個性を活かし自立した地方をつくる――地方分権改革の総括と展望」（2022年1月31日最終閲覧，https://www.cao.go.jp/bunken-suishin/doc/260624_soukatsutotenbou-honbun.pdf）。

地方分権改革推進本部（2003）「地方分権推進事例調査結果の概要」（2022年1月31日最終閲覧，http://www.bunken.nga.gr.jp/data/link/nga/suishinjireigaiyou.pdf）。

地方自治総合研究所編（1996）『地方分権の戦略』第一書林。

内閣府（2014）「地方分権改革のこれまでの経緯」（2022年1月31日最終閲覧，https://www.cao.go.jp/bunken-suishin/doc/st_03_bunken-keii.pdf）。

西尾勝（1999）『未完の分権改革』岩波書店。

西尾勝（2007）『地方分権改革』東京大学出版会。

日本都市センター（2008）『分権型社会の都市行政と組織改革に関する調査研究』日本都市センター。

松下圭一（1996）『日本の自治・分権』岩波書店。

参考 URL

地方六団体地方分権改革推進本部ウェブサイト（2022年1月31日最終閲覧，http://www.bunken.nga.gr.jp/）。

内閣府地方分権改革ウェブサイト（2022年1月31日最終閲覧，https://www.cao.go.jp/bunken-suishin/）。

（山崎幹根）

第5章
自治体の合併と連携
――規模かデモクラシーか――

矢祭町合併50周年記念式典　式辞を述べる根本良一町長
（福島県東白川郡・2006年1月11日撮影，毎日新聞社提供）

2001年10月，国が市町村合併を強力に推進しようとしている中で，福島県矢祭町の議会では「市町村合併をしない矢祭町宣言」が全会一致で決議された。1950年代の「昭和の大合併」の際には「血の雨」が降ったと言われるほどの騒動が起きた同町にとって，合併という選択肢は，地域間格差の拡大や地域社会の不安定化をもたらすものと判断されたのである。この決議は，過疎化にあえぎながら合併の圧力にさらされていた小規模町村に勇気を与えるものとして，一躍脚光を浴びた。

一方，この「平成の大合併」と呼ばれる合併の波によって，全国で約1,600もの町村が姿を消すこととなった。市町村にとって，合併や連携は行財政運営を安定させるために有効な選択肢なのだろうか。そして実際に合併や連携を実施する場合，従来から育まれてきた地域社会の一体感や，自治体と住民との距離，民主的コントロール手段などのような，自治の基本要素をどのように考えればいいのだろうか。

本章の論点

① なぜ自治体同士で合併・連携・補完を行うのか。
② 合併・連携の制度的バリエーションはどうなっているか。
③ 近年の市町村合併はどのような形で発生したか，その特徴は何か。
④ 自治体の規模とデモクラシーのどちらを重視すべきか。

1　合併・連携・補完の発生

（1）自治体間関係の多様性

2000年4月の地方分権一括法施行に結実した第1次地方分権改革は，国から地方自治体へ，都道府県から市町村への事務権限の移譲という「所掌事務拡張路線」ではなく，**機関委任事務**の廃止や**必置規制**の見直しのような，国からの関与の縮小という「自由度拡充路線」で進められた。これにより，自治体はこれまで以上に地域の多様なニーズに即する独自の政策を展開できる余地が広がることとなった。

ただし，裁量が高まったとはいえ，自治体は自前の職員集団だけで域内の行政サービスをすべて処理できるようになったわけではない。民間企業や町内会・自治会などの地域団体に仕事を任せることもあれば，周辺の市町村や都道府県との協力関係によって事務をこなすこともある。

地方自治体間で紡がれる協力関係としては，「合併」「連携」「補完」という三つのタイプがある。「合併」は，都道府県同士や市町村同士という水平レベルで区域と機能の両面を統合させるものである。日本では1890年以降，市町村同士でしか発生していない。「連携」は，水平レベルで区域を統合せず，機能的な協力によって問題解決を図る手段である。これも基本的には市町村同士で行われる営為である。「補完」は，都道府県と市町村の垂直レベルにおいて，主に行財政基盤が弱い市町村に対して都道府県が代替的に行政サービスを行うことを指す。市町村と都道府県で構成される二層制において地方自治体の規模や能力が多様であるように，地方自治体同士の協力関係もまた多様である。

（2）都道府県と市町村——安定的な「補完」

都道府県と市町村の「補完」関係は，日本の地方自治制度の建付け上も実務面においても，ほぼ自明なものとみなされてきた。そのため，地方自治制度の黎明期から比較的安定的に維持されてきた実績がある。

第1章で見てきた通り，戦前の府県は国の地方行政機構という側面が強く，知事として赴任してくる内務省官僚が域内の市町村を統制・監督する立場にあった。この集権的な構図を法的に成立させるために，英米型のアングロ・サクソン系諸国が導入している**制限列挙方式**（自治体の役割が法律で明示されている方式）ではなく，国と自治体の事務権限を法律で明確にせず，両者が融合的に事務を処理するヨーロッパ大陸流の**概括例示**（**概括授権**）**方式**が採用された。この自治体の権限規定方式は，戦後改革を経た後も大枠で見直されることなく地方自治法に継承され，現在まで都道府県が市町村とともに国から委任されてくる事務を分担するという大枠は変化していない。前述の地方分権改革が実現した後も，国・都道府県・市町村と縦型に連なる階層関係を前提としつつ，相互に関連した事務を調整しながら処理する伝統が根強く残っていることは，しばしば指摘されるところである。

また，二層制の維持それ自体が，市町村と都道府県の「補完」関係を要請しているという側面もある。日本では，国が一定水準以上の行政サービスを国民に保障する義務を憲法第25条で謳い，その実施手段のひとつとして，全国民を市町村と都道府県に重複帰属させ，いずれのレベルの地方自治体によるサービス提供体制に包摂するという方式を採用している。したがって，国民の居住地によってサービスに大きな差が出てくることは，少なくとも，国家的見地からは好ましくはないことになる。

しかし，現実問題として，市町村レベルではサービスの差が顕在化しがちである。都道府県レベルではどこでも数千人から数万人の職員集団を擁しているため，水平的な差は問題になりにくい。一方，市町村レベルの場合は，政令指定都市などのように府県並みの職員数を確保できている都市の自治体もあれば，少子高齢化が進む地方・農村部の町村などでは数十人の職員でやりくりしている場合も少なくない。そのため地方自治法では，あらかじめ市町村が単独で扱うことが難しいサービスはその市町村を包括する都道府県が補完・支援する旨の規定を置いているのである（第2条5項）。

（3）市町村と市町村――不安定な「合併」「連携」

一方，市町村同士の「合併」や「連携」は，前述の「補完」のように地方自治制度の根幹にあらかじめビルトインされたものではない，いわば「オプション」の部類に位置付けられるものである。そのためか，合併促進か連携促進かという対照的な議論は，時代によって趨勢が入れ替わるという不安定な状況が続いている。そして，このスウィングは，市町村同士の自発的な判断が積み重なって流れができてきたというよりは，地方自治制度の設計者・管理者である国が制度運用に不満を持つ場合に喚起されはじめ，それに触発された市町村が検討を始めることで大枠が形成されてきたという方が，より実態に即している。

では，国はどのような要因を重視するがゆえに現行の制度運用に不満を持つに至るのだろうか。この点については，「自己完結性」や「圏域性」，「効率性」の追求として説明できよう。つまり，これらの互いに重複・衝突しあう部分を含む三つの概念が，時代によって配合を変えつつ混ざり合うことで理想としての市町村像・市町村観が生成され，その一定基準内に含まれない市町村が合併や連携の対象とされるという構図である。

まず自己完結性の追求とは，市町村ができるだけ自らの区域内の諸問題を自前で対応できる体制の構築を目指すということである。前述の通り，日本の市町村は人口規模・面積・行財政資源などの諸点において多様であるが，基本的には「一定程度」の事務を単独処理できる基盤・能力を備えていることが前提となっている。これまで，その「一定程度」の解釈水準は，市町村の平均規模が拡大するにつれて高まる傾向にあった。そのため，「一定程度」の水準に達しない小規模自治体はその都度，何らかの形で基盤・能力向上策を迫られ，合併や連携を検討していく素地が作られることとなってきた。

そして圏域性の追求とは，市町村の区域と住民の行政需要圏を可能な限り合致させようとすることである。地方自治体の区域は，いったん定まったその瞬間から陳腐化が始まる性質を内在させている。すなわち，たとえ当該地域の住民の移動圏や生活経済圏などに基づく行政需要圏を考慮して区域を設定できたとしても，時間の経過とともに区域と行政需要圏の範囲が次第に合致しなくなる。このズレは，行政需要が当該自治体の区域から広範囲に溢れ出すような事態や，周辺市町村との行政境界に一部またがっていく事態として顕在化する。この不一致を問題視する立場から，対応策としての合併や連携が提唱されるのである。

効率性の追求とは，文字通り，自治体運営にはできるだけ経済的な効率性を追求すべきという考え方を指す。ただ，これは人口規模の小さい市町村は行財政運営コストが割高で非効率とみなされる場合が多いというような類いの議論ではなく，日本の地方自治制度が構造的に抱える非効率性の解消という意味で合併や連携が喚起されるということである。すなわち，市町村の自立的な行財政運営にあたって最も重要な資源は住民であるから，人口の維持・増加を実現させるためには，潜在的なライバルとなる周辺市町村よりも行政サービスを充実させる戦略が有用となる。しかし，その構図は周辺市町村にとっても同じである。そのため，競争メカニズムが過度に働いたり，伝統的な「横並び意識」が刺激されたりすると，必ずしも住民ニーズに即さないサービスや豪華な設備に税金が注ぎ込まれたり，似通った性質の施設が近隣で並立したりする危険性が出てくる。この状況を回避するための方策として，合併や連携という選択肢が考えられるようになるのである。

もちろん，自己完結性や圏域性，効率性は，自治体運営の当事者である首長や職員，議員らには特に意識されるべき重要な概念である。合併や連携を頑なに拒むことで，行財政運営が行き詰まったり住民サービスの質が確保できなかったりすることも想定できるからである。ただし，多様な地方自治体が実在する現実社会において，これらの概念を地方自治制度のなかに過度に織り込もうとすると，常に一部の市町村を「適切ではない状態」にカテゴライズしてしまう効果を生む。その意味で，市町村を永遠に改革の渦へ引き込む作用を持っているのである（金井 2007）。

2　合併・連携の制度バリエーション

(1) 合併——その定義と考え方

「合併」とは一般に，市町村同士での区域と機能の統合を包括する用語と理解されているが，実は複数パターンある区域再編のひとつと捉える方が正確である。こういう言い方にならざるを得ないのは，市町村の区域再編をめぐる法制度として，地方自治法に**廃置分合**と**境界変更**という2種類が用意されているからである（第6条から第9条)。つまり，通俗的に使われる用語である「合併」は実際のところ，地方自治法上の廃置分合か境界変更のいずれかのパターンのひとつ，もしくは複数パターンの併用という形となるのである。

廃置分合と境界変更の違いは，端的に言って区域再編を行うことで市町村の数が増えたり減ったりするかどうかである。図5-1のように，市町村数の増減を伴う廃置分合としては6パターンが想定される。境界変更はバリエーションがなく1パターンのみで，市町村数の増減にも無関係である。これまでは「合体」「編入」「分割」「分立」の4パターンが想定されてきたが（長野 1953)，これだけでは後述する「昭和の大合併」の際に大量発生した「分町・分村」ケースが類型化できない。そのため，ここでは「分裂」と「集立」という新たなパターンとして提示している。

このように，市町村の区域再編に多様なパターンが生まれたのは，個々の合併事例の成否あるいは議論の方向性について，地方政治の文脈が影響を及ぼすからである。とりわけ，よく言及されるのが，「格付」と「内部対立」である。

「格付」として分かりやすいのは人口規模の差であろう。当然ながら，市町村は「村→町→市」の順で人口規模が大きくなる。そのため，たとえば合併相手を選定する際も，村より町，町より市が「格上」という暗黙の思考が働きながら合併パターンが選択されがちである。合併条件についても，人口差を意識した条件がつけられやすい。実際にも，市と町村が合併する場合，人口差が開くほど「対等合併」と呼ばれる「合体」パターンではなく「吸収合併」と呼ばれる「編入」パターンで合意されやすい傾向にある。

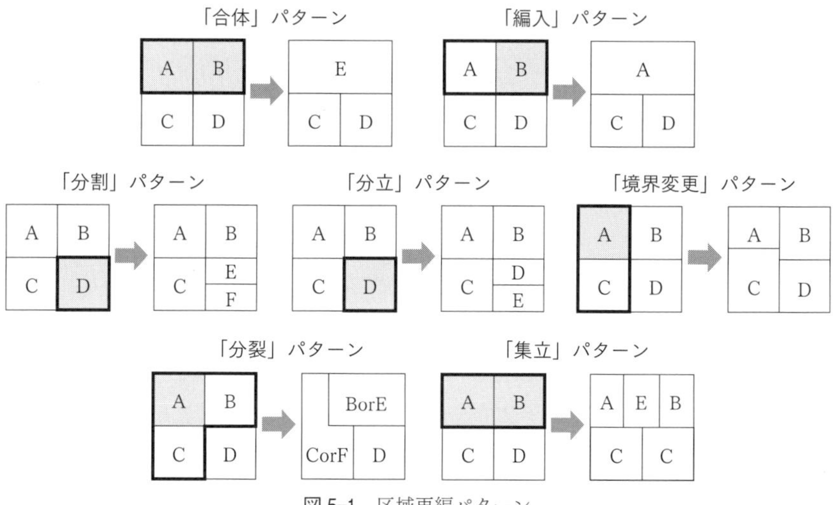

図5-1　区域再編パターン

出典：筆者作成。

ただし，違う意味の「格付」もまた存在する。たとえば，歴史的に伝統がある土地柄であったり，財政面で余裕があったりするような市町村は，合併相手より人口規模で劣後していたとしても「合体」パターンに持ち込めたり，有利な合併条件を提示できたりする場合もある。

「内部対立」というのは，市町村内部での合併相手の選定や合併条件の検討段階において，各地域の間で利害対立や意見の不一致が発生してしまうことである。その結果，当初に想定されていた「合体」や「編入」に至らない場合もある。実際にも，内部対立が激化した結果，当該区域を2分割・3分割した上でそれぞれ異なる市町村と合併する「分裂」パターンや，一部区域のみ他の市町村に「境界変更」したりするケースが多く発生してきた。

（2）連携——豊富なラインナップ

地方自治体同士の機能的な協力で問題解決を図るという「連携」は，概念としては分かりやすいが，現場で取り組まれている内容の全貌を把握するのは非常に難しい。すなわち，「連携」の意味を広義に定義しようとすると，地方自治法上に根拠規定を置く連携制度だけに留まらず，災害対策基本法や地方公営企業法，港湾法，学校教育法など個別法令に基づく連携制度や，制度によらない協力・共同的行動などもその範疇に含むことになる。

例えば，近年よく見られる自治体間連携の事例としては，遠隔地の自治体同士による災害時相互応援協定の締結がある。東日本大震災を契機として注目されたこの協定では，一方の自治体が被災した際の被災住民の一時的受入や食糧・飲料水などの物資提供，復旧活動に必要な職員の派遣などが定められるのが一般的であるが，この取組の根拠法は災害対策基本法である。また，これとは別に，災害発生後における自治体間での復興支援を円滑に進めるために，2018年には応急対策職員派遣制度が総務省の主導により整備されるなど，新たなスキームの連携も試みられ始めている。この他にも，近隣自治体同士による実務的な連絡協議会や姉妹都市協定・観光交流都市協定のような非制度的な連携の仕組，さらには他自治体への問合せ・資料請求・現地視察なども，厳密に言えば自治体間連携にあたる。自治体間の連携は非制度的なものや軽微なものの方が圧倒的に多いと推測されており（阿部 2010），全国の自治体の連携実態を可視化できるようなデータは，今のところ現存しない。

そこで，利活用状況を統計的に確認できる地方自治法上に根拠規定を置く制度に限定しながら概要を確認してみたい。まず，連携制度は基本的に三つのタイプに分類される。「一部事務組合」や「広域連合」のように常設の組織・職員を置くタイプ（機構型）と，そこまで本格的ではなく緩やかな共同体制を取る「協議会」や専門知識を要する「機関等の共同設置」などのタイプ（ソフト型），自治体間での個別的な取り決めに基づく「事務の委託」や「代替執行」，「連携協約」などのタイプ（契約型）の三つである。

表5-1は，実際に利活用の多い上述七つの連携制度それぞれの事務分野別の運用状況について，総務省統計（「地方公共団体間の事務の共同処理の状況調」）（平成30年7月1日現在）を基に整理したものである。ここでは制度を利活用している地方自治体数を積上げ方式で足し合わせたデータを採用している。

全体的に見て，連携制度の利活用が活発な分野は，「その他」「厚生福祉」「環境衛生」「防災」などである。「その他」の大部分は退職手当・公務災害に関す

表5-1　各種連携制度の事務分野別利活用状況（処理団体数ベース）

事務分野	一部事務組合	広域連合	協議会	機関等の共同設置	事務の委託	代替執行	連携協約	合計
地域開発計画	446	113	154				30	743
第1次産業振興	478	28	42		199		66	813
第2次産業振興	89	16		10	2			117
第3次産業振興	120	87	5	4	6		44	266
輸送施設	69	42			43		38	192
国土保全	20	19	2		3			44
厚生福祉	2,858	2,936	117	924	381		216	7,432
環境衛生	4,664	376	133	20	708	3		5,904
教育	661	63	367	114	253		92	1,550
住宅	41			20	2			63
都市計画	74	13	8	36	18			149
防災	4,869	343	347	2	423			5,984
その他	8,671	851	366	1,024	4,590		300	15,802
合計	23,060	4,887	1,541	2,154	6,628	3	786	39,059

出典：筆者作成。

る事務（一部事務組合）や住民票写しの交付，公平委員会に関する事務（事務の委託）である。「厚生福祉」は後期高齢者医療に関する事務（広域連合）や介護保険に関する事務（一部事務組合）が多くを占め，「環境衛生」ではごみ処理・し尿処理に関する事務が突出して多い。「防災」では消防・救急・消防災害補償に関する事務（一部事務組合）が大部分である。このように細かく見ていくと，制度ごとに利活用の属性や方向性がある程度住分けされていることが窺える。

3　合併をめぐる近年の動向

（1）振り子のように繰り返される合併と連携

すでに述べてきたように，市町村レベルにおいては歴史的に合併促進論と連携促進論が時代ごとに入れ替わってきた。まず，明治地方制度の発足にあたり，国が1888年にほぼ強制的な形で約1年間にわたって合併を進めた（**明治の大合併**）。その後，1889年からは一部事務組合や事務の委託などの各種連携制度が創設・利活用されていくこととなった。戦後になると，戦後改革に伴う市町村の所掌業務の増大やモータリゼーションの拡大などを理由として，再び国が1953年から1961年にかけて合併促進を図るための法律を制定して積極的に合併を後押しし，その波が全国化した（**昭和の大合併**）。その後の約30年はまた，「広域市町村圏」の設定（広域的かつ総合的な地域開発を進める単位としての都市・農村一体型の圏域設定）や一部事務組合の複合化（一つの組合で複数枠組の事務処理を可能とする制度変更），一部事務組合よりも自治体的色彩の強い広域連合制度の創設（選挙による連合長の選出や国・都道府県への権限移譲の要請，住民による直接請求が可能）など，連携制度の充実が図られることとなった。

そして，第１次地方分権改革のプランが固められつつあった1990年代後半より，改革の成果をより実効的にするためには行財政基盤の強化が必要との立場から三たび合併促進論が台頭し，1999年から2010年にかけて市町村合併の大きな波が訪れることとなった（**平成の大合併**）。概して合併促進論は短期間で集中的に盛り上がり，その後おおむね半世紀程度は連携制度の漸次的拡充という時代に入り，また突如として合併促進論が盛り上がるというサイクルが見て取れる。

（２）連携促進論から合併促進論へ――「平成の大合併」の胎動

「平成の大合併」につながる連携促進論から合併促進論への転換は，1990年代の地方分権改革の議論に端を発するものであった。ただし，地方分権改革の舞台となった地方分権推進委員会では当初，地方分権を実現するにあたって道州制や連邦制の導入，さらなる市町村合併の促進など，現行の二層制をめぐる改革議論には与しないことを早々に表明していた。この改革を後押ししてくれる存在である地方自治体側で意見が異なるような内容に着手すると，実効的な改革プランが建てられなくなる可能性が出てくることを危惧したからである。

この潮目を変える契機となったのは，1997年７月の第２次勧告である。この勧告では，政権与党である自民党から合併促進を求める意見が噴出したことを受けて「市町村合併と広域行政の推進」という一節が設けられ，地方分権改革の実施と地方自治体間関係のあり方が関連付けられることとなった。さらに，自治省（当時）に設置された市町村合併研究会が1999年5月に取りまとめた報告書では，「事務の共同処理による場合には，ややもすれば，住民と行政との間の距離が遠くなることにより，責任の所在が不明確となりがちであり，また，関係団体との連絡調整に相当程度の時間や労力を要するために，迅速・的確な意思決定を行うことができず，事業実施などに支障を生じる場合も見受けられる」と，従来の連携促進論が明確に否定された。事実，報告書から2カ月後の1999年7月には自治省に市町村合併推進本部が立ち上がっている。

（3）「平成の大合併」はどのように大規模化したか

国が合併促進を喚起する場合，通常はアメと呼ばれる優遇措置とムチと呼ばれる締付け・冷遇措置が導入される。「平成の大合併」に際しては，多様な優遇措置が先行して設けられた。主なものとしては，①議員在任特例（図5－1にある合体パターンの場合，最大2年間まで旧市町村の議員が在任可能），②合併特例債制度（合併関連事業費の95％まで地方債を充当，元利償還金の70％まで地方交付税で措置），③地方交付税の算定替え（合併後10年間は従前の交付金額を維持，その後5年間で段階的に平常化），④市制移行への人口要件緩和（5万人要件を合併に限り3万人に緩和）などである。また，首長や議会が協議に乗り出さない場合の対策として，合併協議会の設置をめぐる直接請求や住民投票制度なども整備された（第8章参照）。

しかし，これらの優遇措置が出そろっても，合併はなかなか進まなかった。実際，1999年から2002年までの3年間に合併したのはわずか32市町村に留まっていた。そこで，国は一転して締付けの方向に舵を切る。その端緒となったのは，2002年9月に自民党の合併検討チームが公表した中間報告案である。同案では，人口1万人未満の市町村を「小規模自治体」としてくくり，これらの市町村に対して，所掌事務を窓口サービスに限定するとともに地方交付税を手厚く配分するための段階補正を縮小する，という方向性が盛り込まれた。

このプランの実現に説得力を持たせる効果を生んだのが，自民党案の2カ月後に第24次地方制度調査会の委員を務めていた西尾勝（東京大学名誉教授）より公表された「今後の基礎的自治体のあり方について（私案）」であった（通称・

西尾私案）。同案の内容自体は自民党案と大差なかったが，1990年代から地方分権改革をリードしてきた西尾勝の名前を冠した改革案が小規模自治体の現状維持を認めないような装いで出されたこと自体，自治体関係者に与えた衝撃は非常に大きかった。

そして，ここで合併を本格的に検討し始めた市町村にとって，実質的に合併の呼び水となったのは，2004年の地方交付税・**臨時財政対策債**の大幅削減である。この当時，2001年から構想されはじめた地方交付税の縮減・国庫支出金の廃止削減・地方自治体への税源移譲という**三位一体の改革**の影響により，経年的に地方交付税が縮減されつつあったが，その目減り分を補填する形で発行されていたのが地方債の一種である臨時財政対策債であった。しかし，2004年はこの地方交付税・臨時財政対策債が前年比で10％以上も縮減されるという「地財ショック」と呼ばれる事態が発生する（今井 2008）。このような状況から，行財政運営に窮することとなった小規模市町村を中心に次々と合併の波が生まれていき，全国的な現象にまで発展していくこととなったのである。

（4）「平成の大合併」の内訳と推移――「昭和の大合併」との比較から

「平成の大合併」は，「昭和の大合併」と比べてどのような特色があっただろうか。図5-2と図5-3はそれぞれ，「昭和の大合併」と「平成の大合併」の期間に発生した合併の時系列を区域再編パターンごとに示したものである。「昭和の大合併」では，市町村数が9,895から3,472まで減少が進んだ（約3分の1の圧縮率）のに対し，「平成の大合併」では市町村数が3,232から1,727まで減少した（約2分の1の圧縮率）。

ただし，時系列的な発生傾向としては「昭和の大合併」は開始直後から合併協議が大規模に進み，時間の経過とともになだらかに収束していく形であったのに対し，「平成の大合併」では前述のように，国が合併促進の姿勢を打ち出してから数年間はほとんど実施例がなかった。この点，「昭和の大合併」の際は地方自治制度を司る官庁であった自治庁が合併促進を全面的にバックアップしていたが，「平成の大合併」の際は自治省（総務省）がさほど積極的ではなかったことと無関係ではないだろう。また，角度を変えて見れば，「昭和の大合併」

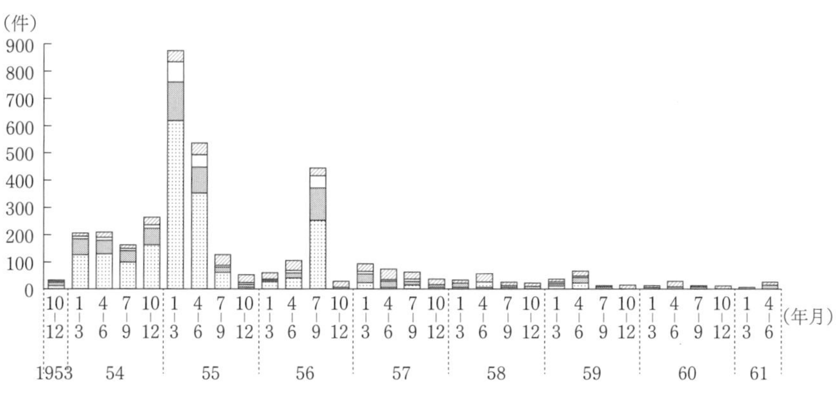

図5-2　「昭和の大合併」期の合併発生動向

出典：筆者作成。

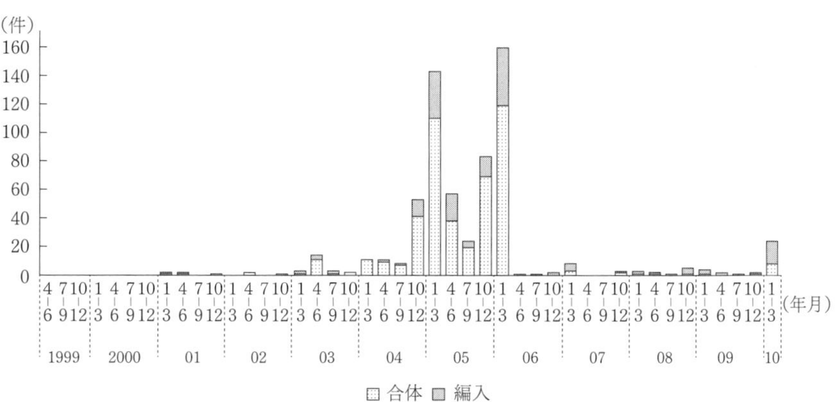

図5-3　「平成の大合併」期の合併発生動向

出典：筆者作成。

の際は市町村にとって先取的に合併を検討するインセンティブがあったのに対し，「平成の大合併」では当初のインセンティブがそれほど強くなかったと捉えることもできる。

区域再編パターン別の内訳として，「昭和の大合併」では「合体」は2,025件，「編入」は831件，「分裂」は272件，「分立」は2件，「集立」は1件発生している。「合体」で6,706,「編入」で1,493,「分裂」で272の市町村が消滅し,「合体」で2,025,「分立」で2,「集立」で1の市町村が新たに誕生したという算段になる。また,「境界変更」は人口の異動を伴うものに限っても614件確認できるが,その大部分が前後に「合体」か「編入」を実施した市町村で発生している。一方,「平成の大合併」では「合体」は461件,「編入」は178件発生しており,「合体」で1,596,「編入」で369の市町村が消滅することとなった。「昭和の大合併」と異なるのは,「分立」「分割」「集立」が0件,「分裂」も山梨県上九一色村の1件のみであった点である。「境界変更」についても,人口異動を伴うものは3件のみとなっている。もちろん内部対立が皆無だったわけではないが,合併議論としては比較的穏やかな形に帰結する事例が多かったと捉えることができよう。

4　地方自治体の規模とデモクラシーを考える

(1) ポスト「平成の大合併」の動向

「平成の大合併」がおおむね収束した2006年頃から現在までは,再び連携促進論が復権を果たしている状況である。ただし,その様相はポスト「昭和の大合併」の時代と大幅に異なっている。「平成の大合併」後に待っていたのは人口減少・少子高齢化社会の本格到来であり,アメリカの住宅バブル崩解に端を発する世界的な金融危機と景気の低迷であり,東日本大震災という未曾有の災害からの復興であった。「昭和の大合併」とは真逆の社会経済状況を背景として,合併後の地方自治体間関係を再設計する状況が訪れているのである。

その影響からか,ポスト「平成の大合併」の時代における連携促進論には,自治体間の連携に「中心」と「周辺」という概念が新たに織り込まれるようになった。すなわち,2008年の「広域市町村圏」の廃止に代わって進められた「定住自立圏」の設定(事例⑧参照)や,この拡大バージョンとして2014年より取組まれてきた「連携中枢都市圏」の設定(ネットワーク化の促進により一定の圏域人口を維持する目的から昼夜間人口比率1以上の政令指定都市・中核市と周辺市町村による都市圏の設定),あるいは2018年頃より検討されてきた「圏域」構想(都道府県と市町村の間に新たに「圏域」という行政主体を設定し，この単位を軸に域内市町村の行政サービスの標準化・共通化を促進しようとする改革構想）などに一貫して底流するのは，活力のある「中心」都市が，衰退傾向にある近隣の「周辺」市町村の機能を一部包摂しつつ存続を図るという戦略である。

ただし，これらの構想には，「中心」都市を存続させるために「周辺」市町村の機能を吸い上げようとしているのではないかという疑念も指摘される。おそらく，現時点で明確なのは，中長期的な視点にたてば「中心」と「周辺」のどちらが衰退しても結局は共倒れになる危険性が極めて高いという点であろう。この難しい問題を克服するためにはどのような制度設計が必要なのか，さらなる議論の深化が問われている。

事例⑧秋田県由利本荘市の定住自立圏

定住自立圏構想は，「平成の大合併」がひと段落した2009年度から全国展開された，法律に基づかない自治体間連携のひとつである。東京・名古屋・大阪などの三大都市圏以外を主たる対象地域とし，人口約5万人以上で昼夜間人口比率1以上の市が「中心市」となって近隣市町村と協定を結びながら連携事業を行っていくことで，人口流出の抑制を目指すという仕組みである。事業には特別交付税の措置を受けられるというメリットがあることから，近年編み出された連携手法としては最も利用されており，2020年10月現在，全国に128圏域（537市町村）が形成されている。

ただし，「平成の大合併」で面積が広域化した市は，周辺市町村との連携以上に，市内の旧市町村域ごとの連携が必要になっている場合も多かった。そのため，同構想では広域合併を行った市は1市単独で定住自立圏を形成することも可能とされた。実際にも約30市が単独で定住自立圏を形成している。

由利本荘市定住自立圏は，この合併一市型と呼ばれる定住自立圏の先行モデルとして形成された。2005年3月に8市町合併で誕生した由利本荘市は，面積が約1,200km^{2}と全国屈指の大きさであり，域内での医療体制や公共交通網の整備に課題を抱えていた。そこで，この定住自立圏の事業として，旧本荘市の地区にある救急告示病院への近隣7町地区からの救急搬送の円滑化にむけた病院群輪番制病院運営事業を支援したり，各地区の実情に応じた形での凍結防止剤散布車の適正配置や生活幹線道路の整備などを実施したりしている。さらに2018年12月には，にかほ市と2市で新たに本荘由利地域定住自立圏を形成し，「中心市」として定住自立圏共生ビジョンを策定，医療体制の充実や地域産業の振興などに加えて，鳥海山・環鳥海を軸とした観光振興にも乗り出している。

（2）市町村の規模はどのくらいが好ましい？——適正規模論という試み

今後，このまま二層制が存続していくという前提に立った場合，地方自治制度の設計見直しの方向性は大きく二つに分かれる。

一つめは，都道府県や市町村それぞれのレベルにどのような形で事務権限を配分するか，そして政令指定市や中核市，一般市，町村などの単一レベル内で規模が異なる場合の事務権限の段階配分をどこまで許容するかという機能ベースの見直し議論である。

二つめは，現行の機能を所与として地方自治体の行財政運営の効率化・充実化を図る場合，その規模をどうデザインすべきかという区域ベースの見直し議論である。

この自治体の機能と区域の設定問題は，両者がトレードオフの関係にあるだけに調整が難しく，すでに「昭和の大合併」の時点でもさまざまな角度から分析が試みられてきた，古くて新しい問題である。ただ，このうち後者にあたる地方自治体の規模をめぐっては，長らく「普遍的な適正規模は存在しない」という見解が支配的であった（Dahl and Tufte 1973）。

しかし，「平成の大合併」と前後して，市町村の適正規模に関して計量分析の手法を用いた研究成果が次々と提示されるようになった。それは，普遍的な適正規模ではないにせよ，現行の市町村の運営実態に鑑みた場合，たとえば人口あたりの歳出総額を最小にするという点では人口20万人程度が適正であるとか（吉村 1999），人口と面積を加味した場合は10万人から20万人の範囲に歳出が最小に落ち着く（横道・沖野 1996）などといったような，具体性を兼ね備えた知見であった。現在でも，どのような行政経費を変数に取っても，おおむね合併によって10万人程度の人口規模に近づくケースなら財政的な効率化が望めるという見解は，多くの計量分析に共通したものとなっている（増田 2017）。

ただし，市町村の規模を考えるにあたって，財政的な指標を重視すべきかどうかは異論も存在する。そもそも前述のように，地方自治体の規模は機能に見合うべきという大前提がある。また，多くの地方自治体が水平レベルの財政調整機能を持つ地方交付税の交付対象となっている（つまり自主財源が慢性的に不足している）現状において，その行財政運営データを基にして合併後の財政効率を論じることに懐疑的な見方もある。あるいは，長期間にわたって合併せずに独立を貫いてきたからこそ培われてきた地域の一体性や凝集性，人間関係の豊かさのような，数値化が難しいものが喪失されてしまう危険性をどう捉えるべきか，という点も難しい問題である。

（3）市町村の規模はデモクラシーにどのような影響を与えるか

では，およそ地方自治体にとって最も重視・尊重されるべき価値観であるデモクラシーという点において，自治体の規模はどのような関係にあるのだろうか。これも，従来型の見解に従えば，合併による規模拡大はデモクラシーにとってデメリットが大きいと捉えられてきた。最も典型的なのが，地方議会議員の総数減少と選挙における当落ボーダーラインの上昇である（星野 1958)。市町村の議員定数は2011年まで地方自治法で人口段階ごとに上限が設定されていたため，それ以前の合併の場合，原則的に構成市町村数が増えるほど，新市町村の議員定数は旧市町村の総和と比べて著しく減少する構図になっていた。また，議員定数の減少と域内有権者数の増加は，自ずと当選できる最低得票数を押し上げることになる。つまり，住民一人あたりが及ぼすことのできる民主的コントロールを相対的に弱める方向に作用するのである。

ただし，このような捉え方もあくまで数字上のものであり，実際に合併による規模の拡大と民主的統制の弱まりの相関関係が実証されてきたわけではない。また，合併による規模拡大は，地方自治体の行政能力を高める側面があること

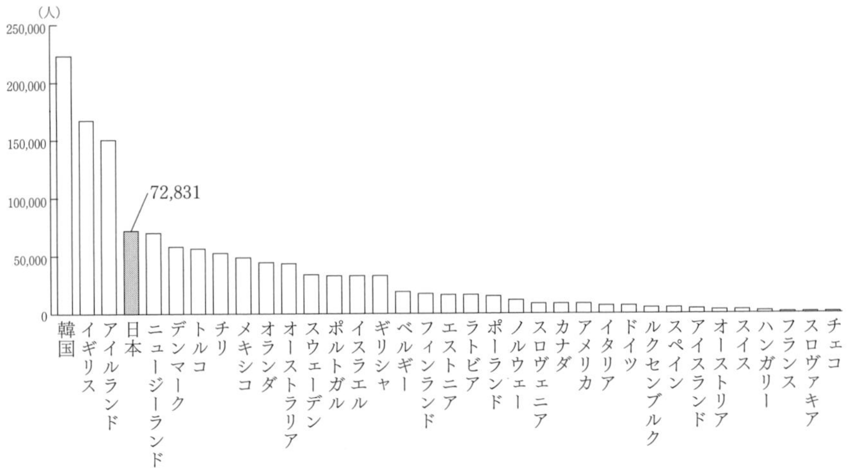

図5-4　先進諸国の基礎自治体の平均人口規模

出典：OECD（2018）を基に筆者作成。

も見逃せない。合併によって人件費の抑制や財政運営の効率化が達成されれば，その分行政サービスの充実に向けた予算の振り分けや新規事業の開始が可能になる。小規模市町村では配置が難しかった専門職員（例えばITや情報化，国際化などの分野）の配置が進んだり，広域的視点からの公共施設の配備や土地利用などが可能になることで合理的な施策展開ができるようになったりすることも期待できるだろう。

一方で，連携には，規模拡大を図らなくても行政能力を高める作用が期待できる。前述のように，東日本大震災を契機として災害時の自治体間連携の実践も徐々に積み重ねられてきており，その中核的支援である職員派遣については応急対策職員派遣制度や復旧復興支援技術職員派遣制度の整備など，現場のニーズに即した連携のあり方が制度化されてきた。このような災害時の自治体間連携は，合併という手段では解決することのできない問題への有効な対処法である。

そして，この地方自治体の規模とデモクラシーの関係をめぐっても，「平成の大合併」前後より計量分析を用いた研究が取組まれるようになってきた。ただし，現時点でこの論点について結論が出たとは言えない。すなわち，合併の効果がデモクラシーにとって肯定的に出るか否定的に出るかは，分析上で着目する指標や事例によって異なっているのである。たとえば，新市町村の投票率に着目した場合，合併市町村は従来よりも有意に投票率の低下傾向が見られ，かつ「合体」パターンよりも「編入」パターンの方が低下率が高いという分析がある（堀内 2009)。その一方で，合併後に市長選挙が行われた場合には対立軸が明確になることで投票率が高くなるという分析（平野 2008）や，「編入」パターンの合併について新市町村内での代議制デモクラシーと住民参加のジレンマを緩和する可能性を指摘する研究もある（村山 2020)。

おそらく，合併に伴う規模拡大によって，住民一般にとって首長や議員などの地方政治家との接触頻度などが下がったとしても，地方自治への関心まで低下するかどうかはケースバイケースということであろう。ただ，市町村の将来像を展望するにあたって注意しておかなければならないのは，日本の市町村はすでに，国際的にみて大規模な部類に入っているという事実である。図5－4で示すように，日本の市町村の平均的な人口規模は72,831人にのぼっており，OECD 加盟国35カ国中４位の大きさとなっている（加盟国全体の平均9,693人)。

このように，度重なる合併を経て規模拡大が行われてきた現状に鑑みれば，今後の地方自治体の課題はデモクラシーの充実ということになろう。規模拡大によって行財政運営の効率化と行政能力の向上が達成できたとしても，その運用において住民の多様な意見を集約・反映させられなければ，合併の意義，ひいては地方自治体の存在意義自体が問われかねない。その意味で，規模かデモクラシーかという二項対立に陥りがちな議論を一歩進めるには，デモクラシーを損なわない形での地方自治体同士の連携をどのように設計・実現していくかという点からの検討も重要な課題であろう。

本章のまとめ

①　都道府県による市町村の補完は，地方自治制度の根幹に織り込まれた機能であるため長らく安定的に行われてきている。一方，市町村同士による合併や連携については，「自己完結性」や「圏域性」「効率性」といった概

念を重視する国がその時代ごとに市町村の理想像を設定する傾向にあるため，それに当てはまらない小規模市町村は常に合併と連携いずれかの実施を問われ続ける構図となっている。

② 合併（区域再編）には「合体」「編入」「分割」「分立」「分立」「集立」「境界変更」の7パターンがあり，連携には「機構型」「ソフト型」「契約型」の3類型がある。合併のパターンが多岐にわたるのは合併議論の帰結に地方政治の文脈が影響を及ぼすからである。連携の3類型は主として共同処理する事務の規模や種類によって使い分ける必要があることによる。

③ 「平成の大合併」は地方分権改革の過程で，政権党が「昭和の大合併」以来の連携促進論を否定するところから始まった。当初は多様な恩恵措置によって合併促進を狙ったものの進展状況が芳しくなかったため，小規模市町村の権限縮小プランや地方交付税縮小などの締付け措置を講じたことで一気に大規模化した。「昭和の大合併」と比較すると内部対立は少なく，穏当に合併議論が進められるケースが多かった。

④ 「平成の大合併」後は再び連携促進論が主流となっているが，人口減少・少子高齢化が進む中において，あるべき自治体像はこれまで以上に揺らぎを見せている。従来，合併という規模拡大路線は民主的統制の弱体化をもたらすと言われてきたが，それを否定する研究も出てきている。自治体にはデモクラシーを育てるという重要な役割があることに鑑みれば，既に大規模化した日本の自治体においてどのような民主的統制を高める方策が有効なのか，絶えず模索することが必要である。

引用・参考文献

阿部昌樹（2010）「自治体間競争と自治体間連携」加茂利男・稲継裕昭・永井史男編著『自治体間連携の国際比較——市町村合併を超えて』ミネルヴァ書房：159-181。

新垣二郎（2017）「「境界変更」の諸相——市町村はいかに“住民”と“区域”を奪い合うのか」『自治総研』(468)：23-51。

今井照（2008）『「平成大合併」の政治学』公人社。

金井利之（2007）『自治制度』東京大学出版会。

小磯修二・村上裕一・山崎幹根（2018）『地方創生を超えて――これからの地域政策』岩波書店。

長野士郎（1953）『逐条地方自治法――解釈とその運用』学陽書房。

西出順郎編著（2021）『災害連携のための自治体「応援職員」派遣ハンドブック――東日本大震災のデータと事例から』公人の友社。

平野淳一（2008）「「平成の大合併」と市長選挙」『選挙研究』24（1）：32-39。

星野光男（1958）『日本の地方政治――住民自治と保守革新の対決』東洋経済新報社。

堀内匠（2009）「「平成の大合併」の効果としての投票率の低下」『自治総研』（368）：86-108。

真渕勝（2003）「市町村合併の政治的効果」『法学論叢』152（5・6）：193-210。

増田知也（2017）『平成の大合併と財政効率――市町村の適正規模は存在するか？』金壽堂出版。

村山皓（2020）「規模と民主主義の経験的分析の試み――京都府内の市町村合併の民主的な効果」『政策科学』27（3）：209-231。

横道清孝・沖野浩之（1996）「財政的効率性からみた市町村合併」『自治研究』72（11）：69-87。

吉村弘（1999）『最適都市規模と市町村合併』東洋経済新報社。

Dahl, R. A., & Tufte, E. R.（1973）*Size and Democracy,* Stanford : Stanford University Press.（内山秀夫訳（1979）『規模とデモクラシー』慶應通信。）

OECD（2018）*Subnational Governments in OECD Countries : Key Data 2018 edition.*

参考 URL

総務省「市町村合併資料集」(2022年1月31日最終閲覧, https://www.soumu.go.jp/gapei/gapei.html)。

総務省「被災地方公共団体に対する人的支援の取組」(2022年1月31日最終取得, https://www.soumu.go.jp/main_sosiki/jichi_gyousei/koumuin_seido/hisai_chiho_kokyodantai.html)。

（新垣二郎）

第Ⅱ部
代表民主制と直接民主制

第6章
二元代表制
――首長と議員を別々に選出することの意味は何か――

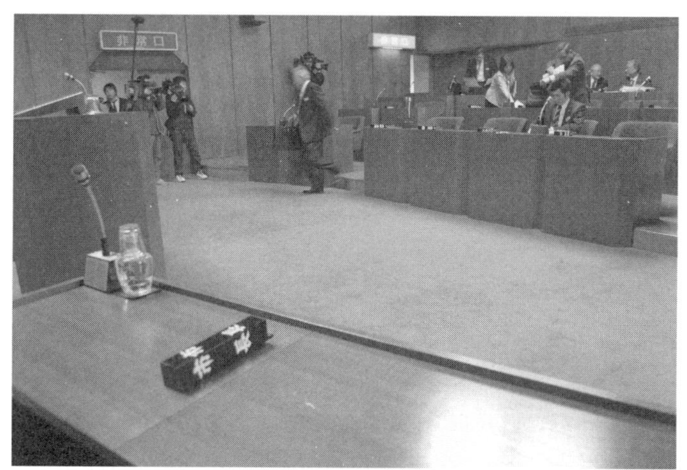

竹原信一市長欠席のまま散会し，議場を出る議員ら
（鹿児島県阿久根市・2010年3月4日撮影，毎日新聞社提供）

2010年はそれまでの法運用からは想定外の方法で自らの意思を貫徹しようとする首長の動きに注目が集まった年であった。鹿児島県阿久根市では竹原信一市長(2008年9月から2011年1月）が議会を招集せず，議会の承認を得ない中で市長の「専決処分」によって副市長を選任し，愛知県名古屋市では地域政党「減税日本」を率いる河村たかし市長(2009年4月から現在）が議会で可決された議員提出の三つの条例を「行政の中核的な仕事を議会が決めていいのか」(『日本経済新聞』2010年7月20日付朝刊）との理由から公布しないという出来事が生じた（その後，市長と議会の間で裁判へ発展した)。こうした事態へは首長の「専決処分」対象から副知事・副市町村長選任を除外すること，首長に議決された条例の公布義務を課すこと，そして議長に議会の臨時会招集権を付与する2012年の地方自治法改正で一応の対応が図られた。このように首長・議会の間ではときに厳しい対立が繰り広げられる。首長と議会を別々に選出することの意味はどのようなものなのであろうか。

本章の論点

① 日本の首長・議会制度の歴史的経緯はどのようなものか。
② 執行を担う首長・行政委員会の特徴は何か。
③ 首長と議会での政策コミュニケーションはどのように行われるのか。
④ 首長・議会間の「チェック＆バランス」の仕組みはどのようなものか。
⑤ 首長と議会を各々直接公選することの意義は何か。

1　日本の首長・議会制度の展開

(1) 議院内閣制と直接公選首長制

日本の都道府県・市区町村では法的な決定権能を持つ四つの主体が存在する。住民が直接選挙して選出する「首長（知事・市区町村長)」と「議会」，首長指名・議会同意による委員選任が基本形態の「行政委員会」，そして，憲法・法律が定める一定の条件下，住民投票（第８章参照）で決定を行う「住民」である。

代表機構の分類基準のひとつは議会（意思決定）と首長（執行）の融合・分離である。融合型の例が有権者は議会議員のみを選出し，執行機関の長である首長が議員の互選で決定される**議院内閣制**（キャビネットシステム）である。ここでは議会多数派と首長が同じ党派（連立政権では同じ政党ブロック）で構成されるため，首長の政党内基盤が安定している場合は議会多数派と首長が協調して迅速な意思決定を行っていくことができる。逆に議会多数派からの信認を失えば失職することとなる。日本では国政で採用されている。

分離型の例である**直接公選首長制**（プレジデンシャルシステム）では有権者は首長と議会議員を別々に選挙する。そのため，首長は当選するにあたって政党と言う基盤を必ずしも必要とはしない。日本の都道府県・市区町村は基本的にこの類型にあり，そこへ議会による首長への不信任議決権（本章第３節参照）という議院内閣制の要素を混交させたものとなっている。

日本の地方自治体において首長が官僚組織を動かし政策革新を導けるのも国に対して「もの申す」ことができるのも住民から直接選ばれているがゆえの正

統性が源泉となる。住民自治の面でも団体自治でも首長の役割は大変大きい(事例⑨参照)。

このような議院内閣制と直接公選首長制の違いは議会による首長への監視・抑制のあり方に違いを与える。議会と執政部が融合する前者では議会内少数派である「野党」が監視機能を主に担うのに対して，後者では議会が独立した機関として監視を担う**機関対立主義**が建前となるからである。

（2）首長・議会制度の創設

日本の首長・議会制度は「府県会規則」(1878年）で**官選知事**・公選議会が導入された府県と，「区町村会法」(1880年）から**市制町村制**（1888年）を経て整備された公選議会が首長選出を担う市町村という二つの設計原理の下で明治期に出発した（北海道，沖縄，勅令で指定された離島部へは市制町村制は施行されず別制度下に置かれる)。市町村では議会からの首長の選挙（市では推薦）という民主的要素と，任免などを通じた国の人事統制の要素の接合の下に首長は位置する(図6－1)。

市町村の制度づくりで直接の参照対象とされたのがフランスとドイツの制度であった。人口規模が大きい「市」では**参事会**という合議制の執行機関が，「町村」では**議長＝町村長型**が導入された（東京市，京都市，大阪市は市制特例で1898年まで府知事が市長の職務を担った)。

市では市会が3名の候補者を選挙推薦し，内務大臣が市長を選任する形であった。そして，市長と助役および名誉職参事会員により「参事会」が構成された。名誉職参事会員は市会が選任するが「市の公民で満30歳以上の選挙権を持つ」(当時は性別と納税額による制限選挙）条件を満たせば市会議員以外も就任可能であった。ただし，参事会制度は非効率性が問題視され，1911年の市制改正で執行機関としては廃止され，以後は市長が独任制の執行機関となっている。

その後，大正デモクラシーの流れの中，1926年の市制改正で市長は市会による選挙での選任制へ移行する。しかし，1943年の市政改正により市長は市会の推薦を受けて内務大臣が選任する形態に戻るなど，戦争遂行体制下で地方自治体の自治は制約されていく。

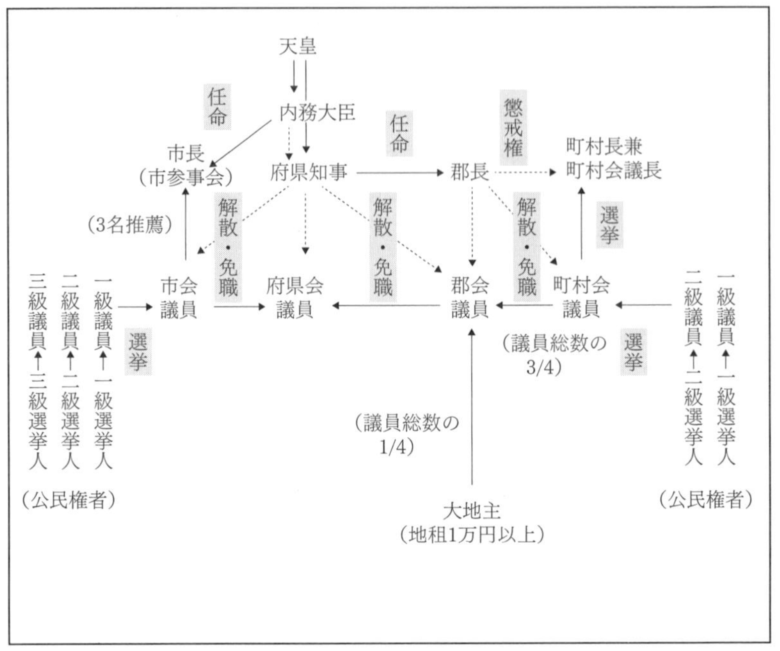

図6-1　明治期の地方制度（創設時：1890年代）

出典：宮本（2016）を基に筆者作成。

（3）首長公選制による地方自治体制

日本国憲法と地方自治法（1947年制定）で構築された制度では都道府県と市町村が共通して公選首長と公選議会を持つことが戦前・戦中期の制度からの最大の変化であった。**首長直接公選制**の導入では民主化の要素がまずもって注目される。

同時に戦後の地方自治を貫くもうひとつの特徴である**機関委任事務制度**を中心とした体制の視点では，市町村長が議会から選出される仕組みではなくなったことで，人事を通じた議会からの圧力を遮断し，長による国からの機関委任事務の執行を担保する構図となったことも見逃せない要素だと指摘されている（小原 2008）。

なお，特別区（東京23区）に限っては1952年の地方自治法改正で「東京都の内部団体」という位置付けの下，区長公選制が廃止された。以後は区議会が都知事の同意を得て区長を選任する「区長選任制」という戦前の市長選任方法に近い方式が運用される。1970年代に入り，一部の区で「区長準公選条例」を制定するなどの動きが高まり，1974年の地方自治法改正で「区長選任制」は廃止され，1975年から区長公選制が復活している。

事例⑨首長が議員になる特別地方公共団体

特別地方公共団体である一部事務組合と広域連合も地方自治法に基づき「長と議会」を設置する。広域連合では「長と議会」を構成自治体の有権者が直接公選することも可能だが，大半の一部事務組合と広域連合では，構成自治体の首長が互選で執行機関を担う「管理者」（「広域連合長」）を決定し，構成自治体の各議会での互選から組合（広域連合）議員が選出される間接公選方式を採用する。ただし，「長と議会」の選び方は地方自治法で各特別地方公共団体の規約で定めるとされるため，別のやり方をとる場合がある。

たとえば，東京23区で組織する「特別区人事・厚生事務組合」では各区の区長が議員となる同組合議会から執行機関を担う「管理者」が選出される。各特別区議会からの議員で構成する議会は存在しない。そして「管理者」が「議員」（＝別の区長）および「知識経験を有する者」（＝行政職員経験者）から各１名を組合議会の同意を経て「副管理者」に任命する（「特別区人事及び厚生事務組合規約」第10条から第12条）。選挙を通じた民主的代表性は議会に一元化され，その下で行政職員経験者が任用される「副管理者」が常勤職として「事務方のトップ」を務め，組織を管理していく。「カウンシル・マネジャー制度」に近い形態である。

なお，同事務組合は東京23区の職員採用試験・給与勧告等を担う特別区人事委員会の事務局や共同職員研修，区立幼稚園教諭の選考採用等を担うとともに生活保護法に定める更生施設・宿所提供施設や社会福祉法に定める宿泊所（ホームレス支援を中心とした支援施設）の管理・運営も担っている（特別区人事・厚生事務組合 2021）。

2　首長と執行機関多元主義

（1）自治体リーダーとしての首長

地方自治法（第147条）で「普通地方公共団体の長は，当該普通地方公共団体を統轄し，これを代表する」とされ，首長には幅広い権限が包括的に授権されている。たとえば予算編成（法的には「調製」と表現される）と（議決後の）執行，条例案策定と（議決後の）執行，副知事・副市長・行政委員会委員などの指名（議会同意が必要），自治体計画の策定，職員人事という行政運営の中核的権限に加えて議会招集権も首長が持つ（議会の臨時会については議長も招集権を持つ。本章導入部参照）。そして，災害対応や議会閉会中の法律改正への対応など「議会を招集する時間がない」と判断される場合には首長の決定が議会議決と同じ法的効力を持つ**専決処分**を行使する権限が与えられている（行政職員は長の「補助機関」と位置付けられ，職務分掌規則に基づき首長の決裁権限が分掌される）。

こうした政策・予算・人事への幅広い権能が首長のリーダーシップを担保する。そのため，「多選」の傾向が強い。総務省統計（「地方公共団体の議会の議員及び長の所属党派別人員調等（令和２年12月31日現在）」）によれば，都道府県の60％（28人），市区では44％（357人），町村でも39％（358人）の首長が当選３回以上の状態にある。

長期的に同一人物が首長として権力を持ち続けることは腐敗につながるという考えから，2000年代には**多選自粛条例**を首長自身が議会へ提案して制定する地方自治体が登場した。ただし，多選自粛条例案を提案した首長自身が条例廃止を議会に認めさせ，再選を重ねる事例も発生している。こうした動きへは倫理的批判があるが，公職への立候補を規制することは政治的自由の制限だとする逆批判もあり，原理的課題として継続している。

（2）行政委員会

首長・議会から独立した権能を持つ行政委員会が分立される体制（**執行機関多元主義**）も，戦後日本の地方自治体制の特徴である。政党政治家ではない市民による決定（Layman Control）により公平・中立を期すことが出発点にある。

市町村では教育委員会，選挙管理委員会，人事委員会または公平委員会（職員採用・選考，給与勧告，昇進昇格・処遇等への紛争解決など）そして監査委員が必置であり，農業委員会（農地転用許可の審議など）と固定資産評価委員会が任意設置とされている。

都道府県では市町村で必置とされる4機関に加えて，公安委員会（警察組織への監視，各種免許発行・統制），労働委員会（労使紛争の解決），収用委員会（公共事業実施における土地収用の審査），そして漁業権を扱う海区漁業調整委員会と内水面漁場管理委員会がある。

行政委員会委員の任免は「首長の指名・議会の同意」で行われる。ただし，民主性担保として公選制度を用いる場合があり，教育委員会委員は1948年から1956年まで公選制であった。農業委員会にも「公選委員」枠（投票権者は農業従事者であり，首長・議会選挙とは異なる）があったが，2015年に廃止されている。

行政委員会の事務局職員は，首長部局からの出向者が担うことが基本形態である。その事務局職員体制は小規模であり，町村では議会事務局の職員が監査委員などの行政員会事務を併任している事例が多い。

例外は，都道府県・政令市で大規模な人員採用を独自に行う教育委員会である。教育委員会事務局は当該自治体の首長部局からの出向者（首長部局と併任で運用される場合あり）と教員出身者とで構成される。また，監査委員については「(包括）外部監査」の実施が法定化されている（地方自治法第257条の27から35）。ここでの監査業務は外部専門家である公認会計士や税理士等が担う。これにより監査委員事務局の脆弱性は一定程度補完されている。

法的には首長・議会から独立する行政委員会だが，それを支える事務局職員の人事は首長部局に一元的に管理されている。執行機関多元主義を組織面から見た特徴である。

（3）首長の政治的基盤

公選制が導入された戦後一貫して，市町村長では当該地方自治体職員出身者（副市町村長を含む），当該地方自治体議員出身者の割合が高い。また，国政での政党対立（与野党関係）が自治体首長選挙では再現されず，別の様相を見せることも特徴である。ただし，首長を支持する政党（党派）の色彩は時代の中で変化が見られる（辻山・今井・中山 2007）。

1960年代後半から1970年代にかけて登場した**革新自治体**（第1章参照）では，議会は自由民主党を中心とする「保守系」会派が多数を占めるが，首長は社会党・共産党を含む「革新系」が支持する構図であった。それが公明党などの中道政党が地方議会で一定の地位を占めて多党化が進む，1970年代後半から1980年代になると，政党側が複数党派で連合して首長候補を擁立する方法や，「革新首長」と呼ばれた首長側からも多党派と連携関係構築を図ることで**相乗り**と呼ばれる構図が広がっていく。

しかし，1990年代以降は政党からの支援がないことを強調する「無所属・改革派」をキャッチフレーズとする首長が拡大する。選挙で政党側から支援をうけることで政党側に「貸し」をつくることを避け，当選後の政権運営での自立度を高めようとする要素と有権者の国政政党に対する「政党離れ」（政党不信）拡大の中，政党からの支援がないことをアピールポイントにしようとする要素が背景に存在する。

同時に国会議員経験者が知事だけでなく市長に転身する地方自治体が拡大していく。国から地方への地方分権化（第4章参照）が進むことで首長の政治的重み（≒政治家としてのやりがい）が拡大したことが背景にある。また，衆議院選挙に小選挙区制が導入された結果，市域全体を選挙区とする市長の方が市域の一部分を選挙区とする衆議院議員よりも“格が上”とみなされる状況が生じ得たことも理由のひとつとして指摘できる。

2010年代の特徴は首長をリーダーとする地域政党の存在が顕著となったことである。革新自治体期の横浜市・飛鳥田一雄（あすかだかずお）市長（市長退任後に社会党委員長）のように首長が国政政党内で重要な位置を占める場合はこれまでもあったが，2010年代に登場した**首長新党**では首長自身が地域政党の代表となり，「首長新党」によって議会多数派を占めることが目指されている。たとえば，2021年4月時点で大阪市・松井一郎市長を代表とする大阪維新の会は大阪府議会・大阪市会で最大会派を占めている。

3　首長・議会間での政策コミュニケーション

（1）議案審査と一般質問

地方自治体の政策運営は，首長が編成する予算議案を議会が議決して事業が執行されることを代表例に，首長・議会の合意の下で行われるのが原則である。そのために首長部局と議会（議員）の間ではさまざまな意思疎通が図られる。公式なコミュニケーションの代表例が議案審査と代表質問・一般質問である。

議案審査では多くの場合，首長側が予算案や条例案などの上程前に，全員協議会で素案説明や議員側の意見聴取が行われる。そして，内容の修正等を経て議案として上程されると，各案件を所管する常任委員会や特別委員会（予算・決算議案の場合は全議員が参加する予算・決算特別委員会で審査される場合が多い）に付託され，議員が行政部局担当者へ質問を行う形で審議が行われる。委員会審議結果は委員長報告として本会議へ報告される。そして，本会議で首長・行政部局担当者への質疑が行われ，最終的には各会派からの賛否の表明（「賛成／反対討論」と呼ばれる）が行われ，決議される。

一般質問は各議員が自らの問題意識に基づく行政運営に対する質問や政策的提言を行い，それに対して首長部局が答弁する形態をとる（代表質問は会派を代表としての質問や提言が行われる）。一般質問では基本的に事前通告制度が敷かれており，通告内容に対応するための行政部局側からの「質問取り」による「答弁調整作業」が行われてから議場での質問実施へ進む場合が多い。首長部局側では，この間に各部局間で協議して答弁を準備する。

こうした答弁準備・調整作業はアカウンタビリティを果たす上で重要な要素であるが，行政側の負担として認識されている面もあり，2020年の新型コロナウイルス問題への対応では首長部局側の負担を下げるという名目で首長側の要請，あるいは議会側の自主的判断で定例会（2月から3月開催）での一般質問を実質的に延期（中止）する議会も多かった。

このように公式ルートでは議場での議員側質問と首長側答弁，そして，それに至る準備過程で首長・議会間での調整が行われていく（予算編成手続では議会

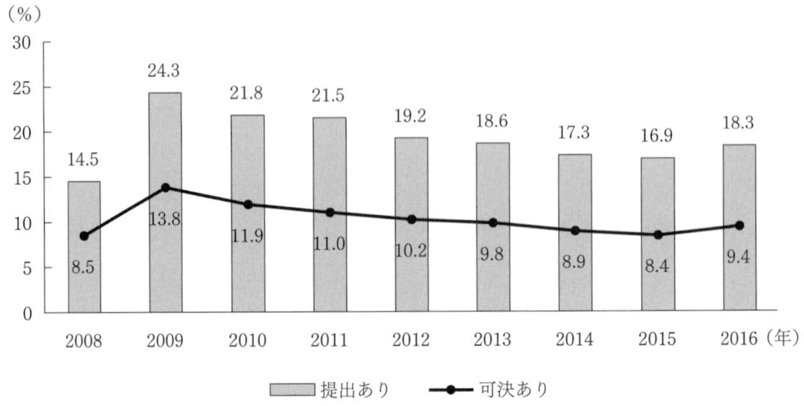

図6-2　首長側提出議案への議会側修正案提出と修正案可決
出典：長野（2018）を基に筆者作成。

内各会派の「会派要望」を首長側が聴取する手続が慣行として実施される場合も多い)。現在の市町村議会では，首長側提出議案に対して議会側から修正案が提出されて可決されること，そして，首長側提出議案が議会により否決されることは少ない（図6－2は「自治体議会改革フォーラム」という民間団体が全国の市町村議会を対象に行った調査より各年で首長側提出議案への議会側修正案提出とその修正案の可決を経験した議会の推移を示す)。

これは議会側と首長側が政治的に対立していない，ということを必ずしも意味しない。議会側の反対が大きいことが予見される議案はそもそも上程されない（あるいは上程しても取下げを行う）からである。

（2）審議会委員への議員参加

現在の地方自治体では首長附属機関である審議会で議論される自治体計画や法的判断が重要な位置を占める。審議会への議員の参加も首長部局への政策決定過程に議員の意思を表明するルートである（法形式上では首長が議員を審議会委員に任命する)。こうした審議会への議員枠の設定は，法令に基づき地方自治体の各審議会設置条例で定める場合と，地方自治体が独自の条例・要綱で定める場合がある。

前者の代表例が土地利用規制などを審議・建議する都市計画審議会である。都市計画法および「都道府県都市計画審議会及び市町村都市計画審議会の組織及び運営の基準を定める政令」により委員構成は学識者・議員が必置とされている（行政職員・住民の参加は任意の選択）。後者の例は自治体「総合計画」を所管する審議会が挙げられる。審議会に参加する議員は首長が任命する審議会と議会の場（委員会・本会議）の双方で発言する機会を持つ。

地方自治体の政策運営では自治体計画が中核にあるため，「総合計画」など重要な計画を，法律で議決が義務付けられているわけではないが，条例で議決対象とする場合が多い（第7章参照）。審議会に議員が参加することは行政側が計画（案）を議会に上程する前にあらかじめ議会側の意見を取り入れることを意味する。また，議決対象外の計画であっても審議会に議員参加枠を持つことは計画策定手続のなかで首長側から議会に対して「意見の吸い上げ（≒利益の統合)」を図ることを意味する。

これは「議員が参加して作成した計画を議会で修正・否決することは難しい」ということにもつながる。そのため，「二元代表制の趣旨が曖昧になるのではないか」という観点から，法令で定めるものを除いて議会からの審議会参加を止めることを議会改革の中で打ち出す議会も存在する。

（3）政党と選挙

首長選挙における支持（支援）を中心とする政党（会派）との関係も首長・議会関係を動かしていく。政党に所属している首長の場合は，各政党（あるいは政党支部）を通じて所属議員と意思疎通を図り，その意向を政策決定に反映していく。

ただし，現在の日本の自治体首長の大半は政党に所属していない。総務省統計（「地方公共団体の議会の議員及び長の所属党派別人員調等（令和２年12月31日現在)」）によれば，政党その他の政治団体に所属していない**無所属**が都道府県知事で約94%，市区長で約98%，町村長も約99%に上る（同調査では小池百合子・東京都知事（都民ファーストの会)，河村たかし・名古屋市長（減税日本）は自らが主導した政治集団が存在するが無所属で計測されている)。大阪府だけは例外で「諸派」所属の知事（1名）・市町村長（10名）が数えられている。「大阪維新の会」所属の首長が多いことが理由である。

その代わりとして，首長選挙における政党からの支持は政党側の「推薦」や首長候補と政党（政治団体）との「政策協定」という形で有権者に明示化される。政党は党組織・支持組織を動員して選挙活動を支援する（支持掘り起しのためのチラシ配布や電話での呼びかけ，インターネット上でのアピールなど）。一方，首長側は**選挙公約**（マニフェスト）へ協力政党の意向を反映させる。当選後，首長は協力政党（会派）の意向を計画・条例立案や予算編成等の政策運営に反映させる代わりに議会運営では支持会派からの協力を得る。こうした支持（利益）交換関係を成り立たせることは多政党「相乗り」を生み出す要素となる。

4　首長・議会間のチェックとバランス

（1）議会から首長への監視・抑制

首長・議会間には監視・抑制の制度が地方自治法に基づき設定されている。監視手段として議会には首長への**検査権**，**監査請求権**（地方自治法第98条），**調査権**（地方自治法第100条）が与えられている。2017年の地方自治法改正では毎会計年度，内部統制評価報告書を作成し，議会に提出する義務が都道府県知事・政令市市長に課せられた（その他の市町村は努力義務）。議会から内部統制報告書の審査を通じた監視も可能となっている。

次に首長側が上程する条例案・予算案・人事案を議会が否決すること，そして，予算案から当該の項目のみ削除して（減額）修正議決する（予算減額により当該の執行活動をさせない）ことで議会の意思を反映させることも議会から首長への抑制である（歳入予算と歳出予算の増額修正議決は「長の予算の提出の権限を侵す」ことのない範囲とされる）（地方自治法第97条）。

また，条例により新たに議決対象とすることは議会から首長側への抑制の拡大となる。近年の議会改革の中で議決対象の拡充が図られてきている（第7章参照）。

一方，議会も条例提案権を持つ。しかし，議員立法で何らかの予算歳出を伴う活動を定める条例を制定する場合，具体の執行を担う首長部局側が実施可能でなければならず，予算への反映も必要である。そのため，条例で議員立法条例立案に際して執行部側との事前協議を定めている地方自治体もある。

最後に議会の首長への抑制として政治的に大きな影響を持つものが**不信任議決**である。不信任が可決された場合，首長は辞職か10日以内に議会を解散しなければならない。ただし，解散した場合でも解散・選挙後の議会で3分の2以上の出席で過半数の同意があった場合，首長は失職となる。

（2）首長から議会への抑制・均衡

議決を通じた議会からの抑制に対して首長側からの均衡の手段が**再議請求**である。これには**任意的再議**と**義務的再議**がある。任意的再議は首長側に異議がある条例の制定・改廃と予算議決関係のみに対象が限定されていたが，2012年地方自治法改正で自治体計画の議決に関することなど，広く議会の議決一般へと対象が拡大された（義務的再議の領域は除く)。これら自治体計画などで再議後も過半数の賛成を以て再議決された場合には議会の議決で確定する。ただし，条例案・予算案の再議決では「出席議員の3分の2以上の者の同意」(特別多数決）を要する。

義務的再議には，首長が「違法議決」とみなした場合のものと予算の議決に関係したものがある。「違法議決」と首長側がみなした内容が再議決（特別多数決）された場合，市町村長は知事（知事は総務大臣）への審査申立・裁定手続を行い，解決が図られない場合には裁判へと進む（本章導入部参照)。

義務的再議のうち予算議決への対応については3系統あり（地方自治法第177条)，第一に「収入・歳入の執行不能議決」と呼ばれるものでは再議後も再議決（過半数賛成）された場合には議会の議決で確定する。第2に，「義務費の削減（減額）議決」が行われ，再議後も再議決（過半数賛成）された場合には「長の予算原案執行」が行使される。そして，第3に「非常災害復旧経費等の削減（減額）議決」が行われ，再議後も再議決（過半数賛成）された場合には「長の不信任とみなす」とされて議会の解散が行われる（総務省「地方財政検討会議」資料)。

表6-1　不信任議決・議会解散の状況（2007年度〜2017年度）（件）

	不信任案を上程した自治体数（団体）	不信任案を上程した件数	議決の結果		議決後の状況		
			可決	否決	議会解散	失職	その他
都道府県	1	1	0	1	0	0	0
市町村	57	66	16	50	13	3	2

議会解散後の状況				再度不信任案可決後の選挙での首長再選
再度不信任案上程		再度不信任案を上程しなかったもの	解散後または選挙後長が自ら辞職したもの	
可決	否決			
0	0	0	0	0
7	0	2	4	1

出典：総務省『地方自治月報』（55号〜59号）「長の不信任議決に関する調」を基に筆者作成（計測対象は2007年4月1日〜2018年3月31日）。

なお，首長には議会の招集権が与えられているため，「議会を招集しない」という方法で議会に対抗する方法もありうるが，これは民主主義制度の運用として大きな問題を持つ。鹿児島県阿久根市の事例（本章導入部参照）が契機となって2012年に地方自治法が改正され，臨時会については議長にも招集権限が付与されることとなった。

（3）首長・議会間の紛争処理

首長・議会間での紛争解決へは法的手段と政治的手段の2系統が存在する。法的手段のうち，首長の任意的再議の領域では，市町村の場合，地方自治法に基づき知事が有識者を任命する**自治紛争処理委員**による調停手続が準備されている（都道府県の場合は総務大臣が任命する「自治紛争処理委員」が任に当たる）。ここでの調停に不服があれば，最終的には首長・議会間で裁判により司法的決着を図ることになる。

一方，前項で見たように義務的再議のうち，「非常災害復旧経費等の削減（減額）議決」がなされた場合には，首長は議会による不信任とみなし，議会を解散する。

次に，首長・議会間の紛争を政治的に解決しようとすることは最終的には選挙で決着をつけることを意味する。議会が首長への不信任議決を行った場合，首長は議会解散か，辞職して再選挙に立候補して民意を問うことで対抗できる。議会側では解散・選挙後の議会で再び首長への不信任議決を行使して対抗を継続する場合もある。総務省統計（「地方自治月報」）によれば，2007年度から2017年度の10年間で議会解散後の次期議会で再び不信任議決に至った地方自治体が7団体あり，再度の不信任案議決後の首長選挙で当該首長が再選した事例も1団体存在する（鹿児島県阿久根市。なお，その後，同市では当該市長への解職請求が成立し，出直し選挙で新市長が選ばれるに至る。表6－1参照）。

そして，首長・議会の機関間対立に対して，首長または議会内会派（政党）が主導して解職・解散請求運動を起こすことも可能な戦術である。有権者の3分の1以上の署名を得て請求すること，そして住民投票で過半数の支持を獲得すると言う高いハードルが存在するが（第8章参照），解職・解散請求（リコール）が成功した暁の政治的影響は大きい。愛知県名古屋市では河村たかし市長（本章導入部参照）を支持する団体が主導して議会のリコール（解散請求）を2011年に成功させている。

5　首長と議会を直接公選することの意義

（1）多様な民意の反映

公選首長が独任制であることは命令一元化による「管理の効率性」と「責任の集約」によるアカウンタビリティの担い手の明確化，そして，「選挙多数派民意の代表」を可能とする。この点を政治学における**合理的選択制度論**の立場からは独任制公選首長の全体利益代表と公選議会（議員）の部分利益代表からなる対抗的分業関係がローカル・ガバナンスにもたらされると論じられている（曽我・待鳥 2007；待鳥 2009；砂原 2011）。

こうした選挙制度がもたらす「代表する利益」の違いに加えて，首長と議会をそれぞれ直接公選することは政治的価値観・政策志向性が異なる政治家（党派）へ有権者が**分割投票**（split voting）することを制度的に保障する。これも多元的民意の反映を可能にする。特に首長・議会の選挙が別の年度で行われる場合，それは首長の政権運営への中間評価の色彩も持つが，同時に選挙時点での新たな争点と民意が政策決定に投入されることを意味する。

（2）政策決定停滞のリスク

ただし，首長・議員が別々に選出されることは原理的には首長と議会多数派間で「党派のねじれ」が生じ，**分割政府**（divided government）を生み出す可能性を常に持つ。また，首長と議会という公選機関間での調整を経て政策決定を行う構造は政策決定の停滞を招く恐れも常に持つ。「不信任議決・議会解散・不信任議決」の連鎖はひとつの現れである。

このような問題意識を反映して，地方自治体の政治機構改革が議論された総務省「地方行財政検討会議」（2010年）では公選首長が議会内から一部の議員を指名して首長と議員で「内閣」を形成して首長・議会の融合を図る「議員内閣モデル」と呼ばれるものが提起された（同検討会議からは議会による首長不信任議決権を廃止する代わりに議会による予算修正権拡大を柱とする「純粋分離モデル」も提起されている）。

政策決定の迅速性（リーダーシップ）と多元的代表性（民主性）をどのように両立させるかは各国でも制度選択の論点となっている。たとえば，19世紀半ば以来，議会が執行権を持ち，それらの権限の多くを分野別委員会に委任して決定・執行する「委員会」制がとられてきた英国イングランド地域では，「2000年地方自治法」と「2011年地域主権法」を経て自治体の代表機構の制度改革が進んだ。現在では，議会多数派が選出する「リーダー」が代表する内閣（一部の議員で構成）が政策決定を行う「リーダーと内閣」（Leader and Cabinet）制，「直接公選首長と内閣」（Mayor and Cabinet）制（直接公選首長と議会又は首長により選出された内閣が政策決定を行う），そして，「委員会」制が選択可能となっている（自治体国際化協会ロンドン事務所 2020）。

（3）政党による統合の是非

以上で見てきた首長・議会の機関間対立とそれによる政策決定の停滞を制度

配置の変更とは異なる方法で抑止しようとする戦略が首長と議会（内多数派）を同一の政治勢力で占めることである。首長選挙での「相乗り」による首長・多党派協調体制の構築や「首長新党」によって議会多数派と首長を同一党派が占めることで決定の一元化を志向する動きはこのような要因が背景となる。

政党を媒介にした議会・首長の「融合」（本章第１節参照）や政党選択によるアカウンタビリティの担い手の明確化を重視するか否かはローカル・デモクラシーのありの選択でもある（曽我 2019）。

本章のまとめ

① 明治・大正期の首長・議会制度は府県と市と町村で異なる形態が採用され，市町村では議会が首長の選任権を持った。日本国憲法と地方自治法で構築された現行制度は都道府県と市町村が共通して公選首長と公選議会を持つ。そこでの首長は「プレジデンシャルシステム」でありつつも，議会が首長へ不信任議決権を持つ議院内閣制の側面も持つものである。

② 地方自治体の執行権能は首長部門と分野別に行政委員会を分立される執行機関多元主義によって運営されている。地方自治体を法的に「統括・代表」するとされる首長へは幅広い権限が与えられており，なかでも予算編成権と「専決処分」権限の設定が首長の政策主導性を担保している。大半の首長は政党「無所属」だが，2010年代には首長自身が地域政党を率いる「首長新党」が生まれている。

③ 首長・議会間では議会における議案審査や一般質問のための自治体職員による「質問取り・答弁調整」等の作業，首長が委員を任免する審議会への議員の参加といった制度機構を通じてコミュニケーションを図るとともに，選挙での支持交換を媒介にした政治活動を通じてもコミュニケーションが図られる。

④ 現代日本の自治体首長・議会間には監視・抑制・均衡の仕組みが法的に設定されている。両者の紛争への法的解決手段としては自治紛争処理委員の調停や知事（総務大臣）裁定が用意されているが政治的には「選挙で勝

敗を決する」ことが基本である。解職・解散請求（リコール）運動へ支持者を動員・組織して，住民投票で決着を図ろうとする場合もある。

⑤　有権者が首長と議会議員を別々に選挙する仕組みは異なる価値観や判断基準での投票を通じた多様な民意の表出を可能とする。同時に首長と議会（内多数派）の政策志向性が異なるものとする可能性を持つ。これは多面的な利益の統合による慎重な意思決定を担保する一方，迅速な決定を抑止する側面も持つ。そして，首長選挙において多政党（会派）「相乗り」戦略による「与党化」戦略や「首長新党」による首長・議会統合を志向する動機を生み出す。

引用・参考文献

小原隆治（2008）「自治体政治システムを問い直す」辻山幸宣・三野靖編『自治体の政治と代表システム――第22回自治総研セミナーの記録』公人社：37-70。

自治体国際化協会ロンドン事務所（2020）『英国の地方自治（概要版）　2019年改定版』自治体国際化協会。

砂原庸介（2011）『地方政府の民主主義――財政資源の制約と地方政府の政策選択』有斐閣。

曽我謙悟（2019）『日本の地方政府――1700自治体の実態と課題』中央公論新社。

曽我謙悟・待鳥聡史（2007）『日本の地方政治――二元代表制度の政策選択』名古屋大学出版会。

辻山幸宣・今井照・牛山久仁彦編著（2007）『自治体選挙の30年――『全国首長名簿』のデータを読む』公人社。

特別区人事・厚生事務組合（2021）「特別区人事・厚生事務組合ウェブサイト」（2021年４月19日最終閲覧，http://www.tokyo23city.or.jp）。

長野基（2018）「統計で見る自治体議会の変容」廣瀬克哉編著『自治体議会改革の固有性と普遍性』法政大学出版局：12-41。

待鳥聡史（2009）『〈代表〉と〈統治〉のアメリカ政治』講談社。

宮本憲一（2016）『日本の地方自治――その歴史と未来　増補版』自治体研究社。

参考 URL

公益財団法人地方自治総合研究所「自治体選挙結果調査（各年度版）」（2022年１月31

日最終閲覧，http://jichisoken.jp/archive/jichitaisenkyo/index.html)。

一般財団法人自治体国際化協会「各国の地方自治」(2022年 1 月31日最終閲覧，http://www.clair.or.jp/j/forum/pub/dynamic/local_government.html)。

(長野　基)

第7章
地方議会
——不要論を超えられるか——

雨の中，手を振って支持を訴える京都市議選の統一地方選の候補者
（京都府京都市上京区・2019年3月30日撮影，毎日新聞社提供）

21世紀の20年間は，地方議会の「規制緩和」と「権限拡充」が行われた時代でもあった。前者の代表が議員定数であり，2011年に完全に自由化された。後者では地方分権改革での機関委任事務制度の廃止による条例制定権の拡大から2011年には法定受託事務にかかる事件も議決対象化された（長野 2018)。

しかし，今日，地方議会へはさまざまな批判が向けられている。代表例が政務活動費をめぐる問題である。富山県富山市では2016年に地元民放テレビ局の報道により発覚した不正使用問題から議員定数40名（当時）中14名が辞任する事態が生じている。

2019年にNHKが全国の地方議員3万2,000人を対象に行ったアンケート調査では「議会は本当に必要かと思う時がある」という問いに全体の25%が「そう思う」と答えている（NHKスペシャル取材班 2020)。議員自身が自問自答しながら活動している姿が伺われる。地方議会は不要論を乗り越えることができるだろうか。

本章の論点

① 地方議会の役割はどのようなものか。
② 機関としての地方議会はどのような要素から構成されているのか。
③ 現実の地方議会・議員の活動にはどのような特徴があるか。
④ 議会改革の動向とそこにおける課題はどのようなものか。

1　地方議会の役割

（1）監視・牽制

日本の地方自治体は，公選首長が予算編成権と人事権を持つ。自治体の政策運営の中核が首長とその部局である以上，議会の役割はまずもって行政部局に対する監視・監督となる。地方自治法では議会に行政事務への検査権（書類検閲権や報告請求権を含む。地方自治法第98条１項）や監査請求権（地方自治法第98条２項）が付与され，強制力を持つ**調査権**も設定されている（「百条調査権」：地方自治法第100条３項「出頭又は記録の提出の請求を受けた選挙人その他の関係人が，正当の理由がないのに，議会に出頭せず若しくは記録を提出しないとき又は証言を拒んだときは，六箇月以下の禁錮又は十万円以下の罰金に処する」）。また，首長による副知事・市町村長人事への同意権も監視・牽制の手段である。そして，不信任決議権（決議成立には３分の２以上出席で４分の３以上賛成を要する）の行使は政治的に最もインパクトがあるものといえる。

加えて，2017年地方自治法改正以前は，議会から監査委員（２名以内）を選出することが定められていた。これへは監査で得られた情報から効果的な行政監視ができるので有益だとする見解がある一方，首長と議会（あるいは特定会派）との対立関係が監査に持ち込まれるという指摘や会計・法律の専門家ではない議員では効果的な監査ができないという批判があった。結果として，2017年改正で議会から監査委員を選出するか否かは条例で決めると規制緩和され，廃止する地方自治体も登場している（大阪市・大津市ほか）。

（2）政策決定

議決を通じた政策決定も議会の機能である。条例の制定・改廃，予算，地方自治体が課す地方税・使用料・手数料，そして一定金額以上の契約（地方自治法施行令により地方自治体の区分ごとで金額が異なる）が代表的な議決対象である（地方自治法第96条)。また，条例で議決対象（「議決事件」）を追加することができるため（第96条2項)，各種の自治体計画を議決対象とする地方自治体も多い。

条例制定において，いわゆる政策条例を議会（議員）が立案して可決する件数は議会が議決する議案の中ではごく一部の割合でしかない。そのため，地方議会は政策を立案しないという指摘が存在する。これについては，議会に上程される条例案の多くが国の政策を受けて，その実施のために首長部局より上程されるものであることや，議会の政策立案を支援する議会事務局の人員が限定されていることに留意を要する（本章第2節参照)。

政策決定の点では，首長側提出議案への議会による修正も議会の意思行使である。議会（議員）側が修正案を作成し，可決することで政策の軌道修正を図る。そして，議会側が問題点を指摘することで首長部局側に議案を取り下げさせ，首長部局側で再度の検討・修正を経て再上程されたものを可決することも議会の政策決定のひとつである。

加えて裁判に関する決定も権限のひとつである。地方自治体が持つ権利（債権を含む）の放棄や，当該自治体を被告とする訴訟に関すること，そして，損害賠償の金額を定めることには基本的に議会の議決を要する（一定金額以下の案件対応については議決により首長の専決処分で対応とすることが可能。地方自治法第180条)。なお，**住民監査請求**後に首長等に対する損害賠償請求権等の放棄を議会が議決する場合，あらかじめ監査委員の意見を聴かなければならないことが2017年の地方自治法改正で定められている。

（3）公的フォーラム（代表）機能

議会へは各議員が持つ人的ネットワーク（後援会組織や選挙活動での有権者との接触）や，陳情・請願などの住民参加の手段を通じて有権者のさまざまな要求や利害関係が持ち込まれる。そして，それらは議場における質疑や議員間の討議を通じて可視化され，住民に情報として届けられると共に議員（会派）間での調整を通じて精選され，地方自治体の政策アジェンダに位置付けられていく。こうした**多様な民意を表出し，討議する場**（フォーラム）となること，すなわち**代表機能**が監視・決定と並ぶ議会の役割である。

そして，議会は表出された当該地方自治体の有権者の意思を対外的に発信していく機能を持つ。代表的なものが国に対する意見書や決議であり，陳情・請願の採択を通じての発信もそれに準じたものと言える。もちろん，条例や計画の議決も地方自治体としての政策意思を発信する効果を持つが，意見書や決議は，より直接的に対外的発信を期す「代表機能」の現れである。

2　地方議会の構成要素

（1）選挙制度

地方議会議員選挙は，都道府県・政令指定都市とその他の市町村で基本的な制度が異なる。前者は，地方自治体の中を複数の選挙区に区分して（政令市の場合は行政区が単位）議員が選出される**中（小）選挙区制度**である。後者は当該地方自治体全域を単位として有権者は一人の候補へ投票する**大選挙区制**を基本とする（例外として合併編入地区を独立した選挙区に設定する場合がある）。

大選挙区制では，同一政党が議会多数派を目指して複数の候補を擁立または支援するため結果として候補者個人の政党による差異化戦略が成り立ちにくい。候補者は政党ではなく候補者個人を有権者にアピールしなければならないからである。これは政党無所属議員が主流化することと**個人後援会**中心の選挙戦となることを促す効果を持つ。

逆に中（小）選挙区制度を採る都道府県議会，政令市議会選挙では，大選挙区制との比較において選挙区内の候補者数が限定され，有権者にとって政党名が候補者選びの重要なシグナルとなる。この結果，候補者の選挙運動を支える政党の役割が大きくなり，政党の**市連・県連組織**が候補者調整などで重要な機能を持つ。

こうした構造の違いが都道府県・政令市とその他の地方議会における政党化

の違いを生み出し，ひいては国会と地方議会での政党間関係の違いにつながる（砂原 2017)。無所属議員の比率は，総務省統計「地方公共団体の議会の議員及び長の所属党派別人員調等」（令和２年12月31日現在）によれば，都道府県議会22.6％に対して町村議会87.3％となっている。

（２）会派と委員会による構成

選挙後に議会で最初に行われる手続は会派編成（会派届）である。議会組織は議員集団としての**会派**を基本単位とする（議員数の小規模な議会では会派制を取らない場合もある)。「会派」を単位として議会内の委員会の議席割当などが決まる。

議会は，**本会議・議会運営委員会・常任委員会・特別委員会**，そして**全員協議会**（地方自治法上の「協議又は調整を行うための場」としての位置付け）が主な構成組織である。審議は基本的に委員会で行われる委員会主義が採用されている。

審議が行われる委員会は建設委員会など，いわゆる役所の所管部署別に組織された常任委員会と，政策課題別（中心市街地活性化など）に組織された特別委員会からなる。毎年度の予算（決算）の審議のためには予算（決算）特別委員会が組織される事例が多い。

委員会で審議・採決された議案は本会議に委員長報告として論点と審議結果が報告される。委員長報告が承認されたのちに本会議での審議・採決へ進む。ただし，委員長報告に不十分な点があるとされた場合には，議決を通じて委員会に差し戻されることもありうる。

議会運営委員会は会派代表により組織される。会議日程や議会内人事案件，どの議案をどの委員会で審議するかの振り分けから，議会基本条例（本節４項参照）のような議員の身分や議会のガバナンスに関わる条例の制定・運用まで幅広く協議される。そして，全員協議会は議案上程前での首長部局側からの議案説明・意見聴取や，議員定数条例をめぐる議員間議論など，さまざまな用途で活用される。

（3）会期制度

議会の活動期間（会期）には**定例会**と**臨時会**が存在する。後者は選挙後の議長選出などの人事案件の審議のほか，政策課題の審議に活用される。地方自治法では首長が議会を招集する（地方自治法第101条）とした上で，2012年の法改正により議長にも臨時会の招集権が付与されている。

定例会は地方自治体の予算編成スケジュールに従って２月から３月（予算議決）・６月・９月（決算審査）・12月に開催されるのが一般的である（**四会期制**）。また，そのほかでも「閉会中審査」として各種の委員会は定期的に活動（議員視察を含む）を行うのが通例である。

2012年の法改正で**通年の会期制**が選択可能となった（独自条例に基づき「通年議会（通年制）」とすることも可能）。議会が開会した年度末に国法改正に行われた場合に対応する条例審議・議決ができず，首長の専決処分で条例改正を行う状況を避けることが制度改正趣旨のひとつであった。

（4）議会内ルールと議会基本条例

議会組織のガバナンスを定める成文ルールは地方自治法と**会議規則**が基本的なものである。たとえば，議員定数の12分の１以上の議員の賛同により議案提出ができるとするルールは地方自治法で定められている。実務上では，会議規則が最も幅広く詳細な定めを持つ。質疑の回数（同一議員が同一議題について行うことができる回数）や，「議員の産休」を認めるか否かなども会議規則が定める。そして，これらでは定めきれない詳細なものについては「先例（集）」「申し合わせ」が補完的なルールとして機能する。また，議会運営では非成文ルールである慣例も重要となる。議会の代表者たる「議長を１年で交代する」のが常態化している議会であれば，それが代表的な慣例といえる。

以上に加えて，2000年代に登場したものが議会運営の基本理念とルールを改めて定めて議会の機能強化を図ろうとする**議会基本条例**である。北海道栗山町（2006年制定。市区町村で初），三重県（2006年制定。都道府県で初）を嚆矢に888条例へ拡大している（2019年４月１日現在。自治体議会改革フォーラム調べ）。「議会基本条例」で謳われるものとしては①議会として目指す理念像，②議会から住民へのアウトリーチとしての「議会報告会」の実施（本章第4節参照），③議員相互の自由討議の振興と首長等からの「反問（逆質問）権」の設定による議会審議の深化，④議会事務局の強化などが当初からの主な内容であり，東日本大震災以降は災害時の議会の行動を定める事項も主要な条項となっている。

議会組織の外枠となる議員定数については人口規模別の上限が地方自治法で定められていた。それが地方分権改革の中で規制緩和されていき，最終的には2011年の地方自治法改正で地方自治体の議員定数条例ですべて決めるよう自由化されている（本章導入部参照）。

（5）議会事務局

議会・議員の活動を支える公務員集団が議会事務局である。彼らは議会の①庶務（会計処理，議員視察先との調整，議員研修の運営調整，議長等の公用車の手配など），②立法補佐（政策条例立案への調査支援，議会図書館の運営など），③議事補佐（議事録の作成，議長・委員長の進行資料準備・運営補助など）を担う。

しかし，議会事務局の人員規模は地方自治体間で差が大きい。東京都議会議会局は議員定数127名よりも多い職員定数148名（令和2年度）を持つに対して，町村議会の議会事務局職員は全国平均で2.5人である（全国町村議会議長会『第66回町村議会実態調査結果の概要（令和2年7月1日現在）』）。職員数の小ささが議会の政策立案機能の弱さを招く要因のひとつとなっている。

議会事務局職員は議長の任免を受ける。ただし，議会事務局単独で職員採用を行っているわけではなく，実際は行政職員として採用された人員が人事異動の中で配置されていく。こうした前提もあり，近年では事務局職員人事について議長側と首長側との協議・調整する制度を議会基本条例に盛り込む動きも見られる。事務の効率化を期して議会事務局の自治体間で共同設置することを可能とする地方自治法改正（2011年）が行われているが2021年度時点で実施事例はない。

3　現実の議員活動

（1）議員報酬と政務活動費

議員報酬は地方自治体の条例で決定される。地方公務員法で議員は特別職とされ，報酬条例の改定では第三者機関である**特別職等報酬審議会**の審議・答申を経ることが基本である。

地方議会の議員報酬（月額）は地方自治体の財政力に依存するため，地方自治体間で大きく異なる。最大の有権者人口を持つ東京都議会は102.2万円〔東京都議会議員の報酬及び費用弁償に関する条例〕であるが，市議会では全国平均で42.3万円（政令市・特別区を含む。全国市議会議長会「市議会議員報酬に関する調査結果（令和元年12月31日現在）」），町村議会では21.4万円（全国町村議会議長会『第66回町村議会実態調査結果の概要（令和２年７月１日現在）』）である。

「第２の報酬」と批判されることもある**政務活動費**――「議員が行う調査研究，情報収集，政策立案，広報・広聴活動等（以下「政務活動」という）に要する経費に対して交付する」（東京都政務活動費の交付に関する条例）――も地方自治体間で差が大きい。町村議会で政務活動費を交付しているのは全体の約２割（交付された場合の議員一人あたりの平均月額は9,412円）でしかない（全国町村議会議長会『第66回町村議会実態調査結果の概要』）。一方，東京都議会では「会派の所属議員数に応じ，議員一人につき月額五十万円の割合をもって算定した金額とする」（東京都政務活動費の交付に関する条例）である。

（2）「質問づくり」が中心となる議員活動

議員活動には，①個人ないしは自らの個人後援会組織での活動，②政党に所属する場合には政党組織での活動，そして，③狭義の議会活動がある。これらを厳密に切り分けることは難しい。たとえば，議員が駅頭で朝・夕の通勤時間帯に演説し，チラシを配布する活動を通じて有権者が議会での審議内容を知る場面があるが，ここでのチラシ作成には公費である政務活動費が充当される。

別の観点として会期中の日程から議員活動を見ると，中心となるのは**代表質**

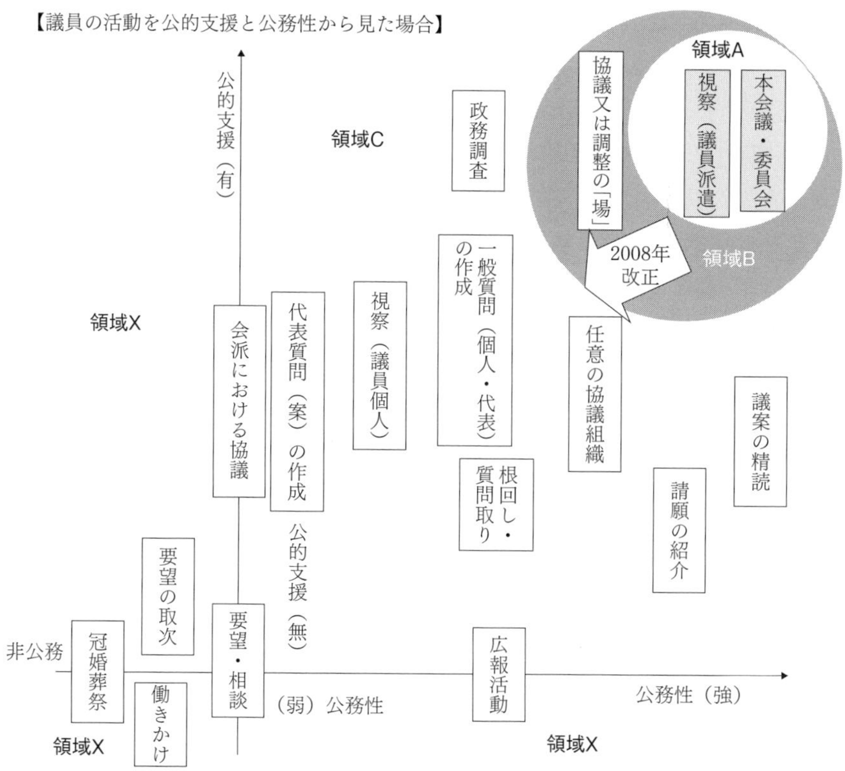

図7-1　議員活動の構成要素

領域A：「本会議・委員会」（地方自治法第96条～102条の2）における議員活動
領域B：「協議調整の『場』」（地方自治法第100条第12項）における議員活動
領域C：「領域A」及び「領域B」に付随する議員活動（会派活動を含む）
領域X：学識経験者によれば「公務性を認められない」とされる議員活動（市民から受ける各種相談・区長会など各種団体への出席・市主催行事への出席）。会津若松市議会では「市主催の式典，公的行事の出席のほか，市民要望相談活動のうち議会内の政策形成サイクルにのせることができる場合には，公務性が付与されるものとし，議員の職務とした」（田澤 2011）。
出典：田澤（2011）より引用。凡例への説明を筆者が補記。

問・一般質問を通じた首長部局への監視と政策的主張の提起（そのための準備を含む）である（図7-1）。これを円滑に動かすために「質問事前通告制」が敷かれている。「本会議何日前までに質問通告するか」は各議会でルール化されている。そして，この通告に連動して行われるものが行政部側からの「質問取り」と「答弁調整」である。「質問通告」「質問取り」から議会での質問，そして，首長部局側による答弁という一連の過程が首長部局側と議員（会派）側との利害調整としての機能を持つ。

議員・首長部局間のコミュニケーションの点で，議員は首長・行政部局への「個別接触」により影響力を行使することも可能である。その戦略を重視する議員の場合は議場での「質問」を行わない方針を取る場合もある。その是非へは賛否があるが，これは議員の選択であるとともにそうした議員へ一票を託した有権者としての選択ともいえる。

議員活動においては，首長側から提出される議案の審議も中核の活動である。各種議案は基本的には委員会に付託されて審議される。議案の精読から委員会質疑を通じて行政側から答弁を引き出す中で問題点を明らかにする，あるいは，自ら（所属会派の場合を含む）の政策的主張を提起していくのが基本となる活動である。そして議案に対する会派内での調整から会派間での調整，また，状況によっては委員会としての討議を行い，賛否を決する段階へと進む。

そして，いわゆる議員立法による条例制定（既存条例の改正を含む）や首長側提出議案の修正に向けた議案作成（議会事務局の立法補佐を受ける）も，その成立件数は統計上少ないが，議員が担う重要な活動である。特定の会派が主導して立案と会派間の合意形成に取り組む事例が中心にあるが，委員会として視察や専門家の意見聴取，住民参加手続きを踏まえて「超党派」で条例（案）作成に取り組む事例も近年の議会改革の中で登場してきている。

このような狭義の議会活動と並行して議員は議員個人または政党組織として，日常的に住民からの「要望・相談」の対応にも従事する。こうした中から住民のニーズを把握し，「一般質問」などに反映させる。ただし，これは次の選挙へ支持獲得を期す政治活動としての側面も持つ。

（3）陳情・請願審査と議会報告会

議会への住民参加は，①議員（後援会組織）・会派（または政党支部組織）への接触と，②機関としての議会が行う参加の枠組みが存在する。

前者での日常的な議員への接触は前項で見たように多様な意見・ニーズが議会の審議に注入される最も基本的な存在である。

後者の議会の住民への対応として，地方自治法が定めるものが**陳情・請願**の審査である。請願書の提出には紹介議員が必要なため（地方自治法第124条），紹介議員となることも議員活動の重要な要素となる。具体の審査では陳情・請願した住民の代表者を議場に招いて意見を聴く手順を踏む場合もあれば，陳情（請願）書の書面審査のみで処理される場合もある。どちらを選択するかは議会の裁量である。ただし，直接請求制度に基づき条例の制定改廃が請求された場合には請求代表者に意見陳述の機会を設けることが義務化されている（地方自治法第74条４項）。

議会で審議された内容を住民にフィードバックする重要な場が**議会報告会**の場である。これは地方自治法で定められたものではないが，近年では多くの議会が取り組むようになっている（本章第４節参照）。

4　議会不要論への対応と課題

（1）専門性の強化

議会における政策条例の立案，そして，首長部局への監視の充実に向けて，各議会や，その連合体である議長会組織が議員研修や議会事務局職員研修の機会を設けることは20世紀から続く取組みである。また，地方自治法が定める**参考人制度**の活用により専門家の参画を求める機会を設けることも重要な要素とされてきた。この延長線上に，2006年の地方自治法改正において議会として政策案件ごとに学識経験者に調査や助言を依頼する仕組みとして**専門的知見の活用**条項（地方自治法第100条の２）が創設されている。

こうした議会への専門家参画を充実させるものとして，議会が大学と協定を結び，専門家の助言を得る関係を築く事例や，議会の連合体である議長会として外部の機関（大学（教員）・弁護士会・法務経験のある行政職員 OB など）と協定・契約を締結して支援を得る取組も登場してきている（たとえば，滋賀県市議長会「軍師ネットワーク」事業）。

そして，議会が学識者等を招聘した諮問組織（附属機関・調査機関）を設置することをめぐっては，それを違法とする見解と合法とする見解が錯綜する時期もあったが，今日，議会基本条例で諮問組織を設けることを定める事例が拡大している。ここでの法解釈の転換は次に見る「議会モニター・サポーター制度」拡大のひとつの背景となっている。

会派に配分される政務活動費が大きい都道府県議会・政令市議会では会派として独自の政策スタッフを雇用するなど，会派単位での専門性強化が重要な戦略となろう。一方，そうした資金を持たない小規模自治体では議会（議会事務局）として専門家集団とのネットワークをどのように構築するかがより重要な課題となる。また，資金・人員の制約を乗り越える上では，首長部門の法務担当者を議会事務局と併任させて立法支援にあたらせるなど，地方自治体としての人的資源の効率的活用を工夫することも求められよう。

（2）住民参加・協働の充実

地方自治法に基づく陳情・請願以外で議会への市民参加として拡大しているものは**議会報告会**をはじめとする「議会と市民との対話の場」である。「議会報告会」は住民が参加しやすいように公民館等で地域別に開催され，議会側から定例会での議決内容の報告とそれへの質疑が行われることに加えて，各種の要望・提案が住民から提起されることが一般的である。1997年に出された地方分権推進委員会『第２次勧告』では，「住民と議会とが直接意見を交換する場」の創設が自治体側の努力義務とされたが，それが四半世紀を経て実現されてきたともいえる（図７-２）。

一方，陳情・請願の説明以外で，会議傍聴者または希望する市民に本会議・委員会で発言する機会を設ける事例は少ない。こうした発言の機会は第２次世界大戦後に日本の地方自治制度を構築にするにあたって参照されたアメリカの市町村議会では一般的に運用されており（中邨 2003），日本でも愛知県犬山市議会の「市民フリースピーチ制度」（発言内容に関する行政側担当部局と議会側との協議結果の報告もインターネット上で公開される）が知られる。しかし，2021年時点では実践例は少ない。

以上に加えて**議会モニター・サポーター**制度も新しい方式として登場してきている。議会からのアンケートに答える「広聴モニター」として運用している

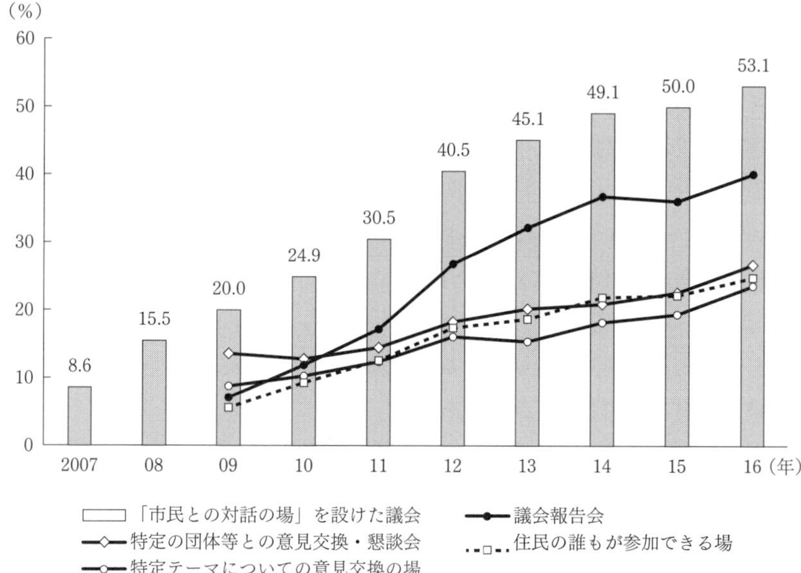

図7-2 当該1年間で議会・委員会の主催により，意見交換会・懇談会・議会報告会など，「市民との対話の場」を設けた議会

出典：長野（2018）を基に筆者作成。

事例もあれば，参加者を募集・指名した上で一定の期間をかけて市民と議会（議員）がともに議論を行う取組として運用する事例もある。とくに後者では，議員報酬・政務活動費の金額改定の是非を参加住民に問う事例や，住民・議員でのワークショップを繰り返して議会発の政策条例に結実した事例（「政策サポーター」会議での議論の上で制定された長野県飯綱町「集落支援条例」など）が登場しつつある。

（3）改革の方向性

地方議会の機能をどのように高めるのかをめぐっては議会（議員・議会事務局）の専門性を強化し，議員立法による政策条例の制定による政策立案・形成能力を高めようとする提言が中心的に論じられてきた。議会事務局の人員規模の拡大，会派として調査スタッフ雇用を可能とする政務活動費の増額などの支援環境の整備である。

これに対して，議会が持つ世論表出機能およびそれによる情報機能と討議機能こそが重視されなければならないとする主張（村松・伊藤 1986）や，地方議会の権限・資金・支援人員の不足から「素人」である議員が政策条例の立案・合意形成に取り組むよりも行政機関に対する監視機能に特化すべきとすると批判（中邨 2011・2016）も行われてきた（長野 2019）。

目指す方向性が政策立案・形成力強化であっても首長への監視強化であっても，議会への住民参加手続きの拡充の流れにあって，参加過程で得られた住民の声をどのように議会の審議に活かし，**議会としての熟議**の度合いを高めてゆくかは，共通して問われる問題である。

また，参加・協働の場の運営力，とりわけ効果的なファシリテーション能力も議会側に求められよう。ファシリテーターを議会費から専門家に外注する選択肢もあるが，議員自らがその任に従事することもあろう。これは首長側への監視（効果的な「質問」づくり），政策立案，議会内での合意形成（調整能力）に加えて新たな能力を議員に求めるものでもある。

事例⑩議会改革と政党・選挙制度

地方議会改革をめぐる議論には地方議会における政党の役割とそれと連動しての選挙制度をめぐるものもある。現在の市町村で採用されている大選挙区制では本章第２節で見たように議員個人（その支持者による個人後援会）単位での選挙活動の比重が高くならざるを得ない。

一方，「政治分野における男女共同参画推進法」（2018年）では「衆議院議員，参議院議員及び地方公共団体の議会の選挙において，政党その他の政治団体の候補者の選定の自由，候補者の立候補の自由その他の政治活動の自由を確保しつつ，男女の候補者の数ができる限り均等となることを目指して行われるものとする。」（第２条１項）とし，「当該政党その他の政治団体に所属する男女のそれぞれの公職の候補者の数について目標を定める等，自主的に取り組むよう努めるものとする。」（第４条）と定める。これには地方議会選挙で政党が有権者の投票基準となることを前提としている面があるといえよう（総務省統計「地方公共団体の議会の議員及び長の所属党派別人員調等」（令和2年12月31日現在）によれば，市区町村議会議員のうち女性議員は14.8%である）。

結果，大選挙区制度では政党公約を通じた政策選択や政党としての候補者発掘がうまく機能しないので政党が候補者を指名する比例代表制か小（中）選挙区制度を導入し，政党による民意の集約機能を高めるべきだとする改革提言が論じられることとなる（辻 2019）。

ただし，政党に所属しない（政党に組織化されない）層が持つ多様な「利益」――地域別の「利益」もあれば，障害者などのマイノリティの「利益」である場合もあろう――を誰が議会で代弁するのか，についてはなかなか答えが出ない。逆に言えば，こうした“少数派”の利益の代弁者が相対的に当選しやすいのが大選挙区制の良さでもある。議会が担う公的フォーラム（代表）機能と政党による利益統合機能との間にある原理的課題である。

本章のまとめ

① 首長に強い権限が設定されている日本の地方自治制度の下では，議会の役割はまず首長側への監視・牽制であり，次に条例や予算，自治体計画の議決を通じた政策決定である。そして，これらの役割の基層に公的フォーラムとして民意を代表していく機能が存在する。

② 日本の地方議会は都道府県・政令市とその他の市町村で選挙制度が異なる。それが議会における政党化の違いを生み出している。具体の運営では地方自治法，議会基本条例，会議規則のルール体系の下，標準的には四会期制・委員会主義が運営されている。そこでは会派が基本的な単位となる。

③ 議員の日常の活動には有権者からの要望・相談の対応から，首長側提出議案の検討，議員立法での条例制定に向けた会派内・会派間の調整と多岐にわたるが，中心的作業は「代表質問・一般質問」での質疑である。政策運営の監視の上でも，新たな視点を自治体政策に取り入れさせる意味でも首長側からどのような答弁を引き出すかが議員の「腕の見せ所」である。

ただし，これら一連の活動を支える議会事務局の規模は地方自治体間で差が大きく，とりわけ町村議会では小規模な人員しか配置されていない。

④　議会不要論を乗り越える上で，議会（議員・議会事務局）の専門性を強化し，政策立案・形成能力向上を期す改革は20世紀から続く基層的な取組みである。21世紀には議会基本条例の下,「議会報告会」や「議会サポーター・モニター制度」など議会への住民参加に大きな展開が見られた。こうした場を通じて表出される多様な住民意見をどのように活かすことができるのか。議会としての政策形成力強化を期す方向性においても首長への監視力強化を期す方向性においても，その力量が議会に問われている。

引用・参考文献

会津若松市議会（2010）『「議会活動と議員定数等との関連性及びそれらのあり方」最終報告』。

NHK スペシャル取材班（2020）『地方議員は必要か――３万２千人の大アンケート』文藝春秋。

金井利之（2019）『自治体議会の取扱説明書――住民の代表として議会に向き合うために』第一法規。

砂原庸介（2017）『分裂と統合の日本政治――統治機構改革と政党システムの変容』千倉書房。

田澤豊彦（2011）「活動・定数・報酬の根拠を市民に示せる議会へ」廣瀬克哉・自治体議会改革フォーラム編著『議会改革白書　2011年版』生活社：25–30。

辻陽（2019）『日本の地方議会――都市のジレンマ，消滅危機の町村』中央公論新社。

中邨章（2003）「地方分権と地方政治の革新――ガバナンス社会の確立を目指して」『選挙研究』(18)：26–35。

中邨章（2011）「行政，行政研究と行政学――個人研究の記録から」『季刊行政管理研究』(134)：33–41。

中邨章（2016）『地方議会人の挑戦――議会改革の実績と課題』ぎょうせい。

長野基（2018）「統計で見る自治体議会の変容」廣瀬克哉編著『自治体議会改革の固有性と普遍性』法政大学出版局：12–41。

長野基（2019）「自治体議会改革の成果と構造――基礎自治体パネルデータからの分析」『法學志林』116（１）：31–68。

村松岐夫・伊藤光利（1986）『地方議員の研究——日本的政治風土の主役たち』日本経済新聞社。

参考 URL

全国市議会議長会「市議会の活動に関する実態調査結果（各年版）」（2022年１月31日最終閲覧，https://www.si-gichokai.jp/research/jittai/index.html）。

全国町村議会議長会「町村議会実体調査結果の概要（各年版）」（2022年１月31日最終閲覧，https://www.nactva.gr.jp/html/research/index.html）。

総務省「地方議会」（2022年１月31日最終閲覧，https://www.soumu.go.jp/main_sosiki/jichi_gyousei/bunken/chihogikai.html）。

総務省「地方自治月報」（2022年１月31日最終閲覧，https://www.soumu.go.jp/main_sosiki/jichi_gyousei/bunken/chousa.html）。

（長野　基）

第8章
住民投票の機能
――住民投票は万能か――

新駅住民投票結果についての会見で
厳しい表情でお茶を口に含む石津賢治市長
（埼玉県北本市・2013年12月16日撮影，毎日新聞社提供）

2013年12月に東京の通勤圏に位置する埼玉県北本市でJR高崎線北本－桶川駅間の新駅建設をめぐって住民投票が行われた。（仮称）「北本新駅」建設へは同市議会も推進の決議を行っており，市長も市議会も推進で一致していた。こうした中，JR側が建設協議を進める旨を表明したことを受けて，建設事業への市民の支持を確認しようと市長が住民投票を発案して実施された。しかし，結果は賛成「8,353票」・反対「26,804票」で事業は白紙撤回されることとなった。最大の争点は建設費負担であった。

21世紀になり，住民の利便性を向上させる名目で立案された公共施設建設計画が住民投票で中止に至る事例が拡大している。では，住民投票が担う役割とはどのようなものであろうか。それはローカル・デモクラシーの「万能薬」なのであろうか。

本章の論点

① 住民投票の制度にはどのような種類のものがあるのか。
② 住民投票で問われてきた争点にはどのような特徴があるか。
③ 住民投票の制度設計ではどのような選択肢があるのか。
④ ローカル・デモクラシーにおける住民投票の機能と課題は何か。課題はないのか。

1　住民投票制度の種類

(1) 憲法に基づく住民投票

住民投票制度は，憲法・法律に基づくものと各自治体が独自の条例や要綱を定めて行うものがある。日本国憲法は「一の地方公共団体のみに適用される特別法は，法律の定めるところにより，その地方公共団体の住民の投票においてその過半数の同意を得なければ，国会は，これを制定することができない。」(第95条）と定めている。この条項は，1940年代末から1950年代前半の戦後復興期に特定の地域へ集中的に資金を投じる優遇措置を定める法律へ適用されている(広島平和記念都市建設法（1949年）／首都建設法（1950年）／横浜国際港都建設法（1950年）／旧軍港市転換法（1950年）など)。東京都を単位とした首都建設法の住民投票（第２回参議院議員通常選挙と同日投票）は，日本国憲法史上最も多数の有権者を対象にした住民投票であった。

ただし，実態としては特定の地方自治体のみで運用されている法律であっても，「他の地域でも用いる場合がある」と解釈された場合には憲法第95条に基づく住民投票は実施されない。この問題が政治争点となった例のひとつが，第２次世界大戦後の占領下に強制収用された土地を米軍が継続して使用していくことに関する「駐留軍用地特別措置法」の改正（1997年）であった。日本各地にあった米軍基地の移転や縮小が進んだ結果，この法律が適用されうる軍用地が沖縄に集中していたからである。

（2）解職請求（リコール）における住民投票

公職者の解職や議会の解散を決める住民投票は有権者による**民主的統制**であり，中核は地方自治法の**直接請求制度**に基づく**解職請求**である（表8-1）。ここでは有権者の3分の1以上の連署が請求条件とされる。この条件の高さの理由のひとつは濫発防止である。そして，集められた署名は選挙管理委員会に提出され，審査（二重署名の有無など）を経て請求成立が認められた場合，有権者の投票にかけ，過半数の同意があれば解職（解散）となる。ただし，普通地方公共団体の議会の議員又は長の解職の請求は，「その就職の日」および「解職の投票の日」から1年間はできないと定められている（地方自治法第84条）。これも濫発防止のひとつである（無投票当選の場合は一年以内の解職請求可能）。

以上で見た署名要件は2002年の地方自治法改正により有権者数40万超の部分について「3分の1」から「6分の1」に変更され，さらに2012年改正で80万人以上の部分では「8分の1」へと変更されている。大規模な人口を抱える地方自治体では要件を満たす署名数を集めるコストが大きい。これを緩和し，地方分権で拡大する地方自治体の権能を担う公選公職者への民主的統制を発揮しやすくする目的である。

（3）個別法に基づく住民投票

今日，二つの法律で決定に法的拘束力を持つ住民投票が運用されている。そのひとつが**市町村の合併特例に関する法律**に基づく合併協議会設置を求める住民投票である。同法では合併対象自治体のうち，いずれかの地方自治体で有権者が「50分の1」以上の連署で合併協議会の設置を請求し，その設置を議会が否決した場合に，次の二つの手段で住民投票に付すことが用意された（合併対象自治体のすべての議会で請求否決の場合は住民投票の実施はない）。第一に有権者からの請求が行われた地方自治体の首長の請求に基づき住民投票が行われる。第二に当該地方自治体の有権者「6分の1」以上の連署により合併協議会設置を住民投票で問うように選挙管理委員会へ請求がなされた場合に合併協議会設置を問う住民投票が行われる。いずれの場合も住民投票で有効投票の過半数の賛成があったときは「合併協議会設置協議否決市町村の議会が可決したものと

表 8-1　地方自治法に基づく解職請求

請求内容	請求の方法[注1]	投票実施（2007〜2017年度）				
		件数	自治体名	実施日	投票率	結果
議会の解散	有権者の３分の１以上の署名	5	滋賀県近江八幡市 愛知県名古屋市 鹿児島県阿久根市 山梨県西桂町 静岡県川根本町	2010. 2. 14 2011. 2. 6 2011. 2. 20 2012. 10. 21 2012. 3. 18	58. 2% 54. 2% 67. 7% 74. 2% 69. 0%	成立 成立 成立 成立 不成立
議員の解職	選挙区の有権者の３分の１以上の署名[注2]	1	広島県議	2013. 2. 3	39. 3%	成立
長の解職	有権者の３分の１以上の署名	9	徳島県上坂町 千葉県印西市 千葉県銚子市 滋賀県近江八幡市 栃木県岩舟町 鹿児島県阿久根市 山梨県西桂町 静岡県川根本町 静岡県河津町	2008. 3. 23 2009. 12. 27 2009. 3. 29 2009. 8. 23 2009. 8. 9 2010. 12. 5 2012. 10. 21 2012. 3. 18 2017. 10. 8	54. 3% 47. 1% 56. 3% 71. 3% 65. 7% 75. 6% 74. 2% 69. 0% 68. 8%	成立 成立 成立 成立 成立 成立 成立 不成立 成立

注１：請求先は選挙管理委員会。
注２：市町村議員（政令市を除く）は基本的に地方自治体全体を一つの選挙区とする制度あるため，解職も全有権者で投票を行うことになる。
出典：総務省「地方自治月報（55号〜59号）」を基に筆者作成。

みなす」(同法第４条・第５条)。議会の決定を住民投票で覆せる制度である。

そして，2000年代に導入された新たな住民投票制度が**大都市地域における特別区の設置に関する法律**（2012年）に基づくものである。人口「二百万以上の指定都市」または「一の指定都市及び当該指定都市に隣接する同一道府県の区域内の一以上の市町村」であって「その総人口が二百万以上」(同法第２条）の地域において，指定都市廃止・特別区設置を決定する場合，関係市町村の選挙管理委員会は「特別区の設置について選挙人の投票に付さなければならない」(同法第７条)。そして，対象市町村「それぞれその有効投票の総数の過半数の賛成があったとき」，関係市町村は「共同して，総務大臣に対し，特別区の設置を申請することができる」(同法第８条)とされている。この法律に基づき2015年５月に実施されたいわゆる**大阪都構想**をめぐる大阪市の住民投票（投票率：

66.8%）では賛成（694,844票）・反対（705,585票）の結果となり，2020年11月実施の住民投票（投票率：62.4%）では賛成(675,829票)・反対(692,996票)となっている（大阪市選挙管理委員会資料)。

（4）自治体の条例・要綱による住民投票

地方自治体独自の住民投票には以下の二つの場合がある。

第一は争点別に住民投票条例または要綱を制定して実施するものである。首長または議会（議員）発議で条例を定めるものに加えて，住民から住民投票実施の条例制定へ「50分の1以上」の連署による直接請求が行われ，かつ，議会が議決した場合が含まれる。逆に言えば，議会は議案を否決することで住民投票を行わない決定も可能である。これは実施経費についても当てはまる。実施予算を議会が否決（予算議案から実施経費削除）することで議会の意思を反映することが可能だからである。このことが焦点化したのが沖縄県「辺野古米軍基地建設のための埋立ての賛否を問う県民投票条例」(2018年）での県内市町村の対応であった。県民投票事務執行への補正予算が各市町村議会に上程されたが，複数の市町議会で否決されている（うち5市では議会否決後に再度首長側が予算案を提出した「再議」も含めて否決または予算削除が行われた)。

第二は，住民投票実施の一般的枠組を定めた条例に基づく実施である。署名要件を満たした住民からの請求があった場合でも実施には議会議決を経なければならないとする制度と，要件を満たした住民からの請求を受けて場合には必ず実施しなければならない（議会議決を要しない）ことを定めた「常設型」制度に大別される。さらに後者の**常設型住民投票制度**では住民投票についてのみ定めている住民投票条例による場合と，住民投票ができる（住民発議を含む）ことを定めた基本条例（自治基本条例など）と住民投票手続を定めた常設型住民投票条例を合わせて制定される場合がある。

以上の2種類の住民投票はいずれも**諮問型**と呼ばれるものであり，その法的権能は首長・議会へ投票結果「尊重」を求めるものでしかない（合併特例法によるものは**拘束型**と呼ばれる)。ただし，投票結果が強い影響力を持つことは間違いない。

2　住民投票で問われてきた争点

（1）戦後復興期

日本における住民投票の争点は時代の中で変化してきた。これまで見たように憲法第95条に基づく住民投票は1940年代末から1950年代前半に集中している。同時にこの時期には以下の二つの問題をめぐって日本中で住民投票が行われた。

第一は，**自治体警察**の廃止（警察法）を問うものである。1948年に設置された市町村警察のうち，町村警察に限って議会の議決または有権者の3分の1以上の連署に基づき，住民投票が実施され，有効投票の過半数で廃止することができるとされた（1951年から1954年に実施）。自治体警察廃止では少なくとも，1,190件の住民投票（うち，1,000件は法改正から3カ月以内に）が実施された（鹿谷 2017）。

第二は，**昭和の大合併**をめぐるものである。町村合併促進法（1953年から1956年）および新市町村建設促進法（1956年から1961年）において，地方自治体の意思決定手段として住民投票が設定された。特に町村合併促進法では，有権者の5分の3以上の連署をもって町村長に対して「境界変更」の意見を提出し，この意見を採用した知事勧告が出された場合，当該勧告と異なる議会の議決があったとき，住民は投票を請求することができた。投票結果については，当初は選挙人の5分の4以上の賛成で，のちに有効投票の3分の2以上の賛成で議会の議決に代わるものとされた（同法第10条・第11条）。

（2）第1次地方分権改革期

1990年代から21世紀にかけて最も広範に扱われた争点は**平成の大合併**をめぐるものであった。2010年10月時点で市町村合併に係る住民投票を定める条例を持つ地方自治体は417市町村に上り（すでに廃止されたものも含む），合併特例法に基づくものを含め，392件の住民投票が行われている（総務省自治行政局住民制度課調べ）。

同時に，この時期は2000年施行の地方分権一括法に結実する第1次地方分権改革が動いた時期でもあった。「常設型住民投票」条例や市民参加条例，あるいは自治基本条例において，連署要件を定め，選挙管理委員会が要件充足を認定した場合には議会の議決を経ずに住民投票を行うことを定める地方自治体が登場する。(一財) 地方自治研究機構の調査によれば，2021年9月末現在，74市町村で「常設型住民投票」条例が施行されている。

問われた主な争点（表8-2）は，国策で推進されてきた原子力発電所をめぐるもの（新潟県巻町，新潟県刈羽村，三重県海山町）や「廃棄物の処理及び清掃に関する法律」で基本的に県知事が権限を持つ産廃処分場設置に関して地元市町村で住民に問うたもの（岐阜県御嵩町，宮崎県小林市ほか）が中心であり，米軍基地が集中する沖縄では県の単位で米軍基地をめぐり住民投票が行われた。地方自治体としての意思を形成するためであったことはもちろんのこと，自治体としての意思を自治体外に訴求する要素もあったともいえよう。

以上で見た産廃処分場設置問題への住民投票はいわば**NIMBY問題**を問うものであったと整理できる。しかし，「市が施行主体となって行う袖ケ浦駅北側地区整備事業について市民の賛否を問う住民投票条例」による千葉県袖ケ浦市の住民投票（2005年）は必ずしも「迷惑施設」とは呼ばれない開発事業の質を問うものであった。しかも，公聴会制度・公告縦覧などの利害関係者参加の手続きや都市計画審議会の「議を経て決定する」（都市計画法第19条）手続きが踏まれ，かつ，県との調整も経ている都市計画決定を住民投票で「上書き」するものであった。この「開発の質」問題は次の時期に争点として本格化していく。

(3) 第2次地方分権改革期

2005年の**三位一体改革**（税源移譲，国庫補助負担金削減，地方交付税削減）を経て，2006年から始まる第2次分権改革期では財政負担と「開発の質」が争点として問われるようになる。

とりわけ財政負担が大きな争点となった住民投票として総合文化会館建設の賛否を問う長野県佐久市の事例（2010年），JR新駅設置をめぐる埼玉県北本市の事例（2012年，本章導入部参照），そして，新たな運動公園整備をめぐる茨城県つくば市の事例などが挙げられる。

表 8-2　住民投票

自治体名	提案者	実施日	対象内容
新潟県巻町（現新潟市）	議員提案(※)	1996. 8. 4	原子力発電所の建設
沖縄県	直接請求	1996. 9. 8	日米地域協定の見直しと米軍基地の整理縮小
岐阜県御嵩町	直接請求	1997. 6. 22	産業廃棄物処理施設の設置
宮崎県小林市	直接請求	1997. 11. 16	産業廃棄物中間処理施設の建設
沖縄県名護市	直接請求	1997. 12. 21	米軍海上ヘリポート基地の建設
岡山県吉永町（現備前市）	直接請求	1998. 2. 8	産業廃棄物最終処分場の設置
宮崎県白石市	首長提案	1998. 6. 14	産業廃棄物処分場の設置
千葉県海上町（現旭市）	首長提案	1998. 7. 30	産業廃棄物最終処分場の設置
長崎県小長井町（現諫早市）	首長提案	1999. 7. 4	採石場の新設計画 採石場の拡張計画
徳島県徳島市	議員提案	2000. 1. 23	吉野川河口堰の建設
新潟県刈羽村	直接請求	2001. 5. 27	原子力発電所でのプルサーマル計画受入れ
三重県海山町（現紀北市）	首長提案	2001. 11. 18	原子力発電所の誘致
高知県日高村	直接請求	2003. 10. 26	産業廃棄物処理施設の設置
千葉県袖ケ浦市	直接請求	2005. 10. 23	JR 駅北側地区整備事業の賛否
山口県岩国市	首長提案	2006. 3. 12	米軍空母艦載機移駐案の受入れ
千葉県四街道市	直接請求	2007. 12. 9	地域交流センターの建設
沖縄県伊是名村	首長提案	2008. 4. 27	牧場誘致による牛舎建設
長野県佐久市	首長提案	2010. 11. 14	総合文化会館の建設
鳥取県鳥取市	議員提案	2012. 5. 20	市庁舎の整備（新設／耐震改修）
山口県山陽小野田市	住民請求(※)	2013. 4. 7	市議会議員定数の削減
東京都小平市	直接請求	2013. 5. 26	都市計画道路（都道）計画の見直し
熊本県和水町	首長提案	2013. 11. 10	小中併設学校建設費の増額の是非
埼玉県北本市	首長提案	2013. 12. 15	JR 新駅建設の是非
三重県伊賀市	首長提案	2014. 8. 24	市庁舎整備（現地建替えか移転か）
埼玉県所沢市	直接請求	2015. 2. 15	防音校舎へのエアコン工事の是非
沖縄県与那国町	議員提案	2015. 2. 22	陸上・航空自衛隊部隊の配備
滋賀県高島市	首長提案	2015. 4. 12	市庁舎整備（改修増築か移転か）
長崎県壱岐市	首長提案	2015. 4. 26	新市庁舎の建設
愛知県新城市	議員提案	2015. 5. 31	新市庁舎建設計画の見直し
茨城県つくば市	直接請求	2015. 8. 2	総合運動公園建設計画の賛否
愛知県小牧市	議員提案	2015. 10. 4	新図書館建設計画の賛否
大阪府和泉市	議員提案	2015. 11. 22	市庁舎整備（移転か否か）
沖縄県竹富町	議員提案	2015. 11. 29	市庁舎整備（移転か否か）
沖縄県石垣市	議員提案	2016. 2. 7	市庁舎整備（移転か否か）
山梨県南アルプス市	直接請求	2016. 3. 20	市庁舎整備（移転か否か）
熊本県和水町	議員提案	2016. 10. 2	学校統合での小中学校校舎建設事業（既存校舎耐
愛知県高浜市	住民請求(※)	2016. 11. 20	中央公民館取り壊しの賛否
石川県輪島市	住民請求(※)	2017. 2. 19	産業廃棄物最終処分場の建設
茨城県神栖市	直接請求	2017. 10. 1	（仮）防災アリーナ計画の規模見直し
滋賀県野洲市	議員提案	2017. 11. 26	JR 駅前への市立病院設置の賛否
兵庫県丹波市（現丹波篠山市）	直接請求	2018. 11. 18	市名変更の賛否
奈良県宇陀市	議員提案	2018. 12. 16	宿泊事業者誘致事業・公園整備事業の是非
沖縄県	直接請求	2019. 2. 24	国による名護市辺野古での米軍基地建設のための
静岡県浜松市	首長提案	2019. 4. 7	行政区の再編（区割り案）の是非 設問１：３区案での区の再編 設問２：区の再編（設問１で３区案への「反対」
静岡県御前崎市	直接請求	2019. 12. 8	産業廃棄物処理施設の建設
鹿児島県垂水市	首長提案	2020. 8. 9	市庁舎建設計画

注：合併関連，解職・大都市地域特別区設置法関係を除く。新潟県巻町は住民投票を定める条例可決後の直接請

出典：上田（2016），武田（2017），今井（2021），川崎市，三田市，苫小牧市資料を基に筆者作成。以降は総務省

の争点(※)

	投票率	賛成票の割合	反対票の割合	成立・不成立の別
	88.3%	38.6%	60.9%	成立
	59.5%	89.1%	8.5%	成立
	87.5%	18.8%	79.7%	成立
	75.9%	40.2%	58.7%	成立
	82.5%	8.2% (条件付) 37.19%	61.6% (条件付) 1.2%	成立
	91.7%	1.8%	98.0%	成立
	71.0%	3.8%	94.4%	成立
	87.3%	1.7%	97.6%	成立
	67.8%	50.4% 51.9%	45.0% 43.3%	成立
	55.0%	8.2%	90.1%	成立
	88.1%	42.5% (保留：3.63%)	53.4%	成立
	88.6%	32.4%	67.3%	成立
	79.8%	49.9%	39.4%	成立
	58.0%	35.0%	63.5%	成立
	58.7%	10.8%	87.4%	成立
	47.6%	23.7%	75.6%	成立
	47.6%	48.7%	48.6%	成立
	54.9%	28.9%	71.1%	成立
	50.8%	38.9%(新築移転に賛成)	59.9% (耐震改修・一部増築に賛成)	成立
	45.5%	投票率が2分の1に満たず (開票せず)		不成立
	35.2%	投票率が2分の1に満たず (開票せず)		不成立
	28.9%	投票率が2分の1に満たず (開票せず)		不成立
	62.3%	23.8%	76.2%	成立
	42.5%	投票率が2分の1に満たず (開票せず)		不成立
	31.5%	64.9%	34.3%	成立
	85.7%	57.8%	40.7%	成立
	67.9%	65.0% (改修増築)	30.4% (新築移転)	成立
	63.7%	31.9%	66.9%	成立
	56.2%	42.5% (東庁舎除却・新庁舎へ集約)	56.2% (東庁舎利用・新庁舎規模縮小)	成立
	47.3%	19.1%	80.1%	成立
	50.4%	42.4%	55.1%	成立
	48.8%	47.1% (現地建替え)	51.3% (移転新築)	成立
	74.4%	43.1% (石垣市内)	55.2% (西表島・大原)	成立
	39.1%	18.1% (現地)	80.1% (旧空港跡地)	成立
	49.9%	43.0% (新築移転)	54.9% (用地買収・増築)	不成立
震改修／小中併設型新築)	57.8%	54.6% (耐震改修案)	43.7% (新築案)	成立
	36.7%	投票率が2分の1に満たず (開票せず)		不成立
	42.0%	投票率が2分の1に満たず (開票せず)		不成立
	33.4%	54.3%	45.2%	成立
	48.5%	投票率が2分の1に満たず (開票せず)		不成立
	69.8%	55.9%	43.1%	成立
	51.3%	48.0%	49.8%	成立
埋立ての是非	52.5%	19.0% (どちらでもない：8.7%)	71.7%	成立
の場合のみ記入)	55.6%	41.0% 9.8%	59.0% 49.3%	成立
	60.8%	9.7%	89.6%	成立
	68.8%	47.6%	52.0%	成立

求に基づき改正された条例に基づく。その他は常設型住民投票条例・自治基本条例に基づく。
『地方自治月報』(58・59号)，各種新聞情報等を基に筆者作成。

一方の「開発の質」を問う象徴的な事例がいわゆる「ツタヤ図書館」をめぐる愛知県小牧市の住民投票（2015年）である。カルチュア・コンビニエンス・クラブ（CCC）社が運営を担うことを前提とした市立図書館整備計画が投票の対象となっている。

第２次地方分権改革期では，新庁舎建設の是非も各地の住民投票で問われている。ここでも争点のひとつは財政負担の大きさである。ただし，庁舎建設・移転にあたっては議会で３分の２以上の**特別多数決**を要する（地方自治法第244条の２）。議会内での合意形成が難しい場合には住民投票で「決めざるを得ない」という力学がはたらくことには留意を要しよう。

また，公共施設整備には大規模な借入れを要する。そうした公債発行にあたっては住民投票の実施を自治基本条例で首長に求める事例（「市長は，歳入における市税の２割を超える地方債を発行する事業を実施する場合は，市民投票などの多様な方法によって必ず市民に意見を求め，その結果を尊重しなければなりません。」（千葉県流山市自治基本条例第23条の５））も登場している。

3　住民投票の制度設計

（1）請求権者と投票権者

住民投票の制度設計においては「誰が，何を，どのように投票するか」を整えなければならない。「誰が」の要素の第一は発意者（請求権者）である。現行法制度上，首長と議会はその職権に基づき住民投票を発意することができる。首長は住民投票条例を議会に上程し，条例可決後に実施する方法に加え，条例がなくとも予備費支出や専決処分により住民投票を実施できる。議会も条例制定により実施を定めることができる。一方，住民は地方自治法では有権者の「50分の１以上の連署」で住民投票条例制定を議会に請求できるが，決定権は議会が持つ。これは厳密には直接参政における**イニシアティブ**（**住民発議**）とはいえない。「イニシアティブ」とは理論的には住民から提案された政策案について議会が議決したうえで，当該住民提案を，場合によっては議会側からの対案と共に**住民投票**（**レファレンダム**）に付し，その住民投票の結果が法的な拘束力をもつものを指す（岡本 2012）。現在のところ，法的拘束力を持つ「イニシアティブ」は「市町村の合併特例に関する法律」での合併協議会設置をめぐるもののみである。住民からの署名に基づき，議会議決を経ずに住民投票を実施することを定める場合，濫用を避ける意味も含め，どのような要件とするか（有権者の何分の一以上とするか）を設定しなければならない。

「誰が」の要素の第二は投票資格者（選挙人）の範囲である。市町村合併をめぐる住民投票では公職選挙法で有権者年齢が18歳以上と定める以前から18歳以上を投票権者とする地方自治体が多数存在した。「与那国島への「自衛隊基地建設」の民意を問う住民投票に関する条例」に基づく住民投票（2015年，沖縄県与那国町）では「中学生以上」が投票権者とされている。また，永住外国人に投票資格を付与するか否かも各自治体で判断が分かれている。先述の与那国島「自衛隊基地建設」住民投票では在留資格を持つ永住外国人も投票資格者とされている。

そして，「誰が」の要素の第三は投票結果を有効とする要件である。投票率や絶対得票率（選択肢いずれかの得票数の投票資格者全体に対する割合）で判定する方法が存在する。投票結果の政治的重み付けを期すわけだが，同時にこれは投票で不利になることが予想された陣営にボイコットによる投票無効化戦術を選択させる可能性も持つ。なお，地方自治法の解職請求，合併特例法・大都市地域特別区設置法での住民投票では成立要件は設定されていない。

（2）投票案件と投票の有効期間

「何を」である**投票案件**の選択をめぐっては市町村が直接の権限を持つわけではない産業廃棄物処分場設置なども投票対象とされてきた。しかし，地方自治体が自らの権限で課す税・利用料を問う投票は行われていない（常設型住民投票条例でも対象外とする選択が行われている）。投票対象とすることで安易な引下げが決まるという懸念が背景にある。一方，アメリカやスイスなど，住民投票が多用される国では，地方自治体による起債と課税について住民投票の対象とする自治体が多い（森田・村上 2003）。課税は自由権（財産権）に侵害につながるからこそ有権者の直接投票に問う，という哲学である。なお，民主党政権

(2009年から2012年）時に用意された地方自治法改正案（総務省案）では直接請求に「地方税の賦課徴収並びに分担金，使用料および手数料の徴収」を対象とすることが盛り込まれたが，改正はされずに終わっている。

これに付随して同一案件への住民投票の効力期限の設定も考えなければならない点である。「何度も投票できる」とすると，「熟慮して投票する」有権者像が崩される恐れがあるからでもある（事例⑪参照）。また，事務処理費用の問題からも住民投票が濫発されることは回避しなければならない。ただし，条例の制定改廃を求める直接請求権（憲法上の政治的自由）を制限しかねないため，慎重に判断しなければならない。

（3）投票選択肢と運動規制

「どのように投票するか」では選択肢の設定がまずもっての課題となる。「原案に賛成か反対か」の二者択一式が基本となるが，有権者の政策判断をできる限り合理的なものにしようとする模索も各地で行われている。そのひとつは複数の選択肢を投票にかけるものだ。たとえば，2019年４月の静岡県浜松市「浜松市区の再編に関する住民投票」では設問１で反対を投じた有権者のみが設問２を答える２段階の設問が用意された（図８-１）。投票の選択肢を複雑化することは精緻な世論表出を可能とする。一方で，その複雑さから有権者が判断を逆に迷う可能性や難しいと感じた有権者の棄権を招く恐れも否定できない。投票選択肢のシンプルさとのバランスが難しい。

「どのように投票するか」の要素で考えるべき第二の点は投票案件への支持獲得運動に対する規制の問題である。住民投票では原則として**公職選挙法**の規制が及ばないため，PR 活動や運動資金，配布ビラへの規制は存在しない。このため戸別訪問により政策を訴えることができ，インターネットを含め，自由な告知活動ができる。同時にテレビコマーシャル枠を買い取れる大きな資金力を持つ陣営は CM を大量に流すことが可能である。

このように表現の自由と運動の公正さのバランスの問題があるが，この点に関して，住民投票を首長・議員選挙時と同時に実施する選択肢が存在する。最大の理由は投票所設置運営と投開票事務費用の節減である。ただし，首長・議

年　月　日執行

浜松市区の再編に関する住民投票　印

○　注　意

・あなたが良いと思う選択肢の上の○をつける欄に○をつけてください。

・○のほかは、何も書かないでください。

【設問1】3区案（天竜区・浜北区・その他の5区）での区の再編を平成33年1月1日までに行うことについて

選択肢	賛成	反対
○をつける欄		

※設問1で「反対」の場合のみ記入

【設問2】区の再編を平成33年1月1日までに行うことについて

選択肢	賛成	反対
○をつける欄		

図8-1　「浜松市区の再編に関する住民投票」投票用紙（別記様式（第10条関係））

出典：浜松市（2018）。

員選挙時と同時に実施することは，有権者にとって政治家の選択と投票案件の賛否とを区分して考えることが難しくなる，という問題も存在する（本章第4節参照）。

事例⑪判断の「合理性」を上げる手続の模索

有権者の合理性を向上させようとする方策のひとつが投票テーマの論点をわかりやすく，できる限り偏りなく提示し，その情報を住民投票の判断に役立てようとする取組である。たとえば，米国オレゴン州では2009年の州法制定により「市民イニシアティブ審査（Citizen Initiative Review : CIR)」と呼ばれる取り組みを開始した。直接民主主義制度である「イニシアティブ」（州民発議に基づく州民投票。過半数の賛成で法的効力を持つ）での州民投票の前に州法に基づきCIR委員会が無作為に抽出・招聘された一般住民を市民審査員とする少人数の討議組織を組織し，そこでの審議を通じて有権者へ投票テーマについての中立的な情報提供が目指されている（市民審査員によって賛成・反対双方の論点情報を整理した意見書が起草され，その内容が州務長官によって選挙民向けに配布されるパンフレットの中に掲載される）。CIRの取組は米国内に加えて欧州の地方自治体へも広がりつつあり，「直接民主主義」と「熟議民主主義」（事例⑫参照）を接合するものとして注目されている（Gastil et al. 2010）。

4　ローカル・デモクラシーにおける住民投票

（1）意思決定手続としての住民投票

住民投票を政策争点への意思決定の手続，すなわち，地方自治体「内」政治の視点からみれば，アクター間の意見対立に「決着をつける」ために，あるいはその前提としての「公論」を明らかにする（諮問型投票の場合）ものといえる。首長・議会間や議会内での意見対立に加え，首長・議会と住民の間，さらには住民間の意見対立を住民投票で決していく。推進されてきた開発事業への抗議運動から住民投票に発展する事例は首長・議会と住民の対立が住民投票で処理される例といえよう。

この点で市町村合併をめぐる住民投票は政治的共同体である地方自治体の枠組を決めるものであり，ある意味で「社会契約」を確認するものといえる（アメリカの地方自治体で広く見られる自治体版憲法である「憲章」（Charter）を住民投票で承認する制度は戦後改革期に検討されたが実施されなかった）。

同時に住民投票では自治体「外」の政府（市町村から見た都道府県・国）や国全体の世論に地方自治体の意思を示す機能も担う。憲法第95条に基づく住民投票は「国権の最高機関」たる国会が定める法と自治体として承認するための手続である。沖縄の米軍基地をめぐる住民投票は国政だけではなく他国である米国の政策決定権者への意思表示の要素も持つ住民投票が持つ**マルチレベル・ガバナンス**における役割である。

（2）公選首長・議会と住民投票

公選公職者の解職を問う住民投票は公職者に対する民主的統制手段である（本章第1節参照）。しかし，有権者のリコール運動に対して，公選公職者側からは「自らの信任を問うもの」と位置付けて自らの支持者を動員して対抗し，過半数のリコール反対票を獲得することで「信任投票」として政治的基盤強化を図る戦略も可能である。同様に，特定の政策争点をめぐる住民投票を政治リーダー側が有権者からの支持獲得や支持の誇示に利用することも可能となる。政策争点への投票を「ひと」への投票に置き換える戦略である。

このような政治リーダーが権力獲得を企図して利用する住民投票は倫理的批判の意味を込めて**プレビシット**（Plebiscite）と呼ばれることがある。この用語はフランス革命期のナポレオン一世とその甥のナポレオン三世が自らの帝位獲得過程で国民投票を仕掛け，政治的立場の強化を図り，共和政体の廃止に至ったことに由来する（現在の英語では「Plebiscite」とは「国民（直接）投票」という中立的な意味合いで用いられることも多い（The Concise Oxford Dictionary of Politics, Third Edition, 2009））。

公選議会においても首長の場合と同じく政治的利得のために「住民投票を利用する」動機が働きうる。議会内での競争で優位に立つために有権者の支持を動員しようと住民投票で勝つ戦略を会派（政党）が選択する可能性である。首長と議会が独立して選出される二元代表制の下でも，議会が首長支持派と反対派に分かれ（第6章参照），その対立の中で，自らが推進（阻止）しようとする争点のために住民投票に行おうとする構図を生み出しうる。このことは住民投票の実施（それによる争点上の勝利）を目指す運動側に，議員選挙において住民投票への意思提示を候補者に迫る（いわゆる「踏み絵」を踏ませる）ことで投票の実現を図る戦略も可能とする。

一方，政策課題の決定責任への批判を回避するために，あるいは，政党内対立を引き起こす争点での政党の瓦解を回避するために「住民投票に任せる」戦略を議会側（あるいは議会多数派）が選択することもありうる。国政レベルの例だが，英国における「ブレグジット」（Brexit, EU離脱）をめぐる国民投票（2016年）は政権政党であった保守党の党首キャメロン首相が党内対立を抑え，党の一体性を保持する意図で提案されたことが指摘されている（近藤 2017）。

（3）政治参加と住民投票

政治参加としての住民投票には，市民に自らの決断が政策的帰結を左右するという**政治的有効性感覚**の高さを生み出すことが期待される。票を投じるために争点に関して学び，市民間で話し合うなかで熟慮を行う。この過程での教育効果が民主主義を担う「市民」を育成していく。そのため，投票に向けて各種メディアを通じて多面的な情報が提供されることが望ましい（事例⑪参照）。

同時に住民投票では有権者の支持を誇示して，特定の政策を推進しようとする**政治的動員**の問題がついて回る。そこでは公選政治家からの動員だけではなく，民主的選挙の手続きを経ない「事実上のリーダーの座を獲得したエリート」（金井 2011）による動員の側面を持つ場合もある。ただし，後者は新たな政治的リーダーが育成・選抜されるプロセスでもある。住民投票を求める住民運動のリーダーが人々の支持を得て，首長に当選していくことは新潟県巻町（現新潟市）における事例（中澤 2005）など各地で経験されてきた。

「紛争の社会的拡大」（ソシアライゼーション）は「民主主義的過程の本質」（Schattschneider 1960）であり，住民投票に持ち込まれることで社会的関心が掘り起こされることは重要な効果である（長野 2016）。一方，一人ひとりが決断を下すということは「他人のせい」にできないことを指す。有権者は有権者自身をリコールできない。地域コミュニティ内さらには家族・親族間での意見の対立が露になったとき，修復不能な亀裂を残す恐れも存在するのである。

本章のまとめ

① 現在の日本の住民投票には憲法・法律に基づき住民投票の結果が最終的な意思決定となる拘束型住民投票と，各自治体の条例・要綱に基づき，首長・議会に結果の尊重を定める諮問型住民投票が存在する。前者は地方自治特別法の制定，市町村合併での合併協議会設置（市町村合併特例法），政令市廃止・行政区設置（大都市地域特別区設置法），そして直接請求制度に

よる解職（地方自治法）である。この中で合併協議会設置をめぐるものは議会の決定が住民からの要求に基づく住民投票によって法的に覆される拘束型住民投票である。

② 解職請求以外での投票案件は戦後復興期では自治体警察廃止と市町村合併（昭和の大合併）が主要なものであった。1990年代から2000年代初頭の第1次地方分権改革期は「平成の大合併」の時期であり，市町村合併を問う投票が各地で実施された。同時にこの時期から自治体が条例で個別の政策争点を問う住民投票が拡大していく。国策で推進されてきた案件（原発，米軍基地など）やいわゆる迷惑施設建設（産廃処分場など）が問われた。第2次地方分権改革期でも国策案件や迷惑施設をめぐる案件は引き続き対象となっているものの，都市施設開発における財政問題や「開発の質」を問う住民投票の比重が高まっていく。

③ 条例で住民投票を行う場合（常設型住民投票制度を導入する場合を含む），住民発議の要件（議会議決をバイパスする場合の要件を含む），投票権者の範囲，投票対象となる案件，投票結果を有効と認定する要件，さらには投票結果の「有効期間」を決めなければならない。また，投票案件に対する賛成・反対の唱道運動における公正さへの配慮も重要な視点である。

④ 住民投票は地方自治体内においては首長・議会・住民での意思決定，あるいはその前提としての「公論」の明示化を担い，自治体外の政府機関（市町村から見た都道府県・国）や国全体の世論に地方自治体の意思を示す機能も担う。有権者にとっては争点化を通じて政策論争を深め，自ら学習し，投票することを通じて善き市民へと成長する教育的効果も持つ。しかし，住民投票は万能薬ではない。住民投票は政治リーダー側の支持動員（権力闘争）に利用されうる性質も持つ。また，住民投票で可視化される対立がコミュニティの分断を招いてしまう恐れも持つ。

引用・参考文献

今井一編著（2021）『住民投票の総て　第２版』〔国民投票／住民投票〕情報室。

上田道明（2016）「住民投票が映し出すローカル・ガバナンスの現在」石田徹・伊藤恭彦・上田道明編著『ローカル・ガバナンスとデモクラシー――地方自治の新たなかたち』法律文化社：169–189。

岡本三彦（2012）「自治体の政策過程における住民投票」『会計検査研究』(45)：115–128.

近藤康史（2017）『分解するイギリス――民主主義モデルの漂流』筑摩書房。

金井利之（2011）「直接参政制度に関する諸問題」『都市とガバナンス』(16)：９–28。

鹿谷雄一（2008）「住民投票の歴史的展開」日本地方自治学会編『合意形成と地方自治』敬文堂。

武田真一郎（2017）「日本の住民投票制度の現状と課題について」『行政法研究』(21)：１–48。

中澤秀雄（2005）『住民投票運動とローカルレジーム――新潟県巻町と根源的民主主義の細道，1994–2004』ハーベスト社。

長野基（2016）「地方自治――「ローカルな民主主義」と政府体系の再編」大石眞監修，縣公一郎・笠原英彦編著『なぜ日本型統治システムは疲弊したのか――憲法学・政治学・行政学からのアプローチ』ミネルヴァ書房：223–248。

浜松市（2018）「浜松市区の再編に関する住民投票条例」(2022年１月31日最終閲覧，https://www.city.hamamatsu.shizuoka.jp/kikaku/kuseido/documents/jumintohyo_jorei.pdf)。

森田朗・村上順編（2003）『住民投票が拓く自治――諸外国の制度と日本の現状』公人社。

Gastil, John；Deess, E. Pierre；Weiser, Philip J. and Simmons, Cindy (2010) *The Jury and Democracy：How Jury Deliberation Promotes Civic Engagement and Political Participation,* Oxford University Press.（フット，ダニエル・H. 監訳；佐伯昌彦・森大輔・笹倉香奈訳（2016）『市民の司法参加と民主主義――アメリカ陪審制の実証研究』日本評論社。）

Schattschneider, Elmer Eric（1960）*The Semisovereign People：a Realist's View of Democracy in America,* Holt, Rinehart and Winston.（内山秀夫訳（1972）『半主権人民』而立書房。）

参考 URL

一般財団法人地方自治研究所「住民投票に関する条例」(2022年1月31日最終閲覧, http://www.rilg.or.jp/htdocs/img/reiki/046_referendum.htm)。

総務省「地方自治月報」(2022年1月31日最終取得, https://www.soumu.go.jp/main_sosiki/jichi_gyousei/bunken/chousa.html)。

(長野　基)

第9章
住民参加・協働
――その広がりと障壁はどのようなものか――

市の次期総合計画に対する市民からの意見を聞いたタウンミーティング
（愛知県名古屋市中村区・2013年11月30日撮影，毎日新聞社提供）

2018年２月，東京都三鷹市では市庁舎・議場棟等建替え基本構想策定に向け，住民基本台帳からの無作為抽出による呼びかけに応え，かつ公開抽選に当選した住民による「まちづくりディスカッション」が開催された。ここでは専門家のレクチャーを参考にトピックごとにメンバーをシャッフルしながら５人１組での討議を繰り返しながら議論が深められた。この企画は市と NPO 法人みたか市民協働ネットワークがパートナーシップ協定を締結し，市内の商工会議や農協，大学，住民協議会組織などを交えての実行委員会により運営された。２日間の議論に参加した住民へは数千円の謝金と三鷹の森ジブリ美術館のチケットが提供されている。

ただし，2019年４月の市長選挙で新庁舎建設反対を公約に掲げる新市長が当選したことを受けて，事業全体が見直されることとなった。住民参加・協働も地方自治体の政策過程の動態の中に「埋め込まれている」。住民にとって，ある面ではしんどい住民参加・協働を続けてゆくにはどうすればよいだろうか。

本章の論点

①　自治体の政策形成における住民参加の内容と機能はどのようなものか。
②　自治体の政策（事業）実施における住民参加・協働の内容と機能は何か。
③　自治体の政策（事業）評価における住民参加の内容と機能は何か。
④　住民参加・協働のしんどさを和らげるにはどうすればよいか。

1　政策形成過程における住民参加・協働

（1）多様な立場からの参加

日本国憲法は「何人も，損害の救済，公務員の罷免，法律，命令又は規則の制定，廃止又は改正その他の事項に関し，平穏に請願する権利を有し，何人も，かかる請願をしたためにいかなる差別待遇も受けない。」（第16条）と定め，請願法は「請願の事項を所管する官公署」に「これを受理し誠実に処理しなければならない。」と定める。この**請願権**の上に住民は多様な立場から自治体の政策形成過程に参加する。

第一は有権者としての参加である。条例の制定・改廃（地方税の賦課徴収並びに分担金，使用料および手数料の徴収に関するものを除く）を有権者の「50分の1以上」の連署により行う直接請求制度が地方自治法により設定されている。また，市民参加条例や自治基本条例で住民からの「政策提案手続」（署名要件を満たした場合，自治体側は提出された内容を検討し，その結果を公表する義務を負う）を定める自治体もある。

第二は納税者の視点からの参加である。公金の支出や賦課・徴収に違法・不当性が疑われる場合には住民は一人でも，選挙権が与えられていない法人・団体でも「住民監査請求」を監査委員へ行うことができる。また，施策満足度アンケートは現在広く行われている（事務事業評価への参加は本章第3節参照）。

第三は利害関係者（当事者）としての参加である。都市計画法では地方自治体が土地の利用規制や開発を行う都市計画決定において「住民及び利害関係人」へ意見書提出の権利を定め，地権者には規制を伴う「都市計画の提案権」を設定している（当該の土地において提案に同意する地権者が所有する土地面積の合計割合と地権者全体に占める同意者数の合計割合が基準を満たす場合）。また，障害者総合支援法では「障害者等及びその家族」を含む協議会の設置を市町村の努力義務としている。

第四は公共サービスの提供者の立場からの参加も存在する。たとえば，福祉施策の一環として町内会組織が高齢独居の住民を見守る事業が立案されるとき，そのサービスを担うのは地域住民自身だからである。この点は本章第2節での論点となる。

（2）政策決定過程への参加の場の重層化

自治体行政の政策決定への住民参加（議会への住民参加は第7章参照）では憲法・地方自治法成立（1947年）が根本的な変化であるが，その後，各種法令や条例・要綱により「参加の場の重層化」が実現されてきた。今日，利用者満足度調査・（職員）出前講座・住民相談・首長への手紙・首長との懇話会（「タウンミーティング」とも呼ばれる。本章導入部参照）などは広聴活動の基本装備である。これらの上に自治体の諮問に対して審議する**審議会**への参加，地区別・テーマ別で行われる説明会や**ワークショップ**（対面による付箋紙を用いた少人数での話し合いの方式が多いがオンライン上で行われることもある），そして，条例・計画案に対する**パブリックコメント**制度を通じての参加が運用されている（図9－1）。

ここに至る展開では国・地方自治体の双方で1960年代末がひとつの転換点となった。たとえば，1968年の都市計画法改正で都市計画の決定へ住民参加手続（公聴会・説明会，都市計画案に対する縦覧・意見書の提出）が導入された。自治体では革新自治体と呼ばれる自治体でさまざまな試みが開始された。首長と住民との大規模な「直接対話の場」（たとえば，横浜市では1967年に「一万人市民集会」が実施された）や審議会へ多様な主体の参画を図る取組みが始まっていく。

1970年代には地方自治体内を小地域に区分して町内会組織代表や公募委員等から構成される住区住民協議会（名称はさまざま存在する）の組織化が行われた。全国的には自治省「モデルコミュニティ」施策を受けての展開だが，一部の自治体では自治省に先駆けて「コミュニティ行政」として取り組まれた。「住区

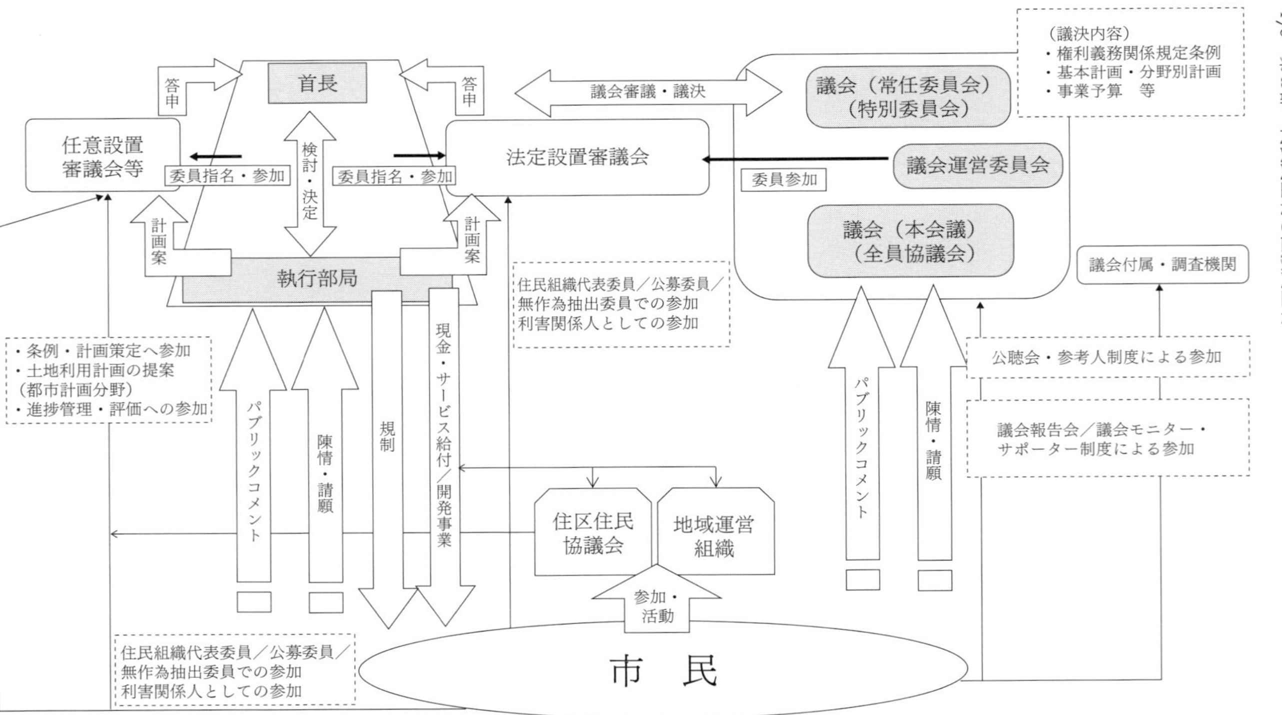

図9-1　市民参加のマップ

注：選挙・住民投票，直接請求制度（地方自治法）を除く。
出典：長野・饗庭（2007）を基に筆者作成。

住民協議会」組織は1980年代を中心に自治体計画策定で住民参加の場として活用される。政策分野別の審議会に対して分野横断・狭域単位での参加の組織化である。

並行して公共事業（道路整備，区画整理など）のために地権者を中心とするメンバーが参加する事業型まちづくり協議会の組織化も一般化していく。ここでは自治体行政への住民意見の表出に加えて利害当事者たる住民間の合意形成の場となることが期待された。

1990年代では自治体の政策・計画策定をめぐる環境に二つの変化が生じる。第一が「行政手続法」（1993年）による**パブリックコメント手続**の努力義務化である。第二が公共事業計画（環境影響評価を含む）での**パブリックインボルブメント手続**の導入である。

そして，2000年代では専門家・各種団体指名委員・公募委員で審議会を組織する方式に並んで，住民基本台帳から年齢や性別等に基づき無作為に抽出して参加を呼びかけ，応じた市民で討議を行う参加手法が広まった（本章導入部参照）。市民参加条例や自治基本条例でどのような場合にどのような住民参加手続きを行うのかを定め，これら条例に基づき住民参加手続の事前点検・事後点検を行う自治体も登場しつつある。

（3）住民参加の意義

自治体の政策決定への住民参加には，**手段的価値**（instrumental value）と**発展的価値**（developmental value）があると整理されてきた（pateman 1970）。前者はユーザーの声を反映することでニーズに合った効率的な公共サービス実現に役立つとするものである。後者は参加する中で情報を収集し，自ら考え，他者と議論し，仮に同意できなくとも，その考えを理解しようとすることで市民の教育効果が期待できるとするものである。

そして，以上の二つの流れが合わさって期待されるものが，自治体と住民との信頼形成である。自らが発した意見が政策・事業の改善につながったと実感できれば，市民の**政治的有効性感覚**（Political Efficacy）と自治体の応答性への信頼が高まる。サービスの改善・拡大が実現できない場合であっても，真摯に耳を傾ける姿勢が認知されれば，自治体への不信感は抑制されよう。「能力への信頼」と「人格への信頼」は信頼を構築する基本的要素である（山岸 1998）。

2　政策実施過程における参加・協働

（1）地縁と業界を通じた参加・協働

日本の市町村は国際的に見て大きな活動量を持つ。しかし，公務員はトップクラスの少なさである（第10章参照）。これを可能とする理由のひとつは実質的に無給で役割を引き受ける住民の活動と業界団体の存在である。

町内会・自治会組織を公共サービス供給に位置付ける構図は第２次世界大戦以前から一貫して存在する。「昭和二十年勅令第五百四十二号ポツダム宣言の受諾に伴い発する命令に関する件に基く町内会部落会又はその連合会等に関する解散，就職禁止その他の行為の制限に関する政令」で町内会組織は公式的にはいったん解散となったため，サービス継続へ自治体が町内会組織の長や役員を「行政委嘱員」（「連絡員」「駐在員」などの名称）に選任する方式が広がる（森 2014）。

以上で見た公共サービス供給へ町内会組織のマンパワーを動員することは町内会への委託や「行政委嘱員」の業務とすることで継続されていく。高齢独居者への見守り活動や防犯・防災活動で町内会・自治会組織への期待が語られるとき，それは古くて新しい形態といえる。災害時の避難所運営協議会も中核となるのは町内会組織である。

そして，「方面委員令」（1936年）で全国的に組織された方面委員が戦後再編された民生委員（厚生労働大臣委嘱，約23万人）など，非常勤特別職公務員を務める住民が各種政策領域を支える構図も第２次世界大戦以前から続く。民生委員の担い手の実態は町内会・自治体組織の中核メンバーと重なる。

以上に加えて，業界団体と地方自治体が協定を結び，協業を行う形態も広く運用されている。高齢独居者や障害者が賃貸住宅を借りやすくするための宅地建物取引業団体との協定などが典型的なものである。

（2）少子高齢化社会における協働の展開

1990年代のバブル経済崩壊と人口高齢化による歳入減への地方自治体の対応，そして，NPO法制定での法人格取得の容易化や介護保険法での介護報酬を通じた事業基盤整備等を通じたNPOセクターの成長が政策実施過程での参加・協働の展開に大きな作用を与えた。これらを背景に「公共サービスの民間開放」を標語のひとつとして**協働事業提案制度**が普及する。これには自治体が事業を指定して民間側（NPO法人や株式会社など）の企画を募る方式と民間側が事業を指定して地方自治体へ企画提案する方式があり，実施が決定された場合には事業委託の形態をとる場合が多い（提案事業者を含めた競争入札を改めて行う場合もあれば，随意契約で提案事業者と契約する場合もある）。NPOセクターにとって「協働提案事業制度」は社会的ビジネスの重要な要素となった。

2000年代は「平成の大合併」による広域化と地方自治体の歳入減を代替・補完するものとして地域自治組織により各種サービス提供とコーディネーションを期す**コミュニティ・ガバナンス**施策も潮流となった。第2期「まち・ひと・しごと創生総合戦略」（2020改訂版）（まち・ひと・しごと創生法）では「地域の暮らしを守るため，地域で暮らす人々が中心となって形成され，地域内のさまざまな関係主体が参加する協議組織が定めた地域経営の指針に基づき，地域課題の解決に向けた取組を持続的に実践する組織」（総務省 2016）と定義される「地域運営組織（Region Management Organizations : RMO）」を2024年までに7,000団体形成されることを重要業績評価指標（KPI）に設定している。

同時に2000年代は在宅ケアを重視する政策課題への国の各種立法措置が当該法律ごとに自治体へ**多職種・多主体連携**の協議会組織（伊藤編 2019）の設置を求めていく。介護保険サービスに携わる介護事業所（NPO・社会福祉法人・株式会社），地域包括支援センター（受託機関），医療機関に民生委員，自治体担当部局による「地域ケア会議」が代表例である。

（3）「協働」のための基盤整備

「協働」とは原義的には異なる主体が保有する専門性・資源を提供し合い，その相乗効果によって単独ではできなかった新たな社会的価値を実現・提供することである。自治体と民間組織側との真摯なコミュニケーションと合理的な役割（コスト）分担が必須要件である。

今日，「協働」の運営形態では，自治体側から民間への資材提供（自治体側が重機等を提供し，業者ではなく住民自身が作業を行って道路を補修するなど），共催・実行委員会での実施（本章導入部参照），自治体側と民間の**分担金**の負担，自治体から民間への**補助金**の提供，そして，自治体から民間への委託契約や指定管理者への指定（地方自治法第244条の2）が代表的なものとされる。

法的に見れば「委託契約」は請負関係であり，公共施設の管理運営者を決める指定管理者指定は議会議決による処分行為である。だが，事業実施のために行政側が資金提供し，住民（団体）側が労働力・専門知識提供での資源交換関係を結ぶに至る過程で「精神的な意味の対等性」が担保されているならば「協働」の一形態だとも論じられている。

以上で見た事業の相手方となる主体への直接的な資源提供に加えて，「協働」の担い手たる主体の活動を支える基盤整備も自治体が担う領域である。事業立案・執行の前提となる会計管理の研修等のソフト面での支援，会合場所となる公共施設の設置等のハード面での支援，そして，資金調達環境の整備が挙げられる。国からの補助金獲得や地域内外の賛同者から寄付を受け入れる基金の創設（クラウドファンディングを含む）に加えて，「ふるさと納税制度」で――他の自治体から税収を奪うものではあるが――資金を調達することも含まれる。

ただし，少子高齢化社会における財政制約の深刻化は「社会変革」の要素に加え「行政が直営でやるよりも安くできるから」という「節約志向」も地方自治体側での「協働」の誘因となる。協働事業では「社会変革志向」と「節約志向」との緊張関係の上に「活動資金確保のために遂行する」という民間団体側の「資源依存志向」が折り重なる。「アウトソーシングによる行革」の流れの中で「協働の『下請け論』」が喚起されるゆえんであり，公共サービス供給における**官製ワーキングプア**問題とも結びつきかねない留意点である。

3　評価における参加・協働

（1）多様なチャンネルを通じての評価

首長部局による政策（事務・施策）評価活動へは幅広いチャンネルが存在する（選挙が最も政治的影響を持つ評価の機会だがここでは除く）。多くの地方自治体では行政モニター制度が設けられており，時々のトピックに応じた意見聴取が行われている。また，総合計画等の策定では無作為抽出アンケートによりニーズ調査が行われている。政策・事業の効果分析へモニター制度やアンケート調査の情報が活用されるのであれば，住民はこれらを通じて評価への参加をなすといえる。

地方自治体の評価活動には，以上で見た広聴活動と並んでさらに複数の系列が存在する。第一は，監査（監察）の系列である。監査委員による監査や条例で設置されたオンブズマンによる調査に加えて，行政相談委員法に基づき総務大臣が民間の有識者に委嘱する行政相談員制度（約5,000人）での自治体の業務に対する苦情受付・斡旋の活動がある。行政相談員は前節で見た民生委員と同じ協力の形態である。

第二は，公共事業分野での事前評価・事後評価である。対象とする開発面積などに応じた環境影響評価が法律・条例で義務付けられ，パブリックインボルブメント実施が定められている。また，国からの補助金交付には事業計画の採算性確認や事業効果測定（費用便益分析）が求められている。分析は基本的には委託事業者（専門家）が担うが，その基礎となる利用者・住民調査に住民は参加する。

第三は，1990年代後半に一般化した「業績測定法」(Performance Measurement)の考え方に基づく全分野横断型**事務事業評価**である。NPM 思想の浸透と財源不足に対応する歳出削減への期待がこうした取組みの普及の背景に存在する。

（2）事務事業評価における住民参加

日本の市町村において，政策形成・実施・評価の一連の過程における評価局

表 9-1　行政評価の実施状況と住民参加

	団体数	構成比（%）
1．行政評価の導入状況		
市区町村（中核市，施行時特例市，市区，町村）	1721	100.0
導入済み	1033	60.0
試行中	66	3.8
検討中（導入予定時期決定）	13	0.8
検討中（導入予定時期決定）	407	23.6
導入予定なし	118	6.9
過去に実施していたが廃止した	84	4.9
2．外部の視点の導入による評価の実施状況		
行政評価導入済み市区町村	1033	60.0
外部有識者による評価を実施している	482	28.0
実施していない	467	27.1
実施していたが廃止	84	4.9
3．外部の視点の導入による評価の構成員		
住民	432	25.1
NPO 等の団体	196	11.4

出典：総務省自治行政局市町村課行政経営支援室（2017）。

面への住民参加は少なくとも1970年代末から検討されてきた（江口 1980）。今日，それは事務事業評価における外部評価組織への住民参加として一般化した。

事務事業評価では当該部署による自己評価作業と庁内横断組織（部長級委員会など）の点検により取りまとめられた内部評価結果に対して，外部の有識者による点検（外部評価）が行われるのが一般的な組立てである。総務省統計「地方公共団体における行政評価の取組状況等に関する調査結果（平成28年10月 1 日現在）」）によれば事務事業評価は約 6 割の自治体で導入され，4 分の 1 の自治体では外部評価組織へ住民が構成員として参加している（表 9－1）。この中では無作為抽出・招聘された住民委員が事業担当者も交えたワークショップを行いながら評価・点検を行っていく事例も始まっている（長野・源 2019）。

事務事業評価で並行して運用される評価の仕組みが**事業仕分け**である。「事業仕分け」は民間シンクタンクである構想日本が2002年から自治体を対象に始めた取組みである（構想日本 2007）。2009年度に政府による「事業仕分け」が行われ，2010年度からは各省庁で行われる「行政事業レビュー」へも応用される。その基本的な形態は，公開の場で当該事業担当行政職員の説明に対して，評価者が質疑（行政側からの反論を含む）を行い，その後，事業目的の是非や実施手段の妥当性，実施主体のあり方（行政か民間か，市町村か都道府県か国か），そして事業の方向性（廃止，拡充等）の判定結果と理由（意見）を評価者が「仕分けシート」に記載し，会場で公表する流れである。

この「事業仕分け」の評価者も専門家（他の自治体職員である場合を含む）が担う形から，2009年の埼玉県富士見市の事例を嚆矢として無作為抽出に基づき招聘された市民が「市民判定人」として評価を担う形態（専門家による質疑を聞いて判定を行う事例もあれば，市民が質疑も担う事例もある）に移行している。

（3）評価プロセスのマネジメント

事務事業評価への住民参加が標準化されてきたことは自治体計画の立案時に住民の参加を得て，当該計画の事業実施でも住民と協働し，そして計画・事業の進捗評価にも住民が参加するサイクルが成立することを意味する。評価に参画する住民の智慧や経験をより良く活かせる評価手順の設計・管理の工夫が要請される。

同時に計画・事業の進捗評価へ二つのルートで住民参加が行われることを意味する。事業部局が所管する当該計画策定のために組織した審議会での点検と，企画（行政評価）部門が司る「行政評価」の審議会組織による「外部評価」である。自治体には住民参加に基づく複数の「評価組織」からの情報をいかに統合し，活用するかが問われよう。

事例⑫市民委員への社会的勢力の「干渉」

「事業仕分け」を唱道する構想日本がインドネシアのジャカルタにて地元政府機関と日本の国際協力機構（JICA）と共催で実施した研修会では，参加者から「仕分け人に業者や役人から賄賂が殺到するのでは。仕分け人が汚職で捕まったら冗談にもならない」との声が寄せられたという（『朝日新聞』2012年５月17日付朝刊）。

21世紀になって政府・自治体による無作為抽出（くじ引き）からの招聘に応えた市民が少人数のグループに分かれて専門家や利害関係者からの情報提供を基に“熟議”を行い，政策提言を行う「ミニ・パブリックス」（deliberative mini-publics）と呼ばれる取組みが世界的に広がっている。本章導入部で見た事例はドイツで始まった「計画細胞（Planungszelle）」（Dienel 2009）を日本で独自に発展させた「市民討議会」（篠藤・吉田・小針 2009）と呼ばれる手法である。

こうした「ミニ・パブリックス」への世界的調査を基にOECD（経済協力開発機構）は2020年に「政府・自治体の意思決定における熟議プロセス活用ガイドライン」を公表するが，ここでは参加する市民委員へ賄賂が渡らないようにすること，そして市民委員へ利益団体から直接の接触(Direct Lobbying)が無いようにすることが盛り込まれている（OECD 2020）。

4　障壁を乗り越え，住民参加・協働を続けるために

（1）参加の多様性と応答性の担保

住民参加・住民協働は住民に一定の負担を強いるものである。時間・労力の負担に加えて関係者間での合意形成のための精神的な負担もある。また，そもそも，知らなければ関心が湧かないのであり（情報の問題），勤務や家事で忙しい中にあっては頼まれなければ参加しない（人脈の問題）。そして，活動のために勤務を休むことで減る所得の痛手が大きければ，参加を断念せざるを得ない(カネの問題)。参加はカネ，時間，情報・知識・人脈といった資源が必要となるのであり，これを可能とする「ゆとり」は社会経済階層に連動する。住民参加における**階層バイアス**問題である（蒲島・境家 2020）。

そこで試みられたのが住民登録システムから無作為に抽出・招聘し，参加者に謝金を提供する方式である（本章導入部・事例⑫参照）。ただし，無作為抽出では「マイノリティ」（障害者など）は少数派であるがゆえに抽出に当たらず，

参加できない可能性が高い。マイノリティやステークホルダーの意見を審議の場に届ける工夫が求められるのである。

こうした参加方式の工夫とは別次元の問題として自治体行政側へは“住民の意見を聴いた”というアリバイ作りのための参加にとどまっているという批判が存在する。自治体（行政）からの「意味ある応答」がなければ参加者のモチベーションは期待できない。このような「聞置く」にとどまってしまう問題へは首長の姿勢に加えて，行政側の検討手続の改良で対応することも重要である。

この点でパブリックコメント制度では提出意見に対する対応内容を公表するとされる。導入部で見た三鷹市での「まちづくりディスカッション」は同市の総合計画策定等にも応用されているが，そこでは参加住民からの意見のどれを計画案に反映するかがまとめられ，公式報告書で公表されている。事務負担を認識した上で，このような**アカウンタビリティ手続**を如何に整えるかも課題である。

（2）協働のプロセス管理

実施過程での参加・協働では多主体の連携をマネジメントできるスキルが自治体になければならない。こうしたスキルは個人のパーソナリティに依存する面が大きいため，慎重に人材選抜・育成を図っていく必要がある。

一方，協働の既得権益化も避けなければならない課題である。「協働」とは特定の目的実現のための時限的な関係性であり，その意味では相互に能力査定を要する。この裏返しとして，能力・リソースがない主体への「押しつけ」もあってはならない（新川 2004）。

この点で悩ましい問題が行政組織と町内会・自治会組織との「協働」である。公共サービス供給の設計において町内会組織は「その地域にひとつしかない（ほかに代わる主体が存在しない）」からである。相手側の足りない資源・能力をどのように補うかの視点を組み入れての設計・運用も必要である。

そして，住民協働の事業において，住民側領域に起因して進捗に問題が生じていることが明らかになった場合，住民が参画する評価委員会から事業に従事する住民組織へ責任の追及が行われ，結果として住民対住民の感情的対立となる恐れもある。こうしたリスクを管理していく能力も自治体に問われよう。

（3）参加の「動員性」

住民参加・協働をめぐる考え方は時代の中で変化してきた。オイルショック以前の福祉国家の拡大期に提案された**参加の梯子**モデル（Arnstein 1969）では「市民によるコントロール」が最終的な目標とされた。NPM（New Public managemwnt：新公共経営論）が定着した2000年代では公共サービス提供における**コプロダクション**（Co-production）が重視され，今日では「コプロダクション」の考え方はニーズのアセスメントから実施の評価までの一連の過程全体として捉えるものへ拡張して論じられている（表9－2）。

しかし，住民参加を公職者側からみれば，住民の意見を積極的に聞く姿勢をアピールする場となる側面や，政策決定へのアクセスを提供することで当事者からの支持を調達して実施の円滑化を図る側面も存在する（Brown 1955）。「革新自治体」で首長部局への住民参加が開始された当時，それは「首長・住民直結」により支持を獲得して「議会を迂回（バイパス）しようとするもの」だとする批判が議会側より提起された（西尾 1977）。この批判が起きた理由のひとつが参加による支持調達への警戒からであった。なお，2000年代には議会側が住民参加手続に積極的に着手していくこととなる（第7章参照）。

地方自治体における市民参加は選挙に立脚する政治過程に「埋め込まれている」以上，ある時点の参加手続で得た結論が次の時点の選挙で争点化され，公約で新しい選択肢を明記した首長が当選した場合，その政策が変更されうることとなる（本章導入部参照）。これは選挙を通じた政策選択という自由民主主義の原則を踏まえると一定の合理性を持つであろう。

ただし，こうした住民参加が持つ「相対性」は参加者の「参加の手ごたえ」との矛盾を引き起こしかねない。自治体計画策定などの政策形成過程への参加手続では，手続を始めるに先立って実施予定期間中であっても自然災害や経済情勢の変化などに加え，選挙の審判によっても優先順位が変化することを参加住民に説明すること，そして，変更にあたっては策定過程に従事した住民に説明を行う機会をあらかじめ計画運営手順に組み込むなどの工夫を要しよう。

表9–2　参加・協働を巡るモデルの変化

「参加の梯子」（Arnstein　1969）	
市民が権力を持つ （Citizen power）	市民によるコントロール 委任・権限移譲 パートナーシップ
形ばかりの参加 （Tokenism）	懐柔 双方向でのコンサルティング 一方通行での情報提供
非参加 （Non participation）	セラピー 操り

「市民参加のスペクトラム」（Bovaird & Löffler 2009）		
インフォーメーション	コンサルテーション	コプロダクション
公的機関から一般市民への「一方通行」での情報提供	公的機関と一般市民の間での「双方向」での対話	政策決定および／またはサービスの設計／提供への一般市民の積極的な関与

「サービスサイクルの各局面におけるコプロダクション」（Nabatchi, Sancino & Sicilia 2017）			
共同業務設定 （Co-commissioning）	共同設計 （Co-designing）	共同供給 （Co-delivery）	共同評価 （Co-assessment）
必要な公共サービスとそのアウトカム，およびユーザーを戦略的に特定して優先順位を付けることを目的とした活動。国家と一般のアクターが協力して行う。	「ユーザーとそのコミュニティの体験」を公共サービスの創出，計画，または手配に組み込む活動。	公共サービスを直接供給するため，および／または公共サービスの供給を改善するために用いられる国家と一般のアクターとによる共同活動。	公共サービスのモニタリングと評価に焦点を当て，国家と一般のアクターが協力してサービスの品質，問題，および／または改善を要する領域を評価する活動。

出典：Arnstein（1969），Bovaird & Löffler（2009）より引用。Nabatchi et al.（2017）を基に筆者作成。

本章のまとめ

① 自治体行政の政策形成過程への参加は審議会を中核に住民ワークショップなど複数の手法をもって行われる。参加者選定では各種団体の代表を指名する方式が当初からの基本であるが，公募方式に加え，住民基本台帳から年齢・性別等に基づき無作為に抽出した住民へ参加を呼び掛ける方式も広がりつつある。こうした参加手続はニーズを反映させることによる公共サービスの向上と参加する市民への教育効果を持つ。

② 政策実施過程への参加・協働では，町会・自治会組織を主な担い手とする領域が第２次世界大戦以前から存在する。協働の形態には「共催・実行委員会」方式から「分担金提供」などがあるが，バブル経済崩壊後の歳入減と高齢化の進展によるサービス需要に対応する「行政サービスの民間開放」の流れの中で，民間組織への「委託」「指定管理者の指定」による「協働」構築が焦点となった。2000年代では住民による地域運営組織が「協働」により各種社会サービスの提供・調整を担う施策も潮流となっている。

③ 自治体行政による事務事業評価への住民参加は2000年代以降に本格化する。行政職員が実施した「内部評価」を「外部評価」する外部評価委員会へ専門家とともに公募に応じた住民が参加する形態が標準形である。

④ 「参加・協働」は参加する住民側に一定の負担を求めるものである。同時に公職者が当事者・住民からの支持調達を期して行われる側面も持つ。「参加・協働」のプロセスが形骸化しないように自治体には「参加の手応え」へつながる「意味ある応答」と「アカウンタビリティ」を果たすとともに参加主体間の連携を運営していくプロセス管理能力が問われる。

引用・参考文献

伊藤正次編著（2019）『多機関連携の行政学──事例研究によるアプローチ』有斐閣。

江口清三郎（1980）「職員参加の可能性と課題」松下圭一編著『職員参加』学陽書房：44-72。

蒲島郁夫・境家史郎（2020）『政治参加論』東京大学出版会。

構想日本編著（2007）『入門　行政の「事業仕分け」』ぎょうせい。

坂本治也編著（2017）『市民社会論——理論と実証の最前線』法律文化社。

篠藤明徳・吉田純夫・小針憲一（2009）『自治を拓く市民討議会——広がる参画・事例と方法』イマジン出版。

総務省地域力創造グループ地域振興室（2016）「暮らしを支える地域運営組織に関する調査研究事業報告書」（2022年１月31日最終閲覧，https://www.soumu.go.jp/main_content/000405431.pdf）。

総務省自治行政局市町村課行政経営支援室（2017）「地方公共団体における行政評価の取組状況等に関する調査結果」（2022年１月31日取得，http://www.soumu.go.jp/main_content/000529114.pdf）。

長野基・饗庭伸（2007）「東京都市区自治体における都市計画審議会を媒介にした法定都市計画過程と議会との関係性の分析」『都市計画論文集』42（３）：235–240。

長野基・源由理子（2019）「行政評価における対話性の違いは如何なる差異を導くか——さいたま市「しあわせ倍増・行革推進プラン市民評価委員会」の事例から」『評価クォータリー』（48）：22–42。

新川達郎（2004）「パートナーシップの失敗——ガバナンス論の展開可能性」『年報行政研究』（39），26–47。

西尾勝（1977）「過疎と過密の政治行政」日本政治学会編『55年体制の形成と崩壊——続　現代日本の政治過程（年報政治学1977）』岩波書店：193–258。

「三鷹市庁舎・議場棟等建替え基本構想」策定に向けた「みたかまちづくりディスカッション」実行委員会（2018）『「三鷹市庁舎・議場棟等建替え基本構想」策定に向けた「みたかまちづくりディスカッション」実施報告書』（2022年１月31日取得，https://www.city.mitaka.lg.jp/c_service/072/attached/attach_72494_1.pdf）。

森裕亮（2014）『地方政府と自治会間のパートナーシップ形成における課題——「行政委嘱員制度」がもたらす影響』溪水社。

山岸俊男（1998）『信頼の構造——こころと社会の進化ゲーム』東京大学出版会。

Arnstein, Sherry R.（1969）A Ladder of Citizen Participation, *Journal of the American Institute of Planners*, vol. 35, no. 4, pp. 216–224.

Brown, David S.（1955）The Public Advisory Board as an Instrument of Government, *Public Administration Review*, vol. 15, no. 3, pp. 196–201.

Bovaird, Tony and Löffler, Elke（2009）*Public Management and Governance*, 2nd ed., Routledge.

Dienel, Peter C.（2009）*Demokratisch, praktisch, gut : Merkmlae, Wirkungen und Per-*

spektiven von Planungzellen und Bürgergutachten, Dietz.（篠藤明徳訳（2012）『市民討議による民主主義の再生――プラーヌンクスツェレの特徴・機能・展望』イマジン出版。）

Nabatchi, Tina ; Sancino, Alessandro and Sicilia, Mariafrancesca（2017）Varieties of Participation in Public Services : The Who, When, and What of Coproduction, *Public Administration Review*, vol. 77, no. 5, pp. 766–776.

OECD（2020）*Innovative Citizen Participation and New Democratic Institutions : Catching the Deliberative Wave*, OECD Publishing.

Pateman, Carole（1970）*Participation and Democratic Theory*, Cambridge University Press.（寄本勝美訳（1977）『参加と民主主義理論』早稲田大学出版部。）

参考 URL

総務省「地方自治月報」（2022年１月31日最終閲覧，https://www.soumu.go.jp/main_sosiki/jichi_gyousei/bunken/chousa.html）。

総務省「地方公共団体の行政改革等」（2022年１月31日最終閲覧，https://www.soumu.go.jp/iken/main.html）。

内閣府「小さな拠点情報サイト」（2022年１月31日最終閲覧，https://www.cao.go.jp/regional_management/index.html）。

（長野　基）

第Ⅲ部
地方自治体と地域社会

第10章
地方公務員の量と質
――地方公務員は多すぎるのか少なすぎるのか――

マスクを着用して新規採用職員を激励する黒岩祐治知事
（神奈川県横浜市・2020年4月2日，毎日新聞社提供）

地方公務員は，1990年代以降，バブル経済崩壊後の緊縮財政の中で民間委託等が進められるのと並行して，合理化のターゲットとされてきた。地方選挙では「公務員数の削減」を掲げる候補者も多く見られている。そして1993年を頂点に地方公務員の数は減り続けた。しかし，そうした傾向にも変化の兆しが見られている。2017年4月26日の総務省の発表によれば，4月1日現在の全国の地方公務員数は274万2,596人となり，前年度に比べて5,333人の増加であった。実に23年ぶりの増加であった。

とはいえ，こうした傾向が長期的なものとなっていくのかどうか，まだ見通せない。緊縮財政の必要性が続く一方で，地域社会は人口減少，多発する自然災害，未知の感染症の拡大などの新しいリスクを抱えるようになっている。そうした中で地方公務員の量や質は十分なのか，それとも不足しているのか。

本章の論点

① 地方公務員とはどのような人々か。
② 地方公務員制度の理念や制度的な特徴は何か。
③ 地方公務員数はどのように管理されてきたのか。
④ 地方公務員の量と質に関してどのような問題があるか。

1 地方公務員のプロフィール

(1) 地方公務員とは

地方公務員は，日本国憲法第15条２項が「すべて公務員は，全体の奉仕者であつて，一部の奉仕者ではない。」と規定するように，**全体の奉仕者**として勤務する。

国家公務員が国に勤務するのに対して，地方公務員は地方自治体に勤務する点で区別されている。国家公務員では，人事院によって各府省共通で採用試験が実施されるが，採用は各府省別に行われる。これに対して地方公務員は地方自治体ごとに採用される。国家公務員は，府省間をまたがる異動もあるが，基本的に採用された府省内でキャリアを積んでいくのに対し，地方公務員は，他自治体などとの人事交流もあるが，基本的には採用された地方自治体の中でさまざまな分野を経験しながらキャリアを積んでいくことが多い。

公務員は，民間企業に勤める者と異なる特性を持つ。職業選択の動機として安定志向が見られることはしばしば指摘されてきた（寄本・下條 1981；雄上・佐々木 2013)。また，政治的配慮が求められることから，地方自治体の中間管理職には問題を表面化させないようにしようとする傾向が見られることも指摘されている（田尾 1990)。こうした一見すると消極的な姿勢に対して，公務の公共的・利他的側面（他の人のためになる仕事であることや社会にとって有益な仕事であること，など）に価値を見い出す傾向も指摘されている（山本 1994；雄上・佐々木 2013)。

（2）部門と職種

地方公務員と言えば市役所などの窓口で働いている人々や庁舎内でデスクワークや調整をしている人々を思い浮かべるかもしれない。しかし，そうした「一般行政」部門の職員，たとえば，市役所で総務や企画に従事し，市税事務所で働き，あるいは市役所の福祉，土木，農林水産，商工部門などで働いている職員は全体のおよそ３分の１でしかない。その一方で，教育職，警察官，消防士の方が職員数は多く，合計でおよそ半数を占める。このほかにも，市立病院，市営バス・地下鉄，水道局といった公営企業（第12章参照）で働く職員がいる。

もっとも，どのような部門の地方公務員が多いかは，主に権限配分の違いを反映して地方自治体の種類によって異なっている（表10-１)。

都道府県に勤める地方公務員は，地方公務員総数の約半数を占める。都道府県では，県費負担教職員制度によって政令指定都市を除く市町村立の小中学校等の教職員の人件費を負担し，また，都道府県警察を所管していることから，教育部門と警察部門の地方公務員が多くなっている。

これに対して，市町村および一部事務組合等では，福祉や公益事業が業務の中心であることを反映して，福祉関係を含む一般行政職や，水道事業や交通事業といった公営企業関係の職（企業職）が多く，教育職は少ない。ただし，政令指定都市では，県費負担教職員の給与負担の移譲を受けていることもあり，教育部門の職員の比率が高くなっている。

（3）給与水準

かつては，国家公務員に比べて給与水準がかなり高い地方自治体が多く見られたが，現在では，地方公務員の給与水準は国家公務員に比べて決して高いわけではない。

地方公務員（一般行政職）の給与水準は**ラスパイレス指数**によって評価されることが多い。これは，国家公務員（行政職俸給表（一））の俸給月額を100とした場合の地方公務員一般行政職の給与水準を示す指数である。国家公務員と各地方自治体の地方公務員との間には職員構成の違いがあり，そのままでは給与

表 10-1　団体別地方公務員数の内訳（構成比）

	全団体	都道府県	指定都市	市	町村	特別区	一般事務組合等
職員数（人）	2,764,094	1,404,818	348,498	707,381	137,982	63,015	102,400
内訳（構成比，%）							
一般行政職	31.0	18.9	29.4	50.1	62.2	58.7	12.1
税務職	2.5	1.1	2.7	4.7	5.5	3.2	—
消防職	5.9	1.3	8.3	8.5	1.8	—	50.8
企業職	7.8	4.7	10.1	12.7	4.3	—	18.0
技能労務職	2.8	0.6	5.8	4.9	3.2	10.0	3.0
小・中学校（幼稚園）教育職	21.7	33.8	32.0	1.4	1.9	1.5	—
高等（特別支援・専修・各種）学校教育職等	9.2	16.4	3.8	1.3	0.7	0.2	0.3
警察職	9.5	18.6	—	—	—	—	—
臨時職員	0.5	0.8	0.4	—	0.1	—	0.1
その他	9.2	3.6	7.6	16.3	20.4	26.4	15.7

注1：職員数には，教育長は含まない。
2：高等（特別支援・専修・各種）学校教育職等は，小・中学校（幼稚園）教育職以外のすべての教育職である。
3：その他には，特定地方独立行政法人職員を含む。
4：2020年4月1日現在。
出典：総務省（2020a）を基に筆者作成。

水準を比較できないため，学歴別・経験年数別の職員構成が両者で同一であると仮定して算出される指数である。

このラスパイレス指数（2020年4月1日現在）を見ると，全地方自治体の平均は99.1であり，国家公務員の俸給水準を下回っていることがわかる（総務省2020a）。

（4）女性割合

女性の地方公務員の占める割合が少しずつではあるが増加し，1988年に33.8%であったのが，2018年には39.6%となっている（内閣府男女共同参画局2021）。同じ地方自治体の職員同士が結婚した場合に女性だけが退職せざるを得なかった状況が報じられるなど（『北海道新聞』2016年6月28日付朝刊），女性が働き続けられる環境を守ることは容易ではないが，その状況は改善してきている。

もっとも，**女性割合**が高い職種は偏っている（内閣府男女共同参画局 2021）。たとえば，看護・保健職（93.7%）や教育公務員（51.5%）で女性割合が大きい一方で，消防職（2.8%）や警察職（9.5%）では小さい。とはいえ，もともと女性割合が低かった「研究職」「消防職」「警察職」「企業職」などでも女性割合が高まってきた。また，「一般行政職」での女性割合は約3割となっているが，これは，国家公務員の一般職公務員の女性割合（2割）よりも大きい。

女性の管理職の割合も高まってきている。課長職相当以上の職員の占める割合は，都道府県では5.1%（2007年）から11.1%（2020年），市区町村（政令指定都市を含む）では7.9%（2007年）から15.8%（2020年）へと増加している（内閣府男女共同参画局 2021）。地方自治体の中で，都道府県よりも市区町村（政令指定都市を含む）の方が女性管理職の登用に積極的であり，民間企業に比べても，市区町村では女性登用が進んでいる（表10-2）。

地方公務員の全体における女性割合が約4割であることを考えれば，特に高位の管理職ではまだ低い割合であるが，国際婦人年（1975年）や男女雇用機会均等法の成立（1985年）などをきっかけに強められてきた女性登用の傾向は，女性活躍推進法（2016年，2019年改正）の施行もあり，着実に強まってきている。

こうした女性の共同参画を進める動きは，法令遵守を徹底する観点から進め

表10-2 管理職等の女性割合（%）

	部局長・次長相当職	課長相当職	課長補佐相当職	係長相当職
都道府県	7.0	12.2	20.4	22.6
政令指定都市	10.8	16.9	22.6	26.5
市区町村（政令指定都市含む）	10.1	17.8	29.2	35.0
民間企業（従業員数100人以上）	6.9	11.4	—	18.9
民間企業（従業員数30人以上）	5.5	10.3	—	16.6

注1：公務員については，原則として2020年4月1日現在。民間企業については2019年6月現在。
　2：民間企業では「課長補佐相当職」の区分は設けられていない。
出典：内閣府男女共同参画局（2021）基に筆者作成。

られてきたが，社会の多様性を行政組織の内部にも反映させること（応答性）や，優秀な人材の確保や生産性の向上という観点からも注目されるようになっている。特に，社会の変化が激しく，将来求められる職員の能力が見通せない中では，職場に多様性を持たせること自体に価値が見いだされるようになっている。

さらに，こうした動きは，高齢者や障がい者雇用を含めた人材の多様化（ダイバーシティ）を進める動きへと拡がりつつある。

2 地方公務員制度

(1) 地方公務員の範囲

地方公務員とは，原則として，地方自治体に勤務する人々のことである。地方公務員は公権力を行使することがある点で民間企業に勤務する者と異なるため，地方公務員には，原則として，一般の労働法のほかに地方公務員法なども適用される。

地方公務員には**特別職**と**一般職**の区別がある。広い意味での地方公務員には，選挙で選ばれる知事・市長・議員，あるいは調査員や審議会委員なども含まれる。これらは「特別職」（地方公務員法第3条3項）と呼ばれ，それ以外の「一般職」（地方公務員法第3条2項）と区別されている。

特別職に該当する職は地方公務員法に8種類が列記されている（地方公務員法第3条3項）。それらは，①民主的に選出される者，②一定の場合に限り自治体の業務を行う者，③特別の知識・経験等に基づいて任用される者，とまとめられる。

特別職と一般職との区別は，地方公務員法が適用されるか否かを左右する（地方公務員法第4条）。一般的に，公務員の任用（採用，昇任，後任，転任）では情実を排する必要があり，また，行政を能率的に運営するためには能力の高い職員を任用する必要がある。そのため，公務員の任用は成績主義（「受験成績，人事評価その他の能力の実証に基づいて」（地方公務員法第15条））に基づいて行われなければならないとされているが，特別職ではむしろそうした基準はふさわしくない。首長や議員には住民の選挙のような民主的な手続きこそがふさしく，審議会委員等には，たとえば，議会の同意や専門的な知識，あるいは資格保持の方が重要である。そこで，地方公務員法では特別職と一般職を区別し，地方公務員法のさまざまな規定は原則として一般職にだけ適用されることとしている。

地方公務員法は，任用，人事評価，勤務条件，服務，等の人事行政に関する根本基準を確立することで，地方自治体の行政の「民主的かつ能率的な運営」を保障し，それにより地方自治の本旨の実現に資することを目的としている（地方公務員法第1条）。つまり，民主的であり，かつ能率的な行政運営を保障するものとなっているかどうかが地方公務員制度を考察する際に重要な基準となる。

（2）一般職公務員の特例

一般職の地方公務員には，原則として地方公務員法が適用されるが，その業務内容の特殊性に照らして特例的に扱われている職が次の通りいくつかある。

第一は，企業職員，すなわち地方公営企業で勤務する職員である。地方公営企業（第12章参照）とは，水道事業，工業用水道事業，軌道事業，自動車運送事業，地方鉄道事業，電気事業およびガス事業（および条例で設置されたそのほかの事業）であり，これらの事業は民間企業の同種の業種と類似するため，「地方公営企業等の労働関係に関する法律」（地公労法）の定めるところにより，勤務条件の決定方式を中心に，地方公務員法の規定よりも民間企業の労働関係に近いものとなっている。

第二は，市町村立の小・中学校等の教職員である。県費負担教職員（市町村立学校職員給与負担法第１条および第２条に規定する職員）については，市町村立小・中学校等の教職員でありながら，都道府県教育委員会に任命権が与えられている（地方教育行政の組織及び運営に関する法律第37条）。また，教育公務員特例法に，教育公務員の職務と責任の特殊性に基づく任免等に関する特例が定められている。

第三は，警察官および消防職員である。警察官の任免や勤務条件，階級の設置等については警察法がその職務の特性に応じた特例を定めている。警察官や消防職員は，すべての労働基本権が制限される点に特色がある。また，同法(第56条）によって，都道府県で勤務する警視正以上の階級にある警察官は国家公務員とされている。消防職員に関しては任命，階級の設置等について消防組織法が地方公務員法の特例を定めている。

（３）地方公務員制度の概要

地方公務員法が定める一般職公務員の人事上の取扱いは主に次の通りである。

第一に，職員の任用（採用，昇任，降任，転任）には**成績主義の原則**が適用され，職員の採用および昇任は競争試験によることが原則である。任用に関しては，**閉鎖型任用システム**と**開放型任用システム**の区別が重要である。

閉鎖型任用システムでは，自治体職員への採用は学校を卒業した後の新規採用にほぼ限られ，終身雇用である。そしてそれぞれの職への任用はその地方自治体の中での昇任や転任の形で行われる。そのため，公務員の世界と民間企業の世界との間での労働力の移動は限られる。一方で，開放型任用システムでの自治体職員への任用はある職位に欠員が生じる場合に行われ，学校卒業後の新規採用に限定されず，中途採用もありうる。このため，官民の労働力移動が行われやすい。

日本の地方公務員法は，空いた職に職員を任命する際には「採用，昇任，後任又は転任のいずれの方法」によることを規定しているだけであり，組織外部からの「採用」によって空いた職を埋めることも可能な規定であり（地方公務員法第17条)，開放型任用システムを採りうる。しかし，その前提となる「職階制」(同一内容の雇用条件を有する同一の職位に同一の資格を要求するとともに，同一の職位に就く者の俸給を同一とする制度）は，地方公務員法に規定されながらも実施されることなく，2014年の地方公務員法改正で削除されるに至っている。また，実態上も，閉鎖型任用システム，すなわち，学校卒業後の新規採用が中心となっている（稲継 2004)。

一方で，地方自治体内では得難い高度な専門人材の必要性や一定期間に限定される業務に応えるために**任期付職員制度**が2002年に創設され，都道府県や政令指定都市を中心に，教育，福祉，法務・訟務などの分野で，その利用が進んでいる（小野 2019)。

また，外国人の任用の是非も議論されてきた。地方自治体による外国人の任用は1970年代以降，徐々に広がり，政令指定都市で「すべての」市職員採用（消防士を除く）の国籍条項を撤廃したのは，1996年の川崎市であった。その後，他の政令指定都市等の中にも同様の措置をとるものが現れた。政府見解や最高裁判例（平成17. 1 .26最高裁大法廷判決）では，地方公務員のうち公権力の行使や公の意思形成に参画するもの（公権力行使等地方公務員）には，外国人を任用することはできないが，それ以外では外国人を任用することができるとされている。

第二に，職員の給与を含む勤務条件は「社会一般の情勢」に適応するように，地方自治体は随時，適当な措置を講じるものとされている。これは，**情勢適応の原則**（地方公務員法第14条）と呼ばれる。日本国憲法（第28条）では労働基本権（勤労者の団結権，団体交渉権，争議権）が保障され，通常は，勤労者がこの権利を行使することで給与その他の勤務条件が決定される。しかし，職務の継続が重要である地方公務員（国家公務員も同様）にあっては，**労働基本権が制限**されている（争議行為の禁止，地公労法非適用職員は団体協約締結権を有しない)。こうした制約の代償措置として，地方自治体には，勤務条件に関して講ずるべき措置を議会や首長に勧告する中立の第三者機関として**人事委員会**が置かれる（都道府県・政令指定都市では人事委員会が必置。人口15万人以上の市・特別区は，権限が制限されている公平委員会との選択制。人口15万人未満の市町村では公平委員会が必置)。地方自治体はその勧告を尊重するものとされ，勤務条件が決定される。

給与の水準は，国および他の地方自治体，また，民間の給与を考慮して，各地方自治体の条例で規定する。地方公務員の給与水準の決定においては国家公務員の給与水準との均衡が重視されてきたが（**国公準拠**），本来的には，各地域での民間企業との均衡が重要であることから，現在では，**地域手当**によって地域間の給与差を反映するようになっている。

地方公務員法は勤務条件の大枠を規定するに過ぎず，実際の具体的な勤務条件は，その中で各地方自治体が条例によって決定する（**自治原則**）。その際に，地方公務員の勤務条件に関して住民の理解を得ることが期待されている。

勤務条件に関して忘れることのできないことは，災害時などでの働き方である。民間企業では一定ルール以上の時間外労働は，たとえ災害等の場合でも行政官庁の許可が必要だが，公務員に対しては「公務のために臨時の必要がある場合においては」時間外労働をさせることができる（労働基準法第33条の３）。災害時における地方公務員の貢献の大きさや重要性については言うまでもない。

第三に，身分保障に関する点である。職員は，公務の中立性や安定性を確保するために，恣意的に職を追われることのないように身分保障されている。たとえば，勤務実績不良，心身故障による職務遂行困難等，地方公務員法が定める事由による場合を除いて，自らの意に反して降任や免職されることはない。

第四に，服務上の制約についてである。地方公務員は「全体の奉仕者」であることから，法令や上司の命令に従う義務や職務上知りえた秘密を守る義務を負うのは当然として，政治的行為に関する制限などの制約を課されている。

3　地方公務員の定員管理

（1）定員管理の手法

地方公務員は，地方自治体の行政運営や公共サービス提供に欠かせない人的資源である。個々の地方自治体にとって，どのくらいの数の自治体職員を抱える必要があるのかという問題は，行政ニーズを十分に，しかし能率的に充足していくために重要な課題のひとつである。そのため，各地方自治体の職員定数は，その自治体の条例で定められる（地方自治法第172条3項等)。

しかし，それは同時に，全国的な視点からも重要な課題である。地方公務員のおよそ3分の2は，教育，警察，消防，福祉の各部門の公務員である。これらの部門では地方公務員の配置基準が国の法令等によって定められていることが多く，各地方自治体が主体的に自治体職員を配置できる余地は限られる。

したがって，全国的，分野横断的な視点から必要な行政水準を維持するのに要する地方公務員が確保され，その財源が保障される必要がある。そこで，これまで地方公務員数の管理（**定員管理**）が行われてきた。

定員管理には，次の三つの手法が用いられてきた。第一は，地方自治体に対して総務省が毎年度行う「給与改定通知」で定員管理を要請すること，第二は，国で定員削減計画が策定された場合には「地方公共団体における定員管理について」を通知すること，第三は，毎年度，総務省において各自治体の人事課や市町村課の職員に対してヒアリングを実施することである。

定員管理で問題となるのは，各自治体にとってどの程度の職員数が適正なのか，という点である。そのための技法には次の二つがある（猪野 2017)。

第一は，事務量測定方式（ミクロ方式）である。これは，個別の業務ごとに作業量や作業時間を，場合によっては，ストップウォッチで作業時間を実測し，あるいは各人に過去の作業量・時間を書き出してもらうなどによって測定した上で，それらを業務のまとまりや組織単位へと積上げ，それを職員一人あたりの事務処理能力（時間）で除すことで必要な職員数を算定する。こうした職務分析には，当然，多くの労力やコストが必要となり，また，誰にでも簡単にできるものでもない。そのため，頻繁に実施されているわけではない。

第二は，他団体比較方式（マクロ方式）である。これは，他の地方自治体の実際の数値を用いて必要な職員数を回帰分析等を用いて算定する方法である。あくまでも他の団体の実際の状況を反映したものに過ぎないが，定員管理の参考指標として総務省から「定員モデル」等が提供されている（小池 2009)。

（2）定員管理の帰結

それでは，日本の地方公務員の総数はどのように推移してきたのだろうか。

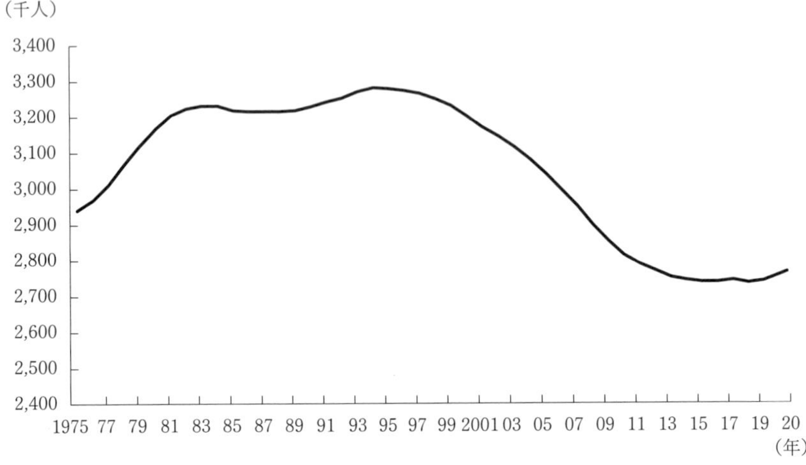

図10-1　地方公務員数の推移

出典：総務省（2020b)。

特筆するべきは，地方公務員数が1994年の328万人をピークに55万人が減少したという点であろう（図10-１)。

こうした地方公務員の削減の背景には，国の行政改革と連動した地方行革による定員管理が指摘できる。その経緯を次に見てみよう。

日本の地方公務員数は第２次世界大戦後，1970年代まで増加を続けていた。戦後直後には，義務教育の年限延長や児童数の増加に応じて教員が増加したように，戦後の地方自治体の任務の量や範囲は増大し，それに合わせて地方公務員数は増えていった。その中には，各省庁の所管する法令によって職員配置が義務付けられているものも多く，それが，職員数の増加を招いた側面もあった(西村 1994)。法令によって配置が義務付けられた職員を削減することは，財政悪化を回避するためであっても不可能であり，その結果，一般行政部門での正規職員の削減と臨時職員による補完が常態化した（上林 2015)。

1950年代には財政再建特別措置法（1955年）による再建団体を中心に昇給停止や人員整理が行われたが，その後，高度経済成長の中で定員外職員の定員化が行われた。さらに1960年代から1970年代にかけて，人口増加に加えて，義務教育での学級規模縮小や警察・消防の体制強化などの行政サービスの変化に伴って職員数は急激に増加した。

こうした状況に直面して，行政改革の観点から1975年には地方自治体の全体を対象とした定員管理が開始された。それに先立ち，国は1968年に第１次臨時行政調査会の答申を踏まえて「行政機関の職員の定員に関する法律」(**総定員法**) を制定して定員削減を開始していた。地方レベルでも1975年に自治省（当時）が「地方財政の運営について（昭和50年５月16日自治事務次官通知)」を発出し，国の「定員削減計画（第３次)」に準じた取組みを要請した。

さらに，1985年，「地方行革大綱（昭和60年１月22日自治次官通達)」では「給与及び定員管理の適正化，事務事業の見直し，組織，機構の簡素合理化，施設等の多角的有効利用による減量化，効率化」を要請し，定員管理にあたっては各自治体での自主的・主体的な定員適正化計画の策定・推進を要請した。

こうした要請は，1990年代から2000年代にかけて（1994年・1997年・2005年・2006年）行われた。特に，2005年の地方行革指針（「地方公共団体における行政改革の推進のための新たな指針（平成17年３月29日総務事務次官通知)」）では，2005年度から2009年度までの「集中改革プラン」を策定・公表し，また，過去５年間を超える総定員の純減（−4.6%）を目標とすることとされ，各自治体でも数値目標を掲げることが要請された。

こうして，国の行政改革のための定数管理に合わせた各種の要請によって地方公務員の削減は進められてきた。

4　地方公務員の量と質

(1) 地方公務員の量

現在の地方公務員の量はどのように評価されるべきだろうか。日本の公務員数は，国家公務員を含めると約332.6万人，そのうち国家公務員が約58.6万人（2020年１月１日現在）であるのに対して，地方公務員数は約274万人（2019年４月１日現在）である。地方公務員数は日本全国の就業者数約6,707万人（『労働力調査』2019年４月現在）に対して約４％にあたる。

次に，諸外国と比較するならば，日本は公務員が少ない国のひとつである（表10-3）。野村総合研究所の調査結果（この統計では公務員数に公社職員を含めている）によれば，日本の公務員数は人口1,000人あたりで42.2人であり，イギリス78.3人，フランス95.8人よりも少ない。また，地方公務員数は人口1,000人あたり29.6人であり，同じ単一国家であるイギリスやフランスと比べても少ない。

もっとも，各国の地方自治体が担う事務に違いがあることから，単純に国際比較から地方公務員の適切な規模を導くわけにはいかない。それでは，公務員の規模のあり方を考えるときに，どのような視点がありうるだろうか。

まず，財政再建を重視する立場からは，地方公務員数というよりは，地方公務員の**総人件費**が重要となる。そうした視点からは，地方公務員数は一人当たり人件費との関係から評価されることになり，あらかじめ与えられた予算制約の中で，各地域の実情に合わせて職員数と給与水準を決めていけばよいこととなる。その意味では分権的な側面も持つ。しかし，そもそもどの程度の総人件費であれば必要な行政ニーズを満たすのに適切であるのかについて合理的な答えは見つかりにくく，それを誰がどのように決めるかもまた問題となりうる。また，公務員の労働基本権が制約されている代償措置として人事委員会の勧告制度があり，給与水準は社会情勢に適応するように決定される。そのため，地方自治体は，自らの財政状況を理由として給与水準を裁量的に決定できるわけではない。そうした中で総人件費を削減しようとするなら，正規職員数を削減し，それにより人手不足となる分は職員定数外となっている非常勤職員によって代替するしかない。

その一方で，行政ニーズとの関係から地方公務員数を捉える見方もできるだろう。震災や風水害などの自然災害や感染症の大流行などの不確かな行政ニーズが増大していることを踏まえて，新たな追加的な行政ニーズを分析した上で，それに見合った職員数を見積もることが考えられる。技術職員が典型的であるように，公務員のなり手もすぐに育つわけではないことから，中長期的な視点が不可欠である。給与水準をそれぞれの時点での民間企業や国家公務員の給与と均衡させながら決定する一方で，地方公務員の数については，行政ニーズに

表10-3　各国公務員数比較（人／人口1,000人）

	日本(注1)	イギリス(注2) 2005年7月	フランス 2004年3月	アメリカ 2004年3月	ドイツ 2004年6月
国家公務員	12.6	42.4	53.1	9.9	22.3
地方公務員	29.6	35.9	42.7	64.0	47.3
行政機関，議会	23.2	35.9	26.4	64.0	42.8
地方公社，公営企業，その他	6.4		16.3		4.5
合計	42.2	78.3	95.8	73.9	69.6

注1：地方公務員数のうち「行政機関，議会」の正規職員は2004年4月1日現在，嘱託職員は2000年の数値，「地方公社・公営企業」のうち地方公営企業は2004年4月1日現在，地方公社は2002年1月現在の数値。国家公務員については，2005年度末定員，非常勤職員は2004年7月1日現在の数。自衛官は2005年度末定員，日本郵政公社職員は2004年3月31日現在，特定独立行政法人職員は2005年1月1日現在（非常勤職員は2005年4月1日現在），非特定独立行政法人および特殊法人は2005年1月1日現在，国立大学法人は2004年度計画人員の数である。

2：イギリスの数値はフルタイムに換算した職員数である。

出典：野村総合研究所（2005）。

見合う形で確保し，その財源を保障することが，こうした視点からは求められる。もっとも，中長期的な視点からは余裕を持った採用が必要となり，また，給与水準が別に決められていることも相まって，財政を膨張させてしまうおそれが指摘されうる。

（2）非常勤職員の増大と会計年度任用職員制度の創設

専門人材や一定期間の業務を対象として任期付職員制度が活用されるようになった一方で，緊縮財政の下で**非常勤職員**も増大した（上林 2015)。地方公務員の定員管理は常勤職員等（再任用職員および任期付職員を含む）の人数を対象としたものであるため，各地方自治体では，退職者を不補充にすることで常勤職員数を減少させる一方で，アウトソーシングを活用するほか，臨時・非常勤の職員を増やしていった。

地方公務員における臨時・非常勤職員には，地方公務員法上の一般職として位置付けられている「臨時的任用職員」や「一般職非常勤職員」もあるが，地方公務員法が適用されない「特別職非常勤職員」もある。これらを合わせて，2005年に約45.6万人であったのが，10年後の2016年には64.5万人と増大した。

こうした臨時・非常勤職員の増大に対して，本来は特定の学識・経験を必要とする職のために設けられている特別職非常勤職の制度が，事務補助職員にも多用されていることが問題となった。

特に，特別職非常勤職員に対しては，国の非常勤職員には支払われている期末手当が支給できず，「同一労働同一賃金」という観点から課題があった。また，特別職非常勤職員には地方公務員法が適用されないことから，守秘義務や政治的行為の制限などの服務面での制約が課されていないこと，勤務条件の面でも人事委員会への措置要求等が認められず不利であること，さらに臨時的任用職員については「能力実証」を必要とする正式任用の例外であることから，本来であれば厳格に運用されなければならないことも課題となった。加えて，「一般職非常勤職員」に関しても，採用方法等が地方公務員法に明示されていないことから適切な任用が進まないことも指摘された。

そこで，2018年に地方自治法が改正され，**会計年度任用職員制度**（地方自治法第22条の２）が創設された。特別職非常勤職員は，本来想定されていた特定の学識・経験を前提とするものへと限定され，それに該当しない特別職非常勤職員，一般職非常勤職員に加え，臨時的任用職員の一部は会計年度任用職員へと移行されることになった。この会計年度任用職員にはフルタイムとパートタイムがある。また，これにより期末手当等の支払いが可能となった。

このように，常勤職員の削減を陰から支える形で増加していた臨時・非常勤職員の問題は，その法的な地位を明確にし，かつ正当な処遇を受けられるようにすることで一応の立法的解決を見た。

その上で問題となるのは，常勤職員と会計年度任用職員との関係の再構築の必要性であろう。常勤職員を中心とし，会計年度任用職員を補佐的な役割を担う人々として位置付けていくのか，常勤職員と会計年度任用職員を働き方の多様化という文脈で捉え，それぞれが協働する職場を作っていくのかが問われる。

（3）地方公務員のなり手不足

少子化・人口減少の傾向が顕著になるにしたがって，民間部門でもそうであるように，**地方公務員のなり手不足**が問題となっている。

行政改革に伴って，採用人数が絞り込まれていた1990年代後半から2000年代半ばまで地方公務員試験の競争率は10倍を超えていたが（1999年の14.9倍がピーク），団塊世代の大量退職期を迎えた頃から競争率は下がり，最近では6倍台となっている。人口が減少していく中で，仮に人口に占める地方公務員の割合が変わらないとすると，当然，現在よりも地方公務員数は減るだろう。

こうしたなり手不足の問題に対して，上記の会計年度任用職員の活用，アウトソーシングの活用，さらにAI（Artificial Intelligence）やRPA（Robotic Process Automation）の活用による業務の効率化が課題となる。

それに加えて，各地方自治体では地方公務員の確保にさまざまな工夫をするようになっている。そのひとつが採用試験の多様化である。地方公務員に採用されるためには採用試験に合格する必要がある。かつては，教養試験，専門試験，論文試験，面接試験を課す地方自治体が多く見られたが，すでに1980年代から1990年代にかけて面接試験等を重視する傾向が強まりつつあった（稲継 2000）。こうした人物重視の試験は，民間企業を志望する層を意識したものとなり，自己アピールのためのプレゼンテーションなどを中心とするものが増加することとなった（事例⑬参照）。

事例⑬大阪府の採用試験制度

大阪府の採用試験（大学卒程度の行政職，22歳から25歳が対象）は，3段階の試験によって構成されている。第1段階は，民間企業でも採用されることの多い，民間企業による就職採用テストを採用している。このテストでは，一般的なリテラシー（言語的理解力，数的処理能力，および論理的思考力）が問われる。同時に，自己アピールや職員として取り組みたいことについて記述する「エントリーシート」によって意欲や行動力が問われる。第2段階では，論文試験と個別面接が行われる。論文試験は，「見識（社会事象に対する基礎的知識や，論理的思考力，企画提案力，文章作成力）又は法律・経済分野」と「情報分野」のいずれかを事前に選択する形式である。第3段階目は2回の面接とグループワークである。法律・経済などの専門知識を必要としない「負担軽減型」の試験となっている（大阪府人事委員会 2021）。

たしかに，こうした試験方法は，学力偏重による弊害を排除し，地域社会に貢献しようとする意欲や主体性を評価するのに有効である。また，公務員の採用試験に特化した準備をしなくてもよいことから，それまでであれば民間企業だけを志望した者を惹きつけることにもなり，人材の確保に有益だろう。

その一方で，地方公務員に期待されている行政の実施は専門知識に裏打ちされているものであるべきにもかかわらず，研修で十分にそれを補完できるかわからないこと，また「受験者負担軽減型」試験がそれによる採用者の質的な面に関して良い変化をもたらしたかどうかまだ明らかになっていないことから，上級レベルの一般行政職採用試験でのこうした試験方法に対して懐疑的な見方もある（大谷 2019）。

（4）専門職員の確保

技術職員の不足が，小規模な地方自治体を中心に深刻な問題となっている。自然災害が多発する中で被災後の対応にあたれる技術職員が少ないこと，また，公共施設が老朽化する中でその適正な管理が重要になっていることから，技術職員の重要性が増している。しかし，各地方自治体が技術職員を募集したとしても応募する者が少なく，また皆無であることもある。

このような場合に取りうる方策として，都道府県や大都市自治体からの応援職員の派遣がある。都道府県にとっては，そうした技術職員の派遣や日頃の支援は広域自治体としての本来的な業務と考えることができるだろう。都道府県は自ら公共事業を行い，公共施設を管理していることから，分野によって例外もあるだろうが，総じてそのために十分な能力を持ち合わせている。また，政令指定都市のような大都市自治体は，小規模な市町村と同じ基礎自治体であるため，必ずしもその支援を本来的な業務とはしていないが，人口密集の都市部を抱え，それゆえに基礎自治体が備えるべき能力として最大級の能力を持ち合わせている。広域連携や大都市制度の進展によっては，地域圏の中核的な地方自治体として，都道府県と連携しながら小規模な市町村の支援を期待されるだろう。

そうした場合に問題となるのは，地方公務員の定数管理との関係である。すでに見た通り，過去20年間にわたり，各地方自治体では職員数の削減に努めてきた。それは都道府県や政令指定都市などの大都市自治体にとっても同様である。中には，自らの公共事業や公共施設管理に必要な技術職員すら確保できない団体もあるだろう。

それでは小規模市町村の支援にあたる技術職員をどのように確保していけばよいのだろうか。

そのひとつの手助けとなるのが，技術職員を確保するための財政措置であろう。都道府県や大都市自治体が，通常時には技術職員不足の市町村の支援を行い，また，大規模災害が起きた場合には中長期の職員派遣を行うため新たに技術職員を採用する場合には，その増員された職員人件費に対して地方財政措置が行われている（総務省自治財政局 2020）。

こうした仕組みは，各地方自治体を単位とした地方公務員の人事行政を変革させるかもしれない。人口減少が進む中では地方公務員になろうとする人材，特に高度な専門技術を持つ人材は，今まで以上に貴重となるだろう。そうした専門人材にとって，居住地もそうであろうが，技術者として働くことのできる場が用意されていることは魅力的であろう。その点では，小規模市町村よりも都道府県や大都市自治体の方がさまざまな専門的業務があり，また，高度かつ複雑な課題を抱えていることから魅力的であろう。そこで，そうした専門的な技術職員の採用や育成は都道府県や大都市自治体が担い，必要に応じて小規模自治体の業務を支援し，また，中長期的に技術職員を派遣するという形も考えられるだろう。

本章のまとめ

① 地方公務員には，安定志向と同時に，職務の公共的・社会的な側面に価値を置く傾向が見られる。一般行政部門で働く地方公務員は全体の３分の１程度であり，教育・警察・消防部門で働く人々が半数程度いる。そのほかに公営企業で働く人も１割強いる。女性の登用は，特に市区町村で進み，人材の多様化が進みつつある。

② 地方公務員制度は，地方公務員法を中心とした法体系である。地方公務員法は，地方公務員の任用，服務等について規定する。地方公務員には特別職と一般職があるが，民主的，あるいは特定の専門知識・経験を基準として任用される特別職に対して地方公務員法の適用はない。地方公務員法が適用される一般職地方公務員の任用では成績主義が採用される。地方公務員の給与については，労働基本権が制約される代償措置として人事委員会の勧告が尊重されることとされている。社会一般の情勢に適応すること，自治体の条例によって詳細を決定するべきことなどが給与決定の原則となっている。

③ 地方公務員数は各団体で条例によって定められるが，総数に関しては国の行政改革と連動しながら，適正な職員数に関する参考情報を提供する形での定数管理が行われてきた。その結果，地方公務員数は1994年から大きく減少してきた。

④ 人口1,000人あたりの地方公務員数はイギリス，フランスと比べて少ない。地方公務員の規模を考える際に，総人件費に着目する見方もあるが，人手不足に直面するとき不安定雇用を増大させるおそれがある。他方，行政ニーズから地方公務員数を見積もる方法も考えられるが，財政膨張をもたらすおそれが指摘される。財政制約の下で行政ニーズを充たすために，臨時・非常勤職員や，専門試験を課さない負担軽減型採用試験の活用，また，市町村に派遣する技術職員の都道府県等による一括採用などが試みられている。

引用・参考文献

稲継裕昭（2004）「自治体職員の任用をめぐる制度的環境」『都市問題』95（12）：3-18。

稲継裕昭（2000）『人事・給与と地方自治』東洋経済新報社。

猪野積（2017）『地方公務員制度講義　第6版』第一法規。

大阪府人事委員会（2021）「令和3年度大阪府職員採用試験〔行政（大学卒程度）〕試験案内」（2022年1月31日最終閲覧，http://www.pref.osaka.lg.jp/jinji-i/saiyo/03ha_annai.html）。

大谷基道（2019）「ポスト分権化時代における自治体の職員採用」大谷基道・河合晃

一編著『現代日本の公務員人事——政治・行政改革は人事をどう変えたか』第一法規：135–155。
小野英一（2019）「自治体における閉鎖型任用システムと「開放性」」大谷基道・河合晃一編著『現代日本の公務員人事——政治・行政改革は人事をどう変えたか』第一法規：115–133。
小池裕昭（2009）「都市自治体における定員管理」村松岐夫・稲継裕昭・財団法人日本都市センター編著『分権改革は都市行政機構を変えたか』第一法規：101–110。
上林陽治（2015）『非正規公務員の現在』日本評論社。
総務省（2020a）「令和２年地方公務員給与の実態」（2022年１月31日最終閲覧，https://www.soumu.go.jp/main_sosiki/jichi_gyousei/c-gyousei/kyuuyo/r02_kyuuyo_1.html）。
総務省（2020b）「令和２年地方公共団体定員管理調査結果」（2022年１月31日最終閲覧，https://www.soumu.go.jp/main_content/000678577.pdf）。
総務省自治財政局（2020）「令和２年度地方財政計画の概要」（2022年１月31日最終閲覧，https://www.soumu.go.jp/main_content/000743505.pdf）。
田尾雅夫（1990）『行政サービスの組織と管理』木鐸社。
内閣府男女共同参画局（2021）「令和２年度女性の政策・方針決定参画状況調べ」（2022年１月22日最終閲覧，https://www.gender.go.jp/research/kenkyu/sankakujokyo/2020/index.html）。
野村総合研究所（2005）『公務員の国際比較に関する調査報告書』。
西村美香（1994）「地方公務員制度」西尾勝・村松岐夫編『制度と構造　講座行政学第２巻』東京大学出版会：199–239。
山本清（1994）「地方公務員の行動様式と人事制度に対する意識——係長へのアンケート調査から」『商学討究』44（３）：15–47。
雄上和史・佐々木昇一（2013）「公務員の働き方と就業動機」『日本労働研究雑誌』（637）：４–19。
寄本勝美・下條美智彦（1981）『自治体職員の意識構造』学陽書房。

参考 URL

総務省「給与・定員の調査結果等」（2022年１月31日最終閲覧，https://www.soumu.go.jp/main_sosiki/jichi_gyousei/c-gyousei/teiin-kyuuyo02.html）。

（宇野二朗）

第11章
地方自治体の財政
——自立か連携か——

町外からの移住者が多く暮らす大雪山系旭岳のふもとに建つ民家
（北海道上川郡東川町・2021年4月22日撮影，毎日新聞社提供）

「田園回帰」の風潮を背景に「地域おこし協力隊」の活動が盛んになっている。都市地域の住民が一定期間を過疎地域等で，地方自治体から「地域おこし協力隊員」として委嘱を受け，農林漁業，地域コミュニティ活動，あるいは地域や地域産品などの情報発信やPRなどに携わりながら過ごし，その後，起業するなどして定住を目指す。この「地域おこし協力隊」のための経費の一部は地方交付税制度によって支えられている。

これに限らず地方交付税制度は，財源の不均衡を調整し，どの地域の住民にも一定のサービスを提供できるような財源を保障するために，幅広く交付されている。実際，独自の税源に恵まれない多くの中小規模の地方自治体の財政は地方交付税によって支えられている。地方自治体は，このように連携し合うべきなのか，それとも，もっと自立するべきなのか。

本章の論点

① 地方自治体の歳出はどのような特徴を持つのか。
② 地方自治体の歳入はどのような特徴を持つのか。
③ 財源を平準化し，財源を保障するためにどのような仕組みがあるのか。
④ 地方自治体の財政は，自立を目指すべきか，連携を目指すべきか。

1　地方自治体の歳出

（1）国と地方自治体の歳出

日本の地方自治体の歳出は，国の歳出に比べて大きい。国と地方を合わせた日本の公的部門（社会保障基金や公的企業を含む）の支出の43.7％（実質国民総生産の10.9％）は地方自治体の支出であり，国の支出は16.3％に過ぎない。こうした数値は，行政の執行における地方自治体の存在感の大きさを示している。

もっとも，国と地方自治体の歳出の比は，行政分野によって異なっている。防衛費（国100％），年金関係（国100％），国債・公債の元利償還費である公債費（国65％），農林水産費（国55％）では国の歳出割合が大きいが，学校教育費（小，中学，幼稚園等）では13％，衛生費（保健所，ごみ処理など）では１％と国の歳出割合は小さい（総務省 2020)。

（2）地方自治体の目的別歳出構造

地方自治体の歳出を行政の目的別に見ると，**民生費**，**教育費**，**土木費**の比率が高いことがわかる（図11-1）。

このうち，老人福祉，生活保護，児童福祉などの経費を含む民生費（26.2％）の占める割合が最も高く，この比重は年々高まってきている。民生費の占める比率は，都道府県よりも市町村の方が高く，特に児童福祉関係の比率が高い。市町村は，子ども・子育て支援策を中心に，対人福祉サービスの提供に大きな役割を担っている。

民生費に次いで大きな歳出分野は教育費（17.2％）である。地方自治体は，

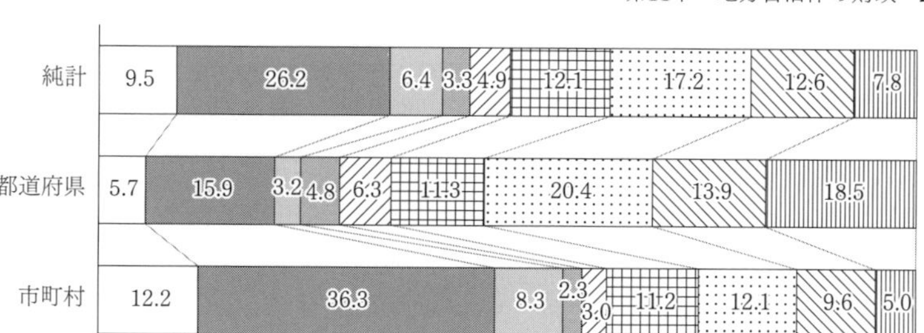

図 11-1　目的別歳出決算額の構成比（%）

出典：総務省（2020）。

義務教育（小・中学校）はもちろんのこと，幼稚園，高等学校，場合によっては公立大学の設置・運営にあたっている。幼稚園から高校までの私学助成を行うのも地方自治体である。公民館や図書館などの社会教育に関する経費や，体育施設の建設・運営費も含まれている。都道府県が市町村（ただし政令指定都市を除く）の小・中学校等の教職員人件費を負担する制度が存在するため，教育費の占める比率は市町村に比べて都道府県の方が高くなっている。

公共施設の建設などの経費である土木費（12.1%）は，2000年代に急激に削減されてきたためにかつてほどの比率は占めていないが，それでも比率の高い歳出分野である。道路，街路，河川，港湾，公営住宅，下水道，区画整理などのようなさまざまな社会基盤の整備・維持管理は，社会福祉や教育サービスと並ぶ地方自治体の重要な役割である。

（3）地方自治体の性質別歳出構造

視点を変え，地方自治体の決算額を性質別に見ると，人件費，**扶助費**，**公債費**，**投資的経費**で，歳出総額のおよそ3分の2を占めていることがわかる（図11-2）。

人件費は歳出総額の2割強である。市町村では17%程度であるのに対して，都道府県では25.7%と違いが見られる。都道府県は，警察を置き警察官の人件費を支出し，また，高等学校を設置しその教職員の人件費を支出している。さ

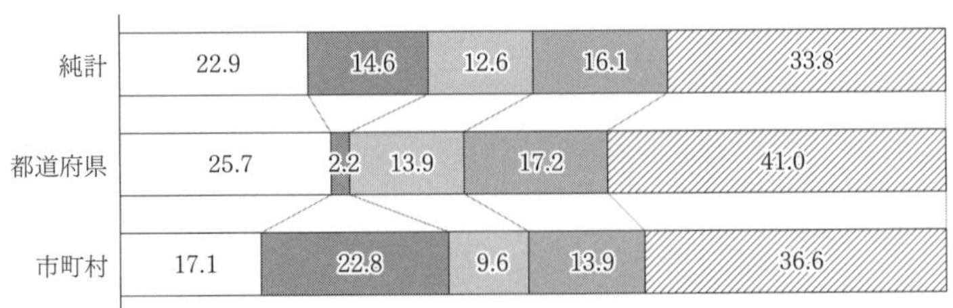

図 11-2　性質別歳出決算額の構成比（%）

出典：総務省（2020）。

らに，市町村（政令指定都市を除く）の小・中学校教職員の人件費を負担している。こうしたことが，都道府県での人件費率の相対的な高さの背景にある。

社会福祉の支払などにあてる扶助費に関して，都道府県と市町村とで傾向がまったく異なる。それぞれの事務配分を反映して，都道府県では歳出に対してはわずか2.2%を占めるに過ぎないが，市町村では22.8%と人件費を超える比率となっている。

2　地方自治体の歳入

(1) 国と地方自治体の歳入

国と地方を合わせた日本の税収は約104兆円であり，国民所得に対する割合（租税負担率）は26.0%である。このうち約6割（61.2%）は国税収入であり，残る約4割（38.8%）が地方税収である（総務省 2020)。これに対して歳出（純計ベース）で見ると国と地方の比はおよそ4：6であり，税収ベースの比とほぼ逆転している。国から地方自治体へと財政移転が行われていることで，この違いは埋められている。

こうした構図は，一方では，地方分権の観点から問題となり，国から地方への税源移譲が求められてきた。実際に，**三位一体の改革**（第3章参照）では，2004年度から2006年度にかけての国庫補助負担金4.7兆円削減，地方交付税の改革（総額の抑制，算定の簡素化，不交付団体の増加等）に加えて，国税である所得税から個人住民税への3兆円規模の税源移譲が実施された。たしかに，税源移譲が行われたのは画期的であったが，「三位一体の改革」は地方側に財政難をもたらした。また，国庫補助負担金の削減は主に補助率の引下げによったため，地方自治体の自治の拡大にはつながらなかった。

（2）地方自治体の歳入構造

そこで，地方自治体の歳入構造を見てみよう。歳入決算額の純計を見ると，**地方税**が全体の40.2%を占め，最も基本的な歳入となっているが，それ以外にも，地方交付税，国庫支出金，地方債が主な財源となっていることがわかる(表11-1)。

地方税とは，地方自治体が自らの条例に基づき課税するものである。

地方自治体は，さまざまな事務の執行や公共サービスの提供を通じて地域社会と深くかかわっているが，住民は，そうした公共サービスを等しく受ける権利を有すると同時に，その負担を分任する義務を負っている（地方自治法第10条2項)。地域の公共的課題を自分たちの負担によって解決していくことが地方自治の基本的な考え方である。その中心にあるのが地方税である。

地方自治体は規模や地域条件の点でさまざまであるが，地方公共サービスの提供を主たる役割とするという点では共通する。こうした見方を前提に，地方税の特色を踏まえた租税原則として次の五つが挙げられる（神野・小西 2014)。地方税はこれらの原則を満たすものとして制度設計されるべきと考えられている。

①　応益原則：公共サービスの受益に応じて租税を負担する。
②　安定性の原則：景気変動に左右されず税収が安定している方が望ましい。
③　普遍性の原則：税収が地域的に偏在していない方が望ましい。
④　負担分任の原則：すべての住民が地方税の負担を分かち合う。
⑤　自主性の原則：地方自治体には，地方税の課税標準と税率決定の自主性が認められるべき。

表 11-1　歳入決算額の構成比（億円／%）

	純計 1,013,453	都道府県 503,728	市町村 598,909
一般財源	(59.3)	(62.5)	(52.7)
地方税	40.2	40.9	33.6
地方交付税	16.3	17.0	13.3
地方特例交付金	0.2	0.1	0.2
地方譲与税等	2.6	4.4	5.6
その他の財源	(40.7)	(37.5)	(47.3)
国庫支出金	14.7	11.3	15.3
地方債	10.4	10.7	8.5
臨時財政対策債	3.9	4.3	2.9
都道府県支出金	—	—	6.5
その他	15.6	15.5	17.0

出典：総務省（2020）。

ただし，その枠組み（税目，課税客体，課税標準，税率など）は，原則として法律（地方税法など）によって定められている。もっとも，標準税率を超える税率を課す**超過課税**の形で地方自治体の自主的な課税が一定程度は可能になっている。また，地方自治体は，地方税法に定められている税目以外に，条例により新しい税目を新設できる（**法定外税**）。さらに，課税標準や税額の特例割合を条例で決定できる仕組みもある（わがまち特例）。

日本の地方税は単一の税目ではなく，複数の税目からなる体系である。それらは，所得課税，消費課税，財産課税に区別されうる。また，都道府県が課税する都道府県税と市町村が課税する市町村税とに区別できる。市町村税の中心は固定資産税と市町村民税であり，道府県税の中心は道府県民税，事業税，および地方消費税である。加えて，一般経費に充当することを目的としている**普通税**と，特定の経費に充てることを目的としている**目的税**とに区別できる。

なお，全体に占める割合は小さいが，地方税と類した性格を持つものとして地方譲与税がある。これは，本来地方税に属すべき税を，形式上一旦国税として徴収し，客観的基準によって地方自治体に譲与するものである。個別の法律によって設けられる（地方揮発油譲与税，森林環境譲与税など）。

こうした地方税に対して，財政移転と呼ばれる国から地方自治体への補助金がある。補助金には，使途を限定せずに交付される一般補助金と，使途を限定して交付される特定補助金がある。日本の制度では，**地方交付税**が一般補助金であり，**国庫支出金**が特定補助金である。

地方交付税とは国が交付するものであるが，使途が限定されていない地方自治体の固有財源である（地方交付税法第３条２項）。地方交付税制度は，地方自治体が一定の行政水準を維持できるような財源を保障し，また，地方自治体間の財政力の不均衡を解消することを目的とした，財政調整制度である（地方交付税法第１条）。

国庫支出金は，補助金，負担金，利子補給金，損失補償金，委託費，助成金などの名称で予算に計上されるものの総称であり，各省庁が特定事業を目的として支出している。地方財政法では，地方自治体の支出する経費は原則として地方自治体の財源で全額を賄うこととされているが，「国庫負担金」「国庫委託金」「国庫補助金」という３種類の国庫支出金が，その例外として認められている（地方財政法第10条から第10条の４，第16条）。

国庫負担金とは，国も地方自治体も関心のある事務について，経費負担区分を設けて国が分担する国庫支出金である。これに対して，国庫委託金とは，専ら国の利害に関係のある事務に対する支出に交付される国庫支出金である（国政選挙の費用や国の統計調査費等）。そして国庫補助金とは，国の行政上の必要性から地方自治体に交付する国庫補助金であり，特に国の政策実施を奨励するためのものを奨励的補助金と呼び，特定の経費について財政負担の軽減を図る国庫補助金を財政援助的補助金と呼ぶ。

地方債は，特定の歳出に充てるために地方自治体が会計年度を超えて債券発行または証書借入の形で調達する資金のことである。地方財政法第５条は**原則非募債主義**を掲げ，地方債以外の歳入をもって地方自治体の財源としなければならないとしているが，公営企業，災害復旧，公共施設の建設，地方債の借換のためには地方債の発行が許されている（**適債事業列挙主義**，地方財政法第５条但書）。また，特別法を制定し，これ以外の目的に地方債を充てることも行われている（過疎地域自立促進特別措置法に基づく過疎対策事業債など）。

地方債の発行は，地方分権改革の中で自由化されてきた。2006年以前，地方債の発行には総務大臣の許可が必要であったが，現在では，総務大臣との協議を経ることで発行できる（協議制ないしは事前届出制）。協議が整わない場合でも，地方議会の議決があれば発行できる。ただし，財政状況が悪いなどの一定の場合には，地方債発行に総務大臣の許可が必要となっている。

（3）一般財源と特定財源

地方自治を財政面から見るとき，地方自治体がどの程度財政面での自己決定が可能であるのかが問題となり，使途の特定がない財源が重視される。こうした使途の特定のない財源は**一般財源**と呼ばれる。地方税のほかに地方交付税や地方譲与税が含まれる。一般財源が歳入総額に占める割合は約6割である。

これに対して使途が特定されている財源は**特定財源**と呼ばれ，国庫支出金や地方債が含まれる。

3　財源の平準化と財源保障

（1）地方自治体の多様性

全国には，地理的条件，経済環境，規模，財政力などが異なるさまざまな地方自治体が存在する。

第一に，「平成の大合併」（第5章参照）にもかかわらず，小規模な地方自治体がすべて大規模化したわけではなく，今後，人口減少の傾向の中で小規模地方自治体の割合が高まっていくことが予測されている。「平成の大合併」によって人口1万人未満の市町村は1,537団体（1999年）から459団体（26.5%）まで大きく減少していた。一方で，日本の人口はすでにピークを超え，国立社会保障・人口問題研究所の人口推計（中位推計）によると，2030年に約1億1,662万人に，2050年には約9,708万人へと減少していくと見込まれている。それに伴って，人口1万人未満の市町村数の占める割合も2030年には33.5%，2045年には40.1%となると見込まれている（図11-3）。しかも，これは高齢化も伴う。65歳以上人口割合が50%以上の市町村は2015年の0.9%から2045年には27.6%に

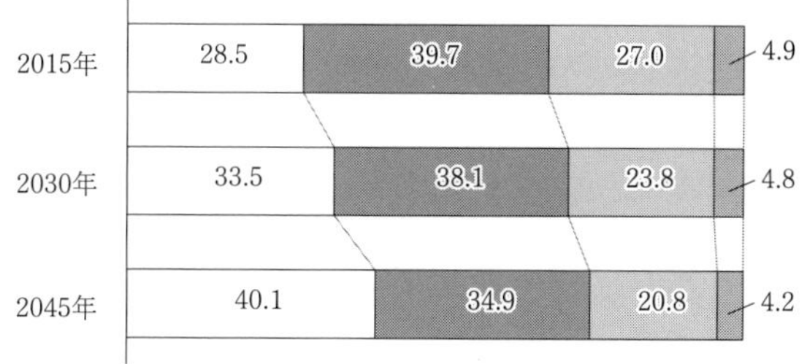

図 11-3　人口規模別市町村数の割合の推計

出典：国立社会保障・人口問題研究所（2018）を基に筆者作成。

なる。

第二に，規模によって財政力は大きく異なる。たとえば，**財政力指数**（図11－4注１参照）を見ると，政令指定都市では0.87と１に近いが，人口が１万人未満の町村では0.27とかなり低く，財源に余裕がないことがわかる（図11－４）。

（２）地方税の偏在性是正問題

「三位一体の改革」では，国庫補助負担金の削減と地方交付税の減額と同時に，地方税の拡充が行われ，個々の地方自治体の自主財政権が重視された。しかし，こうした動きに関して，地方自治体が多様であることに起因する課題がクローズアップされることになった。それが，税源の偏在性の問題である（小西 2020）。

人口一人あたりの地方税の税収額には，都道府県間で大きな差が見られる。たとえば，税収額が最高の東京都と最低の長崎県の間の倍率は2.3倍である（総務省 2020）。

その要因として，都道府県税収の３分の１超を占める地方法人二税（法人住民税・法人事業税）での都道府県間の差が著しいことが挙げられる。この場合，税収額が最高の東京都と最低の奈良県の倍率は5.9倍もある。個人住民税でも税収額の最高と最低の倍率は2.5倍ある。これ対して，地方消費税は，消費地を基準に清算していることもあり，最大と最小の倍率は1.3倍と，地方法人二税ほどの差は見られず，普遍性という観点から望ましい税目であることがわか

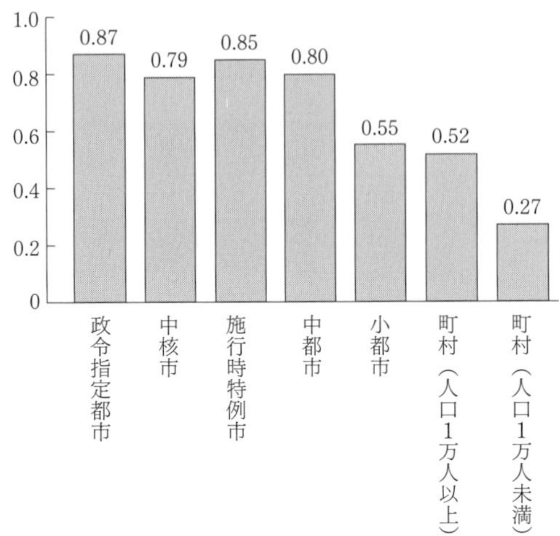

図 11-4　規模別の財政力指数

注1：地方自治体の財政力を示す指標として用いられる指数。基準財政収入額を基準財政需要額で除した数値の過去3年間の平均値。1に近づけば近づくほど財源に余裕がある。
出典：総務省（2020）を基に筆者作成。

る（総務省 2020）。

こうした状況に，2007年，政府内で偏在是正策が検討され，地方法人二税(2.6兆円）と消費税（1％分）を交換する総務省案と，消費税はそのままに法人関係二税を都道府県の人口などで水平的に再配分する財務省案が対立することになった。結局，福田総理大臣（当時）と石原都知事（当時）の会談を受けて，東京都の法人事業税3,000億円を再配分することについて合意がなされ，その対立は決着した（翌日，愛知県知事とも300億円分について合意)。

こうした経緯を受けて，与党税制改正大綱（2007年12月13日）では「消費税を含む税体系の抜本的改革が行われるまでの間の暫定措置として，おおむね2.6兆円の法人事業税を分離し，地方法人特別税を創設するとともに，その収入額を人口及び従業員数を基準として都道府県に譲与する地方法人特別譲与税を創設することにより，偏在性の小さい税体系の構築を進める」とされた。地方法人特別税と地方法人特別譲与税は，その後，2008年の地方税改正案のひとつとして総務省から示され，制度化された（皆川 2008）。

しかし，これはあくまでも「暫定措置」であったため，消費税率が段階的に引き上げられることに伴い，地方法人特別税は廃止された。その代わりに，法人住民税法人税割の税率が引き下げられる一方で，その分，国税として「**地方法人税**」が創設され，その税収は地方交付税の財源とされることとなった。

もっとも，こうした取組みによって税源の偏在性の問題がすべて解決したわけではなかった。東京一極集中が問題となる中で，想定以上に地方税収が伸び，その結果，東京都などに税収が集中していたのが2018年頃の実態であった。与党の「平成30年度税制改正大綱」では，消費税10％の引上げに伴う偏在是正措置では不十分との認識が示された。

そもそも法人事業税には，大都市にその経済力以上に税収が集中しやすい構造があるため，その是正に取り組むこととなった。すなわち，県内総生産の最高と最低の倍率が3.17倍であるところ，地方法人二税の倍率は6.00倍（2013年から2017年の５年平均）であり，差が見られる。特に，東京都では，県内総生産の全国シェアが19.9％であるのに対して，地方法人二税の全国シェアは26.3％と，経済力以上に税収が集中している状況となっていた。

そこで，都市と地方が支えあい，ともに持続可能な形で発展するための新たな偏在是正措置が講じられた。具体的には，「暫定措置」として導入され，偏在是正の財源となっていた地方法人特別税の廃止に伴い復元される法人事業税の約３割（1.8兆円）が分離され，2019年度から，国税として**特別法人事業税**が創設されることとなった。

これは，法人事業税の税率を引き下げた上で，それに付加する形で課税される。その税収は直接「交付税及び譲与税配付金特別会計」に振り込まれたのちに，**特別法人事業譲与税**として人口を基準に各都道府県に配分される（ただし，地方交付税の「不交付団体」（東京都のように財政に余裕のある団体）には計算上の配分額の25％（留保財源相当額）のみを実際には配分する）。このような方法によって法人事業税を再配分すると，地方法人二税の全国シェアと県内総生産の全国シェアとがほぼ一致するようになると試算されている（田辺 2019）。

もっとも，こうした偏在是正措置に対して東京都は，地方法人課税が受益に応じた負担を法人に求める税であることから，県内総生産のシェアと同等の配分となるように是正する考え方は合理的ではないと批判している（東京都 2018）。

（3）地方交付税の総額と地方財政計画

使途を特定せずに移転される，地方固有の財源に地方交付税がある。地方交付税の財源保障機能を確実にするためには，地方自治体の財源不足額を賄うに足りる地方交付税が総額として確保されていることが，まず問われる。

地方交付税の総額は，国税4税の税収額の一部および地方法人税の全額として法定されている(地方交付税第6条)。具体的には，所得税および法人税の33.1%，酒税の50%，消費税の19.5%，および地方法人税のすべてが地方交付税の原資となる（**入口ベースの交付税**と呼ぶ）。しかし実際には，この金額が当該年度の地方交付税の総額になることはほぼない。地方交付税が財源保障を目的とするのであれば，その総額は地方自治体の財政需要と何らかの形で結びついている必要があるが，法定された総額が常にそれと合致するとは限らないからである。

この両者を結びつけているのが**地方財政計画**（地方交付税法第7条）である。地方財政計画とは，「翌年度の地方団体の歳入歳出総額の見込額に関する書類」であり，毎年度，内閣が作成し，国会に提出する。この地方財政計画が当該年度の地方交付税に必要な額の根拠を示すこととなる。

国の予算と地方財政計画を図示したものが図11-5である。これによると地方財政計画の歳出総額の主な内訳は，給与関係経費，一般行政経費，投資的経費，公債費，地方公営企業繰出金である。それらの積算は地方自治体ごとに行われるのではない。

たとえば，一般行政経費や投資的経費の一部に含まれる補助事業費のように国の予算（この場合，国庫支出金の予算額）と連動して積算されるものあれば，公債費のように基本的に過年度の実績に応じて積算されるものもある。また給与関係経費のうち退職手当以外の分は，地方公務員の定員に給与単価を乗じ，手当等を加味することで積算される。経常的経費は，法令の義務付けが強いものであれば，その法令に従うことを前提に積算されうる。なかには投資的経費のように国の予算編成におけるマクロ経済政策上の判断や各種公共投資計画の

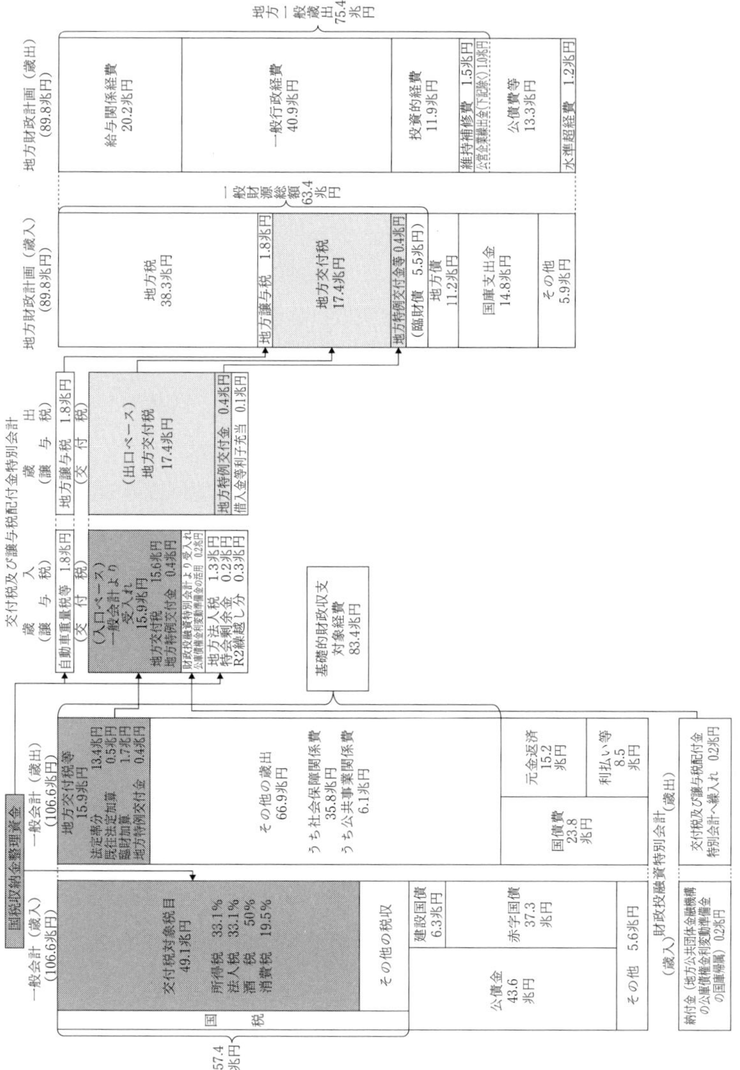

図11−5　国の予算と地方財政計画（通常収支分）の関係（令和３年度当初）

注１：表示未満四捨五入の関係で，合計が一致しない箇所がある。２：地方財政計画（歳入）のうち地方税，地方譲与税，一般財源総額は，令和２年度徴収猶予の特例分（0.2兆円）を含む。３：地方財政計画（歳出）のうち公債費等は，猶予特例債分（0.2兆円）を含む。出典：総務省（2021a）。

進捗状況に関する判断に基づくものもあれば，一般行政経費のように国の同種の歳出項目のシーリング枠を参照しながら対前年度伸び率を設定して積算するものもある（神野・小西 2014）。

このように，国の予算や計画と連動し，また，法令による義務付けを参照しながら，地方自治体の全体の歳出額は見積もられているのである。そのため，総額には国の予算と整合的であることが求められ，その確保・充実は各地方自治体の財政運営にとっても重要な関心事となっている。

これに対して，地方財政計画の歳入には，地方税および地方譲与税，地方交付税，地方債，国庫支出金などが計上される。この積算も地方自治体ごとに行われるのではない。地方税および地方譲与税は，経済情勢の見込みに基づき，法定されている税目と税率を用いて積算する。そのため，個別の地方自治体が実施する法定外税や超過課税による増収分は計上されない。国庫支出金は国の予算に連動して積算され，建設債は充当率によって積算されうる。このように定まる歳入の合計と歳出総額との差額が，当該年度の地方交付税の額（**出口ベースの交付税**と呼ぶ）となるのである。

こうして地方財政計画の歳入総額から算定される地方交付税の額に対して，法定されている地方交付税総額では不足が生じる場合には，それを解消させる措置が講じられる。これらの措置は**地方財政対策**と呼ばれている。財源対策債の発行や一般会計加算をするなどしてもなお不足する分については，国と地方で「折半」するというルールが1978年度から本格的に行われている。地方負担分については臨時財政対策債（一般財源であり，その元利償還金は償還時に地方交付税で財源保障される）によって補填される。

例年，国の概算要求期限である８月末から地方財政計画の策定作業が始まり，12月中旬頃に地方財政対策による翌年度の交付税総額が確定し，その所要額が国の一般会計に計上されると，国の予算案が確定することになる。その後，予算計上額や地方負担額の精査・整理の作業が続けられるが，２月上旬頃には地方税法および地方交付税法の改正法案とともに地方財政計画が国会に提出され，公表される（黒田 2018）。そして国会で予算が成立すると翌年度の地方交付税総額が確定する。

（4）地方交付税の配分

こうして確保された交付税総額の94％は**普通交付税**として，残る６％は**特別交付税**として交付される（地方交付税法第６条の２）。

普通交付税は，**基準財政需要額**と**基準財政収入額**の差額を補塡するように各地方自治体に配分される（図11-６）。

基準財政収入額は，標準的な状態で徴収が見込まれる地方税と地方譲与税の収入を一定の方法で算定した額であり，標準的な地方税収見込みの原則75％が算入される。残る25％分は**留保財源**と呼ばれる。この留保財源は，地方財政計画に計上されているが基準財政収入額には算入されていない需要や各地方自治体独自の需要に対応する財源とされている。

基準財政需要額は，地方自治体が合理的で妥当な水準の行政を行った場合に必要となる需要額を一定の方法で算定した額である。基準財政需要額は一般財源ベースで算定され，国庫支出金や地方債など特定財源が充当される財政需要は除外されている。使途が特定されていない財源を保障することが地方交付税の目的であるからだ。基準財政需要の総額と内容は地方財政計画に基づいている。

基準財政需要額は，行政内容を費目ごとに区分（個別算定経費24項目および包括算定経費）し，地方交付税法に規定されるそれぞれの単位費用に，客観性のある指標（国勢調査人口など）から選ばれる測定単位と，それを補正する補正係数を乗じて算定される。

地方交付税法第２条では，単位費用とは，「標準的条件を備えた地方団体が合理的，かつ，妥当な水準において地方行政を行う場合又は標準的な施設を維持する場合に要する経費」から，特定財源で充当するべき分を除き，さらに，留保財源分等を除いて算定した測定単位の単位当たり費用であるとされている。このため，基準財政需要額それ自体が標準的経費を示しているわけではなく，標準的行政サービスを提供するための配分基準であることに注意が必要だろう。

単位費用と測定単位によって得られるのは，標準的条件を備えた団体の一般財源ベースの留保財源等で充当するべき分を除いた財政需要である。したがって，個別地方自治体の状況をより細かく反映させるにはそれを補正する必要が

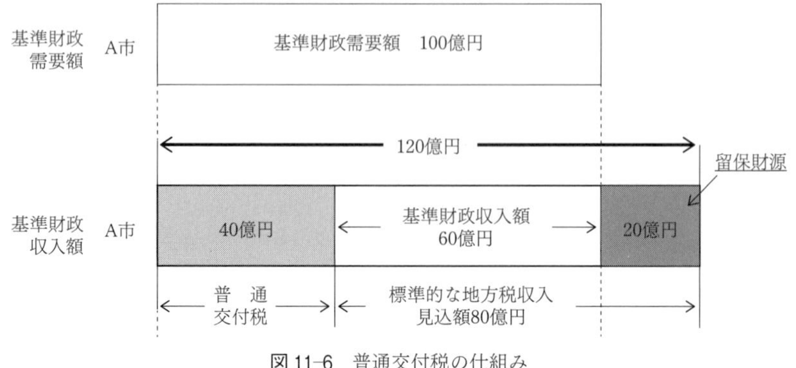

図 11-6　普通交付税の仕組み

出典：総務省（2021b）。

ある。そのための係数が補正係数である。たとえば，規模の違いをスケールメリットも考慮に入れながら補正する「段階補正」，人口の密度の大小に応じて経費が割高，あるいは割安になる状況を反映させる「密度補正」などがある。

4　自立と連携の間で

（1）地方分権と地方自治体の自立

地方自治の原理的な姿は，地域の公共的な課題を自分たちで共同して解決し，そのための負担は全員で分かち合うというものと考えられる。どれだけの事務や公共サービスを地方自治体が提供し，それらに充てる税をどのように設定するかを決めるため，有権者である住民によって選出された議会が存在する。

しかし，日本の地方自治体の歳入面での自由度は低いため，公共的な課題の解決のために住民がどれだけの負担を負うべきかを自分たちで決めていないとの評価もある。

実際，地方税として課税できる税目やその税率などは原則として地方税法によって規定されていることから，地方税とはいえ自由度が低い。しかし，地方税法に認められた一定の範囲内ではあるが，地方自治体が標準税率を超えた税率を課せる場合（超過課税）もあり，実施されている（事例⑭参照）。たとえば，都道府県民税の法人税割では46団体が，また，市町村民税の法人税割では999団体が超過課税を課している。もっとも，個人向けともいえる所得割では実施している例はごくわずかである（総務省 2020）。

事例⑭横浜みどり税

横浜市では2009年４月１日から，市町村民税均等割の超過課税として「横浜みどり税」を創設した。横浜市内の緑の保全や創造に資する事業の財源とすることを目的としている。これらの事業の効果はすべての市民・法人に享受されることから，均等割への超過課税の形式が採用された。

個人に対しては，均等割年額3,000円に900円を，法人に対しては，均等割年額５万円から300万円の９％相当額を上乗せている。税収は，そのための基金に積み立てられ，「横浜みどりアップ計画」のうち，①公有地等樹林地・農地の保全，②緑化の推進，③維持管理の充実による緑の質の向上，④市民参画の促進などに使用される。

施策の効果検証のために超過課税の期間は５年間とされ，当初は，2009年度から2013年度を実施期間としたが，その後２度にわたり継続され，現在は，2020年度から2024年度までを期間として第３期の超過課税が行われている。税収は約28億円と見込まれている（横浜市 2019）。

また，地方自治体は地方税法が定めるもの以外の税も一定条件の下で法定外税として創設できる。1990年代の地方分権改革の成果である2000年施行の地方分権一括法によって，法定外普通税の創設はそれまでの許可制から同意を要する協議制へと変更され，また，新たに法定外目的税が創設され，地方自治体は条例によって新設できるようになった（条例可決後に総務大臣との協議・同意が必要）。こうした制度改正が行われたことで，その後，一部の地方自治体では独自財源を求めて法定外目的税を創設する動きが活発となった。たとえば，産業廃棄物税や宿泊税などが新設された。とはいえ，2018年度決算において法定外税が地方税収に占める割合は0.13％に過ぎない（総務省 2020）。

民主主義の基本が，住民の負担と享受するサービスをセットで考えることであるとすると，課税自主権を強化していくことが重要になる。そこで，それを行使するための難しい決定ができる地方政治をつくる制度整備（地方議会の選挙制度や住民投票の仕組など）に加えて，地方税の自由度に制約をもたらしている地方交付税を，財政調整に特化した交付目的税へと見直していくことも考えられている（曽我 2019)。こうした立場からは，地域間での税収の偏りをある程度平準化した上で，各地域で必要となるサービス水準とそのための負担の水準を，各地方自治体の政治が決定できる状態，すなわち地方自治体の自立こそ，地方自治である。こうした立場の背景には，国と地方との分離的な地方自治を理想とし，また，地方自治体間の競争が豊かな地方自治を創り出すという地方自治観が見て取れる。

（2）地方自治体間の連携

その一方で，個々の地方自治体の自立路線では，現代社会における地方自治を支えることはできないという見方もありうる。

地方自治体の事務や公共サービスの内容は，福祉，教育，都市計画，都市基盤整備，環境保全，警察・消防などのさまざまな分野にわたる。地方自治体は，こうしたさまざまな事務の執行や公共サービスの提供を通じて地域社会に深くかかわっている。地方自治体はもちろん法令に基づかずとも独自の施策によって地域振興や住民の福祉向上に取り組んできた。

しかし，法令に基づく事務が多いことを忘れてはならない。福祉国家が進展した現代国家では，一定水準の事務や公共サービスが全国的に保障されていることも重要になっている。それらはナショナル・ミニマムとも呼べる。そのため，地方自治体が実施する事務や提供する公共サービスの内容や水準は，各地方自治体が自分たちだけで決めたものばかりではなく，国会で定められた法律やそれに基づく政令等によって規定されているものも多く存在している。また，法令に基づかなくとも，乳幼児医療費助成制度のように，多くの地方自治体が提供する公共サービスとして定着しているものもある。

第２次地方分権改革（本書第４章参照）でテーマとなったように，こうした法令による義務付けや枠付けを緩和しようという動きは，地方分権の視点から重要である（宮脇 2010)。義務付けや枠付けを緩和することにより，地方自治体が，それぞれの地域の実情に合わせた形で創意工夫し，真に必要な事務の執行や公共サービスの提供を行えるようになると期待されている。しかしそれは，真に必要な事務や公共サービスまで財政的な節約を理由に縮小すべきことを意味しているわけではない。

そこで問題となるのは，地方自治体にとっても関心の高い，法令に基づく事務や公共サービスのすべてを，地方税によって賄うことが妥当であり，また，可能であるかという点である。

地域の経済力には大きな差があり，それは税収の差として現れる。もちろんその差を地方自治体ごとの判断による増税によって解消することも理論上は考えられる。しかし，そもそも税収が相対的に低くなるほどの経済力しか持たない地域において，必要な事務や公共サービスの負担のためとはいえ，どこまで増税することができるだろうか。そうした状況を放置すれば，その地域では必要な事務が実施されず，公共サービスも提供されなくなるかもしれない。こうした問題に対処するために，まず，税源の偏在性は適切に是正される必要があるだろう。

その上で，ナショナル・ミニマムをどこに設定するかという問題は別に存在するだろうが（井川 2006)，全国的に見て一定水準の事務の執行や公共サービスの提供を財源面で保障するための地方交付税制度を維持・拡充することが，全国の多様な地域での，それぞれの住民の生活や自治の実践を支えるためにも必要だろう。

こうした見方の背景にあるのは，地方自治体間の連携を重視する地方自治観である。国民の生存権を前提とした現代国家では，地方自治は，国と地方の融合体制を前提とせざるを得ず，法令に基づき拡充されてきた事務や公共サービスも多いため，その財源を保障する財政制度が必要と考えるのである。

本章のまとめ

① 日本の地方自治体は，福祉，教育，社会基盤整備，警察・消防などさまざまな分野の事務の執行や公共サービス提供を通じて地域社会に関わる。都道府県では，教育費や土木費の占める割合が大きく，市町村では，民生費が大きな割合を占めている。

② 地方自治体の財源には，地方税，地方交付税，国庫支出金，地方債があるが，そのうち基幹となる地方税が4割程度を占めている。地方税は地方自治体が自らの条例によって課すものだが，地方税法等によって枠組みが設定されている。

③ 人口が減少する中で小規模自治体も多く，また，地域間に経済力に大きな差があることから，地方自治体間の財政力の差も見られる。また，地方法人二税を中心に，現在の地方税体系には地域間の偏在性が認められることから，それを是正する取組みが行われてきている。一定の行政サービス水準を確保するための財源を保障し，財源の不均衡を調整するために地方交付税制度が設けられている。国の予算と連動しながら，地方財政計画を通じて地方自治体の一般財源総額を確保すること，そして，基準財政需要額と基準財政収入額の差を基準としてそれを各地方自治体に配分することで，すべての地方自治体の一般財源の確保が目指されている。

④ 個々の地方自治体の自立を重視する立場からは，住民がサービスと負担のセットを自ら決めることやそのための条件整備が重視される。他方，福祉国家化の中で多くの事務が法令で義務付けられるようになり，国と地方の融合体制を不可避と見る立場からは，税源偏在の是正や財政調整による地方自治体間での連携が重視される。

引用・参考文献

井川博（2006）「自治体施策に対する国の責任と財源保障（上）――ナショナル・ミニマム，『通常の生活水準』の確保と地方交付税」『自治研究』82（10）：3-22。
小西砂千夫（2020）『地方財政改革の現代史』有斐閣。

黒田武一郎（2018）『地方交付税を考える――制度への理解と財政運営の視点』ぎょうせい。
国立社会保障・人口問題研究所（2018）「日本の地域別将来推計人口（平成30年推計）」（2021年１月31日最終閲覧，https://www.ipss.go.jp/pp-shicyoson/j/shicyoson18/t-page.asp）。
神野直彦・小西砂千夫（2014）『日本の地方財政』有斐閣。
総務省（2020）『地方財政の状況（令和２年３月）』。
総務省（2021a）「国の予算と地方財政計画（通常収支分）との関係（令和３年度当初）」（2022年１月31日最終閲覧，https://www.soumu.go.jp/main_content/000743415.pdf）。
総務省（2021b）「地方交付税制度の概要」（2022年１月31日最終閲覧，https://www.soumu.go.jp/main_content/000669566.pdf）。
曽我謙悟（2019）『日本の地方政府――1700自治体の実態と課題』中央公論新社。
田辺康彦（2019）「平成31年度の地方税制改正（案）等について」（2022年１月31日最終閲覧，https://www.chihou-zaimu.com/library/5ca2ad437d7406de239adce7/5d06f472a82827db524b66d1.pdf）。
東京都（2018）「平成31年度与党税制改正大綱に対する都の見解」（2022年１月31日最終閲覧，https://www.zaimu.metro.tokyo.lg.jp/syukei1/zaisei/301219kenkai.htm）。
皆川健一（2008）「地方と都市の共生に向けた財政力格差の是正――地方法人二税の偏在是正と平成20年度地方財政対策」『立法と調査』（277）：34-43。
宮脇淳（2010）『創造的政策としての地方分権――第２次分権改革と持続的発展』岩波書店。
横浜市（2019）「横浜市みどり税条例の制定・改正の経緯」（2021年４月19日最終閲覧，https://www.city.yokohama.lg.jp/kurashi/koseki-zei-hoken/zeikin/midorizei/midori-keii.html）。

参考 URL

総務省「地方財政状況調査関係資料」（2022年１月31日閲覧，https://www.soumu.go.jp/iken/jokyo_chousa_shiryo.html）。
地方公共団体金融機構「財政分析チャート　New Octagon」（2022年１月31日最終閲覧，https://octagon.jfm.go.jp/）。

（宇野二朗）

第12章
地方公営企業の持続可能性
――地方公営企業の仕組みは重要か――

地震により水道管が破裂し，陥没した道路
（大阪府高槻市・2018年6月18日撮影，毎日新聞社提供）

水道施設の老朽化が問題となっている。多くの水道施設は高度経済成長期に建設されたため，これから大量の更新が必要と見込まれている。しかし，人口は減少し始め，水道料金の収入は減少する一方である。

これまで，住民に不可欠なサービスである水道は，原則として，市町村の経営する企業（地方公営企業）によって提供されてきた。各市町村は，給水サービスの質，量，価格などを，事業法の規制の下ではあるが，自らの責任で決定している。そのため，水道料金の水準は各地方自治体によって異なり，最も高い地方自治体と最も安い地方自治体とで約7倍の差がある。こうした差は，それぞれの地理的な違いや人口動態の違いによって生み出されていると同時に，各地方自治体による意思決定の結果でもある。

こうした差を生み出しながらも，地方公営企業はそのままの形で人口減少社会を乗り切れるのか。地方公営企業の仕組みは重要か。

本章の論点

①　地方自治体の企業は地方自治とどのように関係してきたのか。
②　地方公営企業はどのように発達してきたのか。
③　地方公営企業はどのような仕組みか。
④　地方公営企業の仕組みは重要か。

1　地方自治と地方公営企業

(1) 地方公営企業の萌芽

地方自治体は，住民の福祉を増進させるために法令執行などの公権力行使に加えて，住民に対する公共サービス提供に関わる。こうした住民に対する公共サービスの中には，警察，消防，教育，図書館，公園，道路のように，その経費を主に租税で賄うものもあるが，地方自治体自らが企業活動として行い，原則としてそこから得られる収入でその経費を賄うものもある。

たとえば，水道，ガス，電力，交通，下水道，病院などがそれにあたる。それらの公共サービスは住民生活に不可欠なものであり，住民共同のニーズに応えるものである。

こうした地方自治体が直接経営する企業は，**地方公営企業**と呼ばれる。地方自治は，地域の統治主体としての地方自治体（地方政府）の側面だけでなく，地域住民に不可欠な公共サービスを供給する公企業の側面を合わせ持っている。地方自治体を，公企業としての側面からも見ることで，地方自治の理解をより豊かにすることができるだろう。地方公営企業は「直営」であり，間接営の第三セクター（第13章参照）と区別される。

さて，地方自治体の企業経営の歴史は古い（竹中 1939）。最も古くから行われているのが水道事業である。幕末から明治初期にかけて流行したコレラ等の水系感染症への対策として，河川等の水源から自然流下で導水するだけのものではなく，浄水した水を鉄管で加圧送水する近代水道が整備されることになり，1887年に横浜で誕生した。当初これは神奈川県営として発足したが，1889年に市制町村制が施行されると横浜市に移管された。

その後，函館市（1889年），長崎市（1891年），大阪市（1895年），東京市（1898年），広島市（1898年），岡山市（1905年），神戸市（1905年），下関市（1906年）など，主要都市を中心に水道事業が整備されていった。

ほぼ同時期に，当初は都市を照らす電燈事業として電気事業が登場した。東京では東京電燈会社（1887年）の営業が開始されると，その後，各地に電燈会社が設立されたが，これらは民営であった。一方，公営電事業として電気事業を初めて開始したのは，琵琶湖疎水の水利事業の附帯事業として水力発電を行った京都市（1891年）であった。

その後，明治40年代（1907年以降）に入ると，ようやく，その他の府県営，および市営の電力事業が，私的独占の弊害是正，電化促進，あるいは料金の引下げなどを理由として設立されることとなった。高知県（1909年），大阪市（1909年），東京市（1911年），静岡市（1911年），大正時代に入り，神戸市（1917年），金沢市（1921年），宮城県（1923年），岡山県（1923年）などがそれである。

電力が利用可能になってくると，都市の形成，発展のために都市交通事業が普及することとなった。電車事業は，京都市（1895年），名古屋市（1898年），東京市（1903年），横浜市（1904年），神戸市（1910年）などで開始されることとなったが，これらは当初，民営であった。大正時代に入ると，各市がこれらを買収して，市営事業とした。これに対して，大阪市では当初から市営で電車事業を開始した（1903年）。なお，大正時代に入ると，市営バス事業も東京市（1924年），岡山市（1926年），青森市（1926年）などで営業が開始された。

このように，第２次世界大戦前には，地方自治体はさまざまな企業を経営し，地域社会に共通するニーズに応えてきた。

また，大正期以降には，これらの企業経営によって得た収益（税外収入）の一部を一般会計に繰り入れ，それをその他の行政目的に活用すること（**収益主義的経営**）も見られた（諸富 2018，持田 1993，大坂 1992）。

このように，地方自治体による企業経営は，都市建設と密接に結びつきながら地方自治体の重要な領域をなしていた。

（2）地方自治と地方公営企業

地方公営企業は，地方自治との関係においてどのように理解されてきたのだろうか。そのヒントは，戦後の地方自治制度改革の一環として制定された**地方公営企業法**（1952年制定）にある。

地方公営企業は地方公営企業法によって律されている。その制定当時，地方公営企業は，住民一般に関係する企業であるがゆえに，地方自治体の本分であり，また，地方自治の進展をもたらすものとして期待されていた（奥野・柴田 1949）。

さらに，地方公営企業の活動は，住民の自治活動を活発にするものとしても期待されていた。地方公営企業の提供するサービスは住民の日々の生活に直結しているために，住民は地方自治体の活動に深い関心を抱くようになり，そのため地方自治体は住民の意思を反映して活動するようになる。また，住民の参加による自治活動が活発になっていくと考えられた。

地方公営企業法が制定された際の解説書である『地方公営企業法解説』には，乗合バス事業や水道事業などを地方自治体が直営で行うべき理由として，真っ先に「地方公共団体の本来の存立の目的に合致する」こと，次に，「住民自治の実質的裏付けが行われ，所謂地方行政の民主化に役立つ」ことが挙げられていた（地方財務協会 1952）。

地方公営企業を地方自治体の本来任務の担い手として位置付ける理念は，その後も一貫して見られた。たとえば，地方公営企業法改正を議論するために設置されていた地方公営企業制度調査会の答申（1965年）では，「本来，地方公共団体は地域住民の日常生活に密着してその福祉増進に寄与することを目的として存立する団体であるので，地方公営企業を営むことはむしろ地方公共団体の本来の事務であるということができ」「原則として地域住民によって選出された地方公共団体の長及び議会の所轄のもとに地域住民の意思を反映させながら，地方公共団体によって直接経営されることが望ましい」と，地方自治体が直接企業を経営する**直営方式**の継続が支持されていた（自治省 1973）。

2　地方公営企業の発達

（1）地方公営企業の増加

地方公営企業は1960年代に主に人件費増嵩などを理由として経営危機に陥ったが，1966年に財政再建策が整備され，また，地方公営企業法の改正により独立採算制が公費負担を前提とする**経費負担区分**付きのものへと再編されたことなどにより危機を乗り越えた。1970年代には，オイルショックにより再度の経営危機を迎えたが，経費削減や大幅な料金改定によって乗り越えていた。

その間，地方公営企業数は増加していった。1960年には4,771事業であったのが，1980年には7,508事業，1990年には9,030事業，さらに2000年には12,574事業へと増加していった（表12-1）。

地方公営企業法が制定された当初は，比較的大規模な水道事業と交通事業が中心であったが，その後，小規模な上下水道事業への拡大という方向で増加した。1970年代に入ると，簡易水道事業（給水人口5,000人以下の水道事業）や下水道事業の普及が進んだことで，水道や下水道が整った都市的生活様式は中小都市を超えて農漁村にも広がり，一般化していった。こうして新たに創設されていった事業の中には，行政によって担われるべき事業（たとえば，下水道事業に含まれる雨水処理事業）や，条件不利などにより必ずしも独立採算で行えないものも含まれていた。

その一方で，地域開発関連事業の方向でも地方公営企業は増加した。たとえば，観光施設，有料道路等であった（笠 1994）。

当初は，独立採算によって経営できる大都市の事業に限られていた地方公営企業は，一部，租税によって担われるべき事業も抱え込みながら，事業範囲や地域を拡大させていった。

（2）成熟化と縮小

2000年代に入ると，地方公営企業の民間移譲，民間委託などの抜本的な改革を求める動きが強まった。NPM の潮流が強くなる中で，企画と実施の分離，

表12-1　地方公営企業の発達（事業，億円）

	1960年	1970年	1980年	1990年	2000年	2010年	2015年
事業数	4,771	6,464	7,508	9,030	12,574	8,843	8,614
決算規模	3,560	23,139	96,242	161,472	217,963	176,519	170,882
建設投資額	1,476	10,829	41,320	59,926	77,303	35,775	38,101

出典：『地方公営企業年鑑』（各年度版）を基に筆者作成。

そして実施機関のエージェンシー化，さらに組織間における契約によるマネジメントが強調されると，地方公営企業は，自治行政の外延部に位置するものと考えられるようになった。「民でできることは民で」というスローガンが声高に叫ばれる時代の雰囲気の中にあっては，地方公営企業の財務的な健全化，事業廃止や民間委託といったテーマが前面に現れた。

2004年以降，事業廃止，民間移譲・民営化，PFI 導入，指定管理者制度の活用，地方独立行政法人への移行が見られるようになった（第13章参照)。事業自体を維持しつつも，その管理を合理化するために指定管理者制度を活用したものは，介護，観光施設，駐車場の各事業で多く，病院，港湾整備，下水道，市場，と畜場などの各事業でも見られた。これに対して，事業廃止や民営化を実施したのは，主に，宅地造成や観光施設のような開発行政関連の事業，および介護施設であった。病院事業は新しく創設された地方独立行政法人に移行したものが多かった。また，「平成の大合併」（第５章参照）の影響から事業が統合される例も見られた。その結果，事業数は，2000年の12,574から，2010年には8,843へと大幅に減少し，2015年には8,614へとさらに減少している（表12-1)。事業存続に理由のないことが政策知識に基づき審議会を通じて示されたことが，事業廃止の推進力になったという見方もある（柳 2012)。

しかし，2000年代後半頃から，人口減少の動きが顕著になる一方で，高度経済成長期に整備された施設が整備後40年から50年を経過し，更新が必要となってきたことを受け，方向性に変化の兆しが見えてきた。人口減少や施設老朽化の傾向にもかかわらず住民生活に必要不可欠なサービスを維持する必要から，水道や下水道分野で，地方公営企業をどのように持続可能なものにしていくのかが問われるようになっている。

3　地方公営企業の仕組み

(1) 地方自治体の経営する企業

それでは，地方公営企業とはどのような仕組みなのだろうか。戦後の地方自治制度の包括的な改革の一環として，地方公営企業法は，地方自治の組織や運営に関する一般的な法規である地方自治法，地方財政法，地方公務員法の特別法として制定された。他方，地方公営企業が行う各種事業を律する事業法（水道法，下水道法等）とは重畳的に適用される。

地方公営企業法が制定された際に重要であったのは，施設整備・拡張に必要となる資金の調達手段を確立することであった。戦後の緊縮財政下にあって，戦前から発達してきた地方自治体の企業経営を復興し，さらに発展させることが目指された。その際に対象となった事業は，生活に必須であり，独占性を持ち，そのため公的な統制を必要とされる「公益事業」の分野に属し，かつ十分に自立でき，また企業会計に習熟する能力をもつ大規模な事業に限定されていた。地方公営企業法の制度は，こうした**公営公益事業**にふさわしいものとして設計されたものであった。

その一方で，地方公務員法の制定（1950年）の過程において，地方公営企業に従事する職員の身分が問題となった。中央政府レベルでは先行して鉄道分野で独立した法人格を持つ公共企業体が創設されていたこともあり，地方公営企業にも法人格を持たせ，地方公務員とは異なる身分を付与する案も見られた。しかし，地方自治を所管する内事局（当時）は，地方公営企業の扱う公共サービスの提供は地方自治体の業務そのものであり，それを人的に分かつことに反対した。そのため地方公務員法の制定において公営企業に従事する職員の身分に関する問題は先送りされ，地方公営企業法の制定により，組織・人的には独立させない直営方式が採用されることとなった（大坂 1992）。

こうした経緯からも明らかなように，地方公営企業法の内容は，①**独立採算制**，②**公営企業会計**の導入，③**管理者**の設置などが特徴となっている。その後，1966年の法改正で一般会計との経費負担区分が導入され，地方公営企業制度は条件付きの独立採算制へと移行した。

（2）地方債制度との関係

資金調達の必要性から地方公営企業制度が創設された経緯からわかるように，地方公営企業制度は地方債制度と深く関係している。

地方自治体は，原則として地方債以外の歳入をその財源としなければならないが（**原則非募債主義**），「公営企業」は例外的に地方債発行が認められている（地方財政法第5条）。公営企業のための施設を地方債によって整備したとしても，公営企業はその経営に伴い収入を得ることができるため，その地方債の償還を租税以外で行うことができる（**自償性**）。そのため公営企業は**適債事業**であると理解されてきた。こうした自償性を担保する制度が特別会計の設置と独立採算制である。ただし，公営企業の会計手続などの詳細は地方財政法には規定されなかった。

地方公営企業法は，一面では，地方財政法のこうした規定を補完するために制定された。地方公営企業法は原則として事業ごとに特別会計を設けた上で，独立採算制を義務付けている。さらに，サービス提供にかかった費用に見合った料金算定が行われるように，一般会計で用いられている現金主義の会計（官庁会計方式）に代えて，民間企業と同様の発生主義会計の採用が義務付けられている。

こうした仕組みの整備は，地方債（企業債）による資金調達を容易にし，その結果，地方公営企業での施設建設・改良が進められた。

（3）適用範囲

こうした地方公営企業として，どのような事業が営まれているのだろうか。類似の概念が各種法令に存在し，多少複雑である（図12-1）。

まず，地方財政法第6条は，「公営企業」に対して特別会計の設置と，「行政的経費」と「不採算経費」を除く経費に係る独立採算制を規定している。同法施行令第46条では，こうした「公営企業」として具体的に13事業（水道事業，工業用水道事業，交通事業，電気事業，ガス事業，簡易水道事業，港湾整備事業，病院

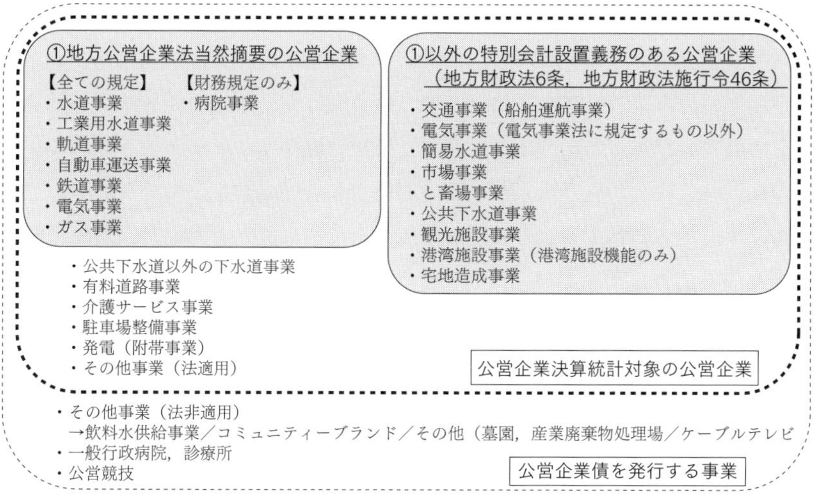

図 12-1　公営企業の範囲

出典：総務省（2021）を基に筆者作成。

事業，市場事業，と畜場事業，観光施設事業，宅地造成事業，公共下水道事業）を挙げている。

次に，地方公営企業法は，水道事業（簡易水道事業を除く），工業用水道事業，交通事業のうち軌道事業・自動車運送事業・鉄道事業，電気事業，ガス事業の7事業を挙げて，同法を当然適用しなければならないと規定している。それによってこれらの7事業には，公営企業会計の採用が義務付けられ，管理者の設置が原則として義務付けられる。また，病院事業については同法中の財務に関する規定などの一部の規定を当然に適用するものとしている。さらに，各地方自治体は条例によってこれらの事業以外のものであっても地方公営企業法を適用できる（任意適用）。このほか，統計（公営企業決算統計）での定義や公営企業債を発行する事業としての定義がある。

1990年代以降，地方公営企業法が当然適用されてはいない下水道事業や簡易水道事業に対する地方公営企業法の任意適用が促進されるようになり，現在では，施設の大量更新に直面する中で，施設の現況や更新に必要となるコストを把握するために，地方公営企業法の適用を求める傾向がさらに強まっている。

（4）経費負担区分

地方公営企業の独立採算制は，1961年の法改正以降，条件付きのものである。制定当初の地方公営企業法における独立採算制は完全なものであり，一般会計からの繰入れがあった場合にも原則として後日繰戻すことが必要とされていた。その後，一般会計からの繰入れの制度が徐々に整備されてきていた。

1965年，地方公営企業法の課題を検討するために置かれた地方公営企業制度調査会の「地方公営企業の改善に関する答申」は，「地方公営企業が一般行政事務をあわせ行う場合におけるそれに要する費用並びに地下鉄事業及び不採算地区における病院事業のように本来採算をとることは困難であるが，公共的な必要からあえて事業を行わなければならない場合における不足費用については，本来地方公営企業が負担すべきものではなく，地方公共団体の一般会計又は国が負担すべきものである」と指摘した（自治省1973）。

これを受けて改正後の地方公営企業法第17条の２第１項では，一般会計等が負担するべき経費として「その性質上当該地方公営企業の経営に伴う収入をもつて充てることが適当でない経費」（行政的経費）と「当該地方公営企業の性質上能率的な経営を行つてもなおその経営に伴う収入のみをもつて充てることが客観的に困難であると認められる経費」（不採算経費）を挙げ，具体的な経費項目は政令（第８条の５）で一覧した（表12-２）。

これらの経費と「災害の復旧その他特別の理由により必要がある場合」に行う補助（地方公営企業法第17条の３）などを包含する地方公営企業繰出金の基本的考え方として「**繰出基準**」が総務副大臣通知として発出されている。

（5）料　金

地方公営企業法には，料金算定に関して次の三つの要件が規定されている。第一に，料金は公正妥当なものでなければならない。これは，サービスに対する適正な料金水準であり，また，経営可能な料金水準であることを意味している。同時に，使用者間で公平な料金体系となっていることも求められている。

第二に，適正な原価に基づくことが必要である。これは原価主義と言われるものであり，料金収入の総額が原価総額に基づくものであると同時に，使用者

表12-2　経費の負担区分（地方公営企業法施行令第8条の5）の例

	行政的経費（1号）	不採算経費（2号）
水道事業	・公共の消防のための消火栓に要する経費その他水道を公共の消防の用に供するために要する経費 ・公園その他の公共施設において水道を無償で公共の用に供するために要する経費	なし
病院事業	・看護師の確保を図るため行う養成事業に要する経費 ・救急の医療を確保するために要する経費 ・集団検診，医療相談等保健衛生に関する行政として行われる事務に要する経費	・山間地，離島その他のへんぴな地域等における医療の確保を図るため設置された病院又は診療所でその立地条件により採算をとることが困難であると認められるものに要する経費 ・病院の所在する地域における医療水準の向上を図るため必要な高度又は特殊な医療で採算をとることが困難であると認められるものに要する経費

出典：地方公営企業法施行令第8条の5を基に筆者作成。

群などの料金単価がそれぞれの原価に基づくものであることが求められている。

第三に，健全な運営を確保することができるものである必要がある。ここで，「健全な運営を確保することができる」とは，企業として自己再生産が可能となるものとなっていること，すなわち，事業継続に必要な事業報酬，あるいは**資産維持費**が含まれているものであることを意味している。

それでは事業報酬，あるいは資産維持費はどのように計算されるのであろうか。法令には具体的な算定方式は示されず，事業別に主に事業者団体によって計算方法の基準が示されている。水道事業を例にとると，日本水道協会の「水道算定要領」がそれにあたる。それによれば，資産維持費は，原則として，償却資産の期首期末平均に資産維持率3％を乗じたものである（日本水道協会2015）。

（6）管理者

一定規模以上の地方公営企業（水道事業では職員数が200人以上，給水戸数が5万戸以上）では管理者が必置となっている。

管理者の選任は，「公営企業の経営に関し識見を有する者」のうちから首長が行うが，管理者の選任には議会の同意は必要ない（地公企法第７条の２第１項）。管理者は地方公務員法上の特別職とされ（地公法第３条３項第１の２号），このため首長は地方自治体内部からではなく民間から管理者に起用することができる。

管理者は常勤とされ，副市長等との兼職は禁止される。また，職務に専念できるように４年の固定任期で選任され，身分保障が与えられている。こうした専任の管理者に対して予算の原案作成権が与えられるなどの権限強化も行われ，また首長の包括的，一般的な指揮監督権は否定されている。

もっとも，首長に対する管理者の独立的な地位は不完全なものである。地方公営企業は地方自治体の直営企業であって地方自治体の内部組織であるから，地方公営企業の経営のすべてを管理者が独立して担うわけではない。地方公営企業の広義の経営機能は管理者，首長および議会の三者に分有されている。

地方公営企業法における管理者の独立性は，議会に対してはかなりの程度確立されている一方で，首長の裁量に委ねられている部分が大きい。地方公営企業の最高経営責任者は執行機関たる首長であり，その首長と一体的な管理者が業務執行の責任者として専ら首長によって選任され，また管理者の経営業績に基づき，やはり首長によって罷免されうるという構図となっている。

一定規模を下回る場合には条例により管理者を設置しないこともできるため，中小規模の水道・下水道事業では管理者を設置しない例が多く見られ，むしろそちらが多数派である（宇野 2021）。

4　地方公営企業の改善点

（１）地方公営企業の民営化・民間委託の長所と短所

地方公営企業の担う事業の多くは，同業種の民間企業が存在するものである。交通事業，病院事業，電気事業，ガス事業では地方公営企業の市場占有率は低い。交通事業分野では民間の交通会社が多く存在し，市場占有率は１割から２割程度でしかない。病院事業分野でもやはり市場占有率は１割程度である。また，電気事業分野では民間電力会社による地域独占体制が長く続いてきた（2016年４月から電力の小売の全面自由化が実施された）ことから，市場占有率は１％程度から２％程度である。介護事業，観光事業，駐車場事業など民間企業が中心となる事業分野は多い。

また，水道事業や下水道事業の分野は公営がほぼ独占しているが，施設を整備し，維持管理・運営を行う技術は民間企業も持っている。実際に，施設整備，維持管理・運営のうち民間企業に業務委託されている部分は大きい。

そうした中で，地方公営企業による経営には無駄が多く，また，補助金を受けることで非効率な経営になるという見方（高田・茂野 2001；浦上 2004），すなわち，公的組織よりも民間企業の方が優れているとする見方がある。また，地方公営企業は，市町村の経営する企業であることが多く，その場合，事業区域が市町村の行政区域に限られてしまうことで，経済的・技術的に合理的な範囲での事業展開が難しくなっている。

こうした見方からは，地方公営企業は，民間企業によって代替されるべきものであり，過去の遺物であるとみなされうる。その場合，**民営化**や**民間委託**が解決策となる。

こうした民営化や民間委託の長所は，民間企業的経営の導入が可能となる点だろう。厳しい予算制約の下で，また，厳しい競争環境の中で，民間企業が創意工夫を凝らし，事業に新たな経営・技術ノウハウを導入していく起業家的な姿が描かれる（事例⑮参照）。さらに，民間企業が担うことで行政区域から離れて，合理的な区域で事業を展開できるようになり，また，多くの民間鉄道会社が沿線開発を組み合わせた経営を行ってきたような事業の多角化も，あるいは事業の国際的な展開も進めやすくなると考えられている。経済性の原理に従った経営を強めることで，価格を引き下げる（あるいは引上げを回避する）ことが可能になれば，消費者に利益をもたらす。

事例⑮大阪市水道局のコンセッション方式（公共施設等運営権方式）

大阪市水道局では，管路更新事業に限って「**コンセッション方式**」の導入を進めた。「コンセッション方式」とは，PFI 法に基づくものであり，民間事業者に対して事業の運営権を設定し，包括的・長期的に事業運営を委ねる方式である。大阪市では水道管路の老朽化や耐震性不足が問題となり，管路更新を進めようとしているが，現有の職員数では事業量を急激に増やすことができない。そこで管路更新事業に「コンセッション方式」を用いることで更新スピードを2倍に上げることを目指していたのだ（大阪市 2020）。しかし，すべての応募者から辞退届が提出されたことで優先交渉権者の選定に至らなかった。

その一方で，地方公営企業の民営化・民間委託には短所もある。

第一に，民営化・民間譲渡する場合に，企業間の競争がいつでも存在するわけではないという点である。特に中長期的に見れば，民間企業による寡占に陥ることもありうる。また，契約によって民間委託される場合には，当初こそ競争が行われるかもしれないが，契約期間満了後には，それまで事業運営に携わっていた企業が有利となることから，競争者が現れないことも考えられる。いずれの場合でも，競争がなければ，民間企業だからといって最大限の効率化に取り組むわけでもないだろう。

第二に，政策的な配慮が難しくなる点である。地方公営企業は市町村が直接経営する企業であるため，たとえば，福祉的・環境的な配慮や，あるいは，都市計画・地域の発展戦略との整合性や地域の経済政策・雇用政策への貢献などに，場合によっては経済性を犠牲にしながら取り組んできた。しかし，民営化・民間譲渡された場合には，こうした政策的な配慮が，契約上の義務であり，それへの対価が見込まれる場合や，それらに取り組むことが世間での評判を高め，その結果として収益性の向上に資する場合などを除いて，民間企業が政策的な配慮に自ら，あるいは地方自治体の指図に従って取り組むことは考えづらい。

第三に，情報公開が限られるようになるおそれがある点である。地方公営企業は，地方自治体の一部であるため，地方自治体に要求されるのと同じ水準で情報公開が行われる。これに対して，民営化・民間譲渡された民間企業では，そうした情報公開の義務を免れる。もちろん，上場している企業であれば，金融市場が要求する程度の情報公開は行われるし，契約によって民間委託されている場合には，地方自治体への情報提供は義務付けられるだろう。とはいえ，経営の詳細については，民間企業の知的財産の保護の観点からも非開示とされる情報も多くなるだろう。

第四に，地域内の資金循環を断ち切り，雇用確保を難しくするおそれがあることである。これは，民営化・民間譲渡が，地域外の民間企業に対して行われるときに生じうる。大企業であればあるほど，たとえば，事業に要する資材を地域外から調達することになり，料金として地域住民が負担した資金が地域外に流出してしまう。また，経済性の追求は，地元雇用や地元企業からの調達額の削減につながるという側面も併せ持っている。

（2）地方公営企業の改善の方向性

民営化・民間委託の短所を考えると，特に，住民生活に必須なサービスや，地域独占となりやすい費用構造を持つ事業では，地方公営企業は，今もなお，有意義だろう。人口減少していく地域の中で，自分たちの生活を支える必要不可欠なサービスのあり方を自らで決定するということは，その地域の地方自治を強くしていくことにもつながりうる。

もっとも，そうした場合にも，人口減少や大量な施設更新の必要性の高まりといった情勢に，地方公営企業を適応させていくことが求められているだろう。

第一に，地方公営企業の本質に関する理解の転換である。地方公営企業法制定の当時には，地方公営企業とは，企業会計に基づいた独立採算制が可能な能力や規模を持つ「公営公益事業」であった。したがって，公営企業となることのできる要件として「一定以上の料金回収率」が掲げられてきた。企業債によって建設した施設を稼働させることで料金収入を得て，それにより元金を償還し，また，次の施設更新に備えるという一連の循環，言い換えれば「永続企業」（ゴーイングコンサーン）であることが重視されてきた。

しかし，戦後直後とは異なり，都市的な住民サービスは全国のどこにいても享受できるものとなり，必ずしも大規模な事業体だけが地方公営企業の対象となっているわけではなくなっている（2018年度の水道普及率は98.3%，汚水処理人口普及率は91.4%）。

そうした中では，地方公営企業制度の焦点は，「独立採算制による自償性」

から「経営管理による持続可能な経営の確保」に移行すると考えられる（宇野 2019）。事業や施設の大小にかかわらず，住民サービス提供に必要となる公の施設の状態を資産面やその財源面からも把握し，施設の長寿命化や投資の平準化を考慮する**アセットマネジメント**を可能とすること，また，支払可能な適切な料金水準や，公費負担の裏付けとなる原価を明らかにすることが，そこでは中心となる。

第二に，政治によるコントロールと経営の自由との均衡のあり方の改善である。この点は，施設更新投資の規模や時期，その財源としての料金のあり方，あるいは，公費負担としての一般会計繰入のあり方は，誰によって決められるべきかという点と関連する。その際，第三セクターとは異なり，地方公営企業が直営であり，地方自治体と一体的である点が想い起こされるべきである。

人口が減少する中では，公営企業は中長期的な視点で経営を行う必要がある。そのためには次のような二つの方向性がありうるだろう（宇野 2021）。

一つめの方向性は，地方公営企業における経営の内部規律を重視するものである。地方公営企業に一定程度の自律性が与えられているのは，とかく短期的な視点から料金の引下げや過剰な建設投資を要請しようとする政治的な影響から経営を分離し，専門的に経営されることが期待されているからである。専門的な管理者の下で，技術合理的かつ経済合理的に中長期的な視点に立った経営が，地方公営企業の目指す姿といえる。そうした姿は，技術者あるいは経営管理者としての専門性による内部的な経営規律と言い換えることができる。

そうであるなら，地方公営企業の外部からの政治的なコントロールは，経営の基本方針や経営原則を指示するなどの最小限度のものに留められるべきであり，法令による料金規制等も大枠を定めるものに限られるべきだろう。組織外部からの政策的介入がないことによって，自らの専門性に従った，中長期的な更新投資計画の樹立やそれに応じた料金政策の確立が可能になる。

もっとも，そうした内部的な経営規律を維持していくには，地方公営企業の組織内部に専門性を涵養し，承継していけるだけの組織基盤が必要となる。また，独立採算の程度が高く，財政的に自律していることも，そうした内部規律型の公営企業にとって重要な条件となる。

そこで，そうした条件が満たされない事業においては，二つめの方向性が検討に値するだろう。それは，地方自治体全体での経営規律の確立という方向性である。

多くの地方公営企業では，議会における毎年度の予算審議に追われ，また，議論を呼ぶ料金改定をできる限り回避しようとする傾向が見られ，視点が短期的になりがちである。議会，首長，地方公営企業の管理者の間で中長期的な経営のあり方について一定の合意がなされていないことがその遠因となっている。

こうした見方からは，地方自治体内部で地方公営企業の中長期的な経営のあり方について合意を形成し，また，地方公営企業の経営規律を確立させることが重要になる。そのためには，中長期的な経営の基本，その実現のための料金設定および利益の積立てに関するルールや公的負担のルールなどを条例など何らかの形で定め，それに基づいて中長期的な経営評価を実施していくことが求められるのではないか。その際，選挙を控える政治の短期的な発想に囚われないようにするために住民に対する情報提供が欠かせない。事業の中長期的な姿について，適時に十分な量の情報提供がわかりやすく行われることが，重要な前提条件になる。

本章のまとめ

① 地方自治体は，租税を用いた公共サービス提供や各種の規制だけでなく，住民の福祉や地域の発展に密接にかかわる企業を料金収入によって経営してきた。それが地方自治を促進するものと認識されていた。

② 中小規模な上下水道事業や地域開発関連の地方公営企業を中心に事業数は2000年代頃まで増加していた。2000年代以降，市町村合併もあったが，民営化・民間譲渡が進められ，事業数は大きく減少した。

③ 地方公営企業とは地方自治体が直接経営する企業であり，独自の法人格は持たない。制度の中核は独立採算制と直営方式である。地方公営企業では，特別会計の設置と独立採算制によって事業収入での地方債償還が担保されることから，例外的に地方債発行が認められる。地方公営企業に求め

られる独立採算制が，行政的経費や不採算経費を除く条件付きのものである点には注意が必要である。一定規模以上では特別職の管理者が必置である。その選任は首長が行い，議会の同意は必要ない。そのため，首長の裁量に依存するところも多く，管理者の独立性は限定的である。

④　地方公営企業の事業分野には民間企業も存在し，効率性の向上や民間企業ノウハウ導入等のために民営化・民間委託を進めるべきという見方もある。一方で，競争の確保や政策的な配慮の難しさ，情報公開の限定化，地域内の資金循環や雇用確保面での問題が生じるおそれがある。これらの欠点を克服し，また，地方自治を発展させる観点から地方公営企業は今なお有意義でありうるという見方もある。その場合でも，人口減少や施設の大量更新の必要性の高まりという情勢に適応させていくことが求められる。

引用・参考文献

浦上拓也（2004）「水道事業における補助金の費用構造に与える影響に関する分析」『商経学叢』50（3）：245–254。

宇野二朗（2021）「地方公営企業制度を再考する――経営戦略に着目して」『地方財政』60（4）：4–17。

宇野二朗（2019）「これからの地方公営企業はどのように位置づけられるべきか」『都市問題』110（11）：40–50。

大坂健（1992）『地方公営企業の独立採算制』昭和堂。

大阪市（2020）「大阪水道 PFI 管路更新事業等実施方針（案）」（2022年1月31日最終閲覧，https://www.city.osaka.lg.jp/suido/cmsfiles/contents/0000494/494987/1.pdf）。

奥野誠亮・柴田護（1949）『地方財政法講話』地方財務協会。

自治省（1973）『地方公営企業制度資料』。

総務省（2021）「地方公営企業の範囲について」（2022年1月31日最終閲覧，https://www.soumu.go.jp/main_content/000697881.pdf）。

高田しのぶ・茂野隆一（2001）「水道事業の効率性格差とその要因」『筑波大学農林社会経済研究』（18）：31–47。

竹中竜雄（1939）『日本公企業成立史』大同書院。

地方財務協会（1952）『地方公営企業法解説』地方財務協会。

日本水道協会（2015）「水道料金算定要領」。

持田信樹（1993）『都市財政の研究』東京大学出版会。
諸富徹（2018）『人口減少時代の都市――成熟型のまちづくりへ』中央公論新社。
柳至（2012）「自治体病院事業はどのようにして廃止されたか」『公共政策研究』(12)：48-60。
笠京子（1994）「地方公社の研究――小さな政府論は地方政府を縮小したか」日本行政学会編『年報行政研究29　行政学と行政法学の対話』ぎょうせい：142-163。

参考 URL

総務省「地方公営企業決算」（2022年１月31日最終閲覧，https://www.soumu.go.jp/main_sosiki/c-zaisei/kouei_kessan.html）。
地方公共団体金融機構「地方公共団体の行財政運営に係る先進事例検索システム」（2022年１月31日最終閲覧，https://jirei.jfm.go.jp/）。

（宇野二朗）

第13章
官民連携手法の新展開
——民間企業による公共サービス提供は妥当か——

経営問題に苦しんだ再開発ビル「アウガ」
（青森県青森市・2013年４月３日撮影，毎日新聞社提供）

人口減少する都市で，空洞化する中心市街地へと都市機能を再集約しようとする取組みが行われている。2001年，青森市では駅前に「アウガ」と呼ばれる公共・商業の複合施設を建設し，市が出資する青森駅前再開発ビル株式会社という「第三セクター」が管理運営にあたった。当初は成功したが，経営は苦しく，2016年には債務超過に陥った。

この問題は当時の市長の引責辞任へと発展し，新しく当選した市長によって商業テナントは閉鎖，青森駅前再開発ビル株式会社は清算された。いま，アウガには市役所の窓口機能が移され，公共施設として再生されている。

地方自治体が中心市街地の活性化のために商業的な分野へと進出したことが失敗だったのか。「第三セクター」方式が誤りであったのか。民間企業による公共サービス提供は妥当なのか。

本章の論点

① 官民の交錯する領域で活動する主体にどのようなものがあるか。
② 1980年代以降の官民連携はどのように発展してきたか。特に「第三セクター」はどのような問題を引き起こしたか。
③ 2000年代以降に見られる新たな官民連携の拡大とはどのようなものか。
④ 民間企業による公共サービス提供は妥当か。

1　官民交錯領域における主体

(1) 官民交錯領域の主体としての第三セクター

地方自治体は公共サービスの提供に関わるが，地方自治体が自ら，または地方公共団体（第12章参照）を通じて提供することもあれば，民間企業やNPO（非営利法人）が担い手となることもある。地方自治体が直接供給する形態（ガバメント）から，民間企業やNPOなどの多様な主体が提供する一方で，地方自治体がそれを管理するという形態（**ガバナンス**）への移行が大きな流れとなっている。

地方自治体による直接供給と，契約を介した民間企業やNPOによる供給のほかにも，地方自治体が関与する法人による間接的な供給形態もありうる。むしろこうした形態は，官と民とが交錯する領域において，**第三セクター**として古くから活用されてきた。

(2) 第三セクターの種類

第三セクターとは，日本独自の呼び名で，地方自治体が出資・出捐する社団法人，財団法人，あるいは株式会社等を指す。民間企業との共同出資で設立する法人も多い。この第三セクターに地方公社と地方独立行政法人を合わせて「第三セクター等」と呼んでいる（総務省 2018）。

地方公社とは，特別の法律によって地方自治体が全額出資して設立される法人である。具体的には，地方道路公社法（1960年）による地方道路公社，地方住宅供給公社法（1965年）による住宅供給公社，公有地の拡大の促進に関する法律（1972年）による土地開発公社の３種類がある。

土地開発公社は土地の先行取得・造成やその他管理・処分を，地方住宅供給公社は住宅の建設その他管理や譲渡等を，地方道路公社は有料道路の建設や維持管理等を担っている。

地方独立行政法人は，地方独立行政法人法（2003年）に基づき設置される。設置母体である地方自治体とは別の法人格を有し，独立性が認められている一方で，中期の目標・計画と事後評価によって経営の統制が行われる仕組みとなっている。

試験研究機関・大学・社会福祉事業・その他公共的な施設を対象として設置されることが規定されているが（地方独立行政法人法第21条），実際には大学と病院が大半である。

これらの第三セクター等が地方自治体の外延にあり，純粋な民間企業による経済活動との境界領域で公共目的を果たすために活動し，地方自治を豊かにすることが期待されてきた。

2　第三セクターの増大と破たん

（1）第三セクターの発展

本書冒頭で取り上げた青森市の「アウガ」の事例のように，現在，第三セクターは失敗の象徴ともなっている。しかし，初めからそうであったわけではない（堀内 2014）。

当初，1960年代から1970年代半ばまでは地域開発関連の第三セクター等の設立が目立った。また，1972年に公有地の拡大の推進に関する法律が制定されると，土地開発公社が急増した。しかし，それもオイルショック（第１次1973年，第二次1975年）後には落ち着きを見せていた。

1980年代に入ると，低成長の下で，「増税なき財政再建」を達成するために「第二次臨時行政調査会」（1981年から1983年）が打ち出した小さな政府路線の影響から，地方自治体は減量経営を目指すようになった。そうした傾向にもかかわらず，第三セクター等は増大していった。

こうした1980年代以降の拡大の動きは，次の二つの特徴を持った（笠 1994）。第一に，新設される第三セクターは，特に1984年以降，株式会社等の商法（当時）に基づく法人形態のものであった。第二に，1970年代までは農林水産関係・住宅供給・運輸道路関係・土地開発公社が多く設立されてきたが，1980年代以降は，社会福祉・保健医療・教育文化・商工・レジャーに関係するものが多く設立された。

また同時期，公社形態であった日本国有鉄道（JR 各社の前身）の財政再建（日本国有鉄道経営再建促進特別措置法（1982年））を受けて整理されることとなった赤字路線を引き受けるために，沿線自治体が出資する第三セクター（第三セクター鉄道）が多く設立された。

こうして，1980年代を通じて，地方自治体の減量政策の受け皿を意味する**行政補完型の第三セクター**（高寄 1991）が主流であった。

そうこうするうちに第三セクターブームが到来した。1980年代末から1990年代半ばまで第三セクター等の年間設立数はそれまでの2倍以上の400法人を超えた。このときは，地域振興のための観光・レジャー関係や**地域開発・都市開発関係の第三セクター**が急増した点が特徴であった。

この背景には，地域振興のための諸施策があった。たとえば，リゾート施設等を民間企業の活力を活用して総合的に整備しようとした総合保養地域整備法（リゾート法，1987年制定），各市区町村に自ら考え自ら行う地域づくりのために1億円を交付したふるさと創生事業（1987年），また，過疎対策事業債（過疎地域に認められた地方債で元利償還金の70%が普通交付税の基準財政需要額に算入される）の使途をソフト事業まで拡大した過疎地域活性化特別措置法（1990年）などである。地方自治体の首長が第三セクター役員を兼職することを一部可能とする地方自治法改正も1991年のことであった。

（2）第三セクターの経営悪化と破綻

転換期を迎えたのは1990年代半ばから2000年代に入る頃であった。その頃から第三セクター等の新設は急速に減少し，2006年以降の年間設立数は100法人を大きく下回るようになった。また，地域開発型の第三セクターを中心に大型の経営破綻が特に2000年代に相次いだ（たとえば，1996年の泉佐野コスモポリス，2001年の宮崎シーガイア，2004年の大阪ワールドトレードセンタービルディングなどの破綻）。

その他の第三セクター等の中にも多額の債務を抱え，経営状況が悪化するものが多くあったが，なかでも，地方自治体が**損失補償契約**（債務者が債務を履行しないことによる債権者の損失の全部または一部を補償する契約，第三セクターの資金調達に係り地方自治体と金融機関が締結）を結んでいる場合には，その地方自治体の財政悪化を引き起こす要因となった。

また，2006年，北海道夕張市が財政破綻を宣言したが，その際，観光関連の第三セクターの経営悪化が財政悪化の要因になったことや，赤字を隠すために不正経理が行われていたことが注目された。

こうした第三セクターの経営破綻は少なからず地方自治体そのものの財政にも影響を及ぼし，また，第三セクターに融資をしていた地域金融機関の債権を不良債権化させるなど，地域経済に大きな負の影響を残した。そのため，第三セクターや地方公社の改革が政策課題となり，実行に移されていった。

その後，この第三セクター等の破綻の経験は，第三セクター等のような半官半民の組織を活用する地方自治のあり方に影を落とすこととなった。

（3）第三セクターの経営悪化の要因

それでは，第三セクターの経営はなぜ悪化し，また破綻に追い込まれたのか。第三セクターの改革が課題となっていた2000年代，経済情勢のほかに，第三セクターの構造に問題があるという指摘が見られた。

まず，第三セクターには地方自治体から補助金が交付されていることが指摘されている。収益が不足する分を事後的に補助金として受け取ることができると第三セクター側が考えたとすると，そうした第三セクターが経営効率化の努力を怠りがちになるというのだ。

次に，第三セクターの設立の際に地方自治体側と民間企業側との役割や責任の分担があいまいであったことも指摘される（赤井 2006）。

さらに，個々の第三セクターの資金調達のあり方，たとえば，借入や出資金の受け入れ方がその第三セクターの経常利益の大きさに影響を与えているとする指摘もある。地方自治体の損失補償契約に係る債務残高が大きい場合や，地方自治体からの借入金が大きい場合，地方自治体からの出資割合が大きい場合には，その第三セクターの経常利益が小さくなる傾向が見られた（深澤 2005）。

こうした要因分析から得られる改革の方向性は，第一に，地方自治体と民間企業との間の役割分担やリスク分担を当初から明確にし，第二に，地方自治体が損失補償をするなど過度に関与することは控え，第三に，第三セクターの事業化判断は，その必要性とともに，それ自体の収益性によるべきというものであった。

(4) 第三セクターの改革

2006年の夕張市の財政破綻をきっかけに**地方公共団体の財政の健全化に関する法**（地方公共団体財政健全化法）が整備されることになった。その健全化判断指標のひとつである「将来負担比率」には第三セクター等の負債や損失補償額のうち地方自治体負担分を算入することとされ，「早期健全化」の対象となることを免れるためには，地方自治体は第三セクター等の抜本的な経営改革を迫られることとなった。

地方公共団体財政健全化法の成立と全面的な施行を受けて，総務省が2008年に「第三セクター等の改革について（平成20年6月30日総務省自治財政局通知）」を発し，第三セクター等の抜本的な改革を地方自治体に要請した。その内容は，「経営検討委員会」の設置と，そこでの調査，評価・検討，「改革プラン」の策定であった。

さらに2009年には「第三セクター等の抜本的改革の推進等について（平成21年6月23日総務省自治財政局長通知）」により，平成21年度から5年間ですべての第三セクター等について「存廃を含めた抜本的改革」を集中的に行うべきと，抜本的処理策検討のフローチャート等を示した。また，第三セクター等の廃止のために係る経費などに充当できる「第三セクター等改革推進債」の発行を時限的に認めた。

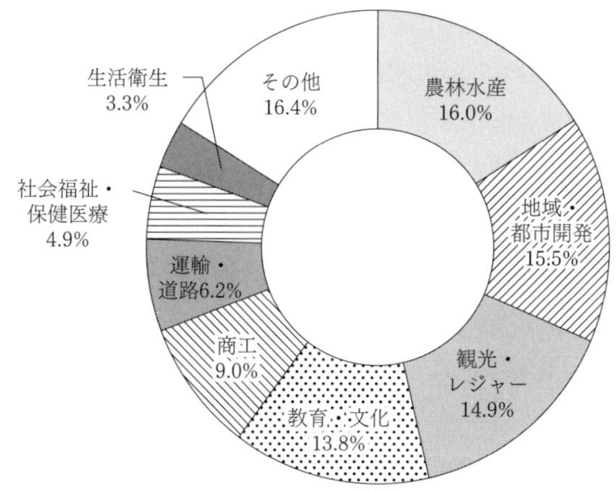

図 13-1　第三セクターの事業領域（2019年）

出典：総務省（2019）。

その後，「第三セクター等の抜本的改革の一層の推進について（平成24年７月31日総務省自治財政局公営企業課事務連絡）」により，抜本的改革に際しての留意や財政負担リスク等に係る自己チェックリストを周知した。こうした取組みの結果，2013年には10,111法人であった第三セクター等は，2019年には7,325法人まで減少した。

（５）第三セクターの可能性

破たん処理,統廃合が続いた第三セクター等ではあるが,それでもなお,7,300を超える第三セクター等が存在し，また毎年度50法人程度の新設がある。第三セクター等が担う事業は市場競争の中に置かれていることも多く，経営のリスクがあるのは否定できない。そのため，どのような分野，またどのような形態であれば，地方自治体が関与して第三セクター等を設立し，維持することが認められるのか，慎重な検討が求められている。

現在の第三セクター等を活動領域別で見ると，「農林水産」・「地域・都市開発」・「観光・レジャー」・「教育・文化」の四つのカテゴリーで全体の約６割を占めている（図13-１）。

現存する第三セクター等の中には，市町村の圏域を越えて活動している第三セクター（鉄道，一般廃棄物の中間処理など），地域生活支援や活性化のための業務を担っている第三セクター（温泉施設，再開発ビルの取得・管理運営，商店街支援事業，牧場管理・畜産物の販売，道の駅運営）などが見られる。これらは必ずしも赤字事業なわけではなく，黒字で経営されているものもある。

現在でも大都市では，都市開発や観光振興を推進するための第三セクターをその管理のあり方に留意しつつ，活用しているケースが見られる。

また，人口が減少し民間企業の活動が活発ではない地域では，地域社会に密着し，また住民が必要とする公共サービスを提供する重要な役割を第三セクターが担っている。

1990年代の第三セクターの失敗を繰り返さないために，地方自治体の「行政」としての感覚よりも，市場で競争する民間企業の発想から事業を計画し，運営していく必要がある。たとえば，公有地を有効活用するとき，その容積率などから計画を考えるのではなく，市場での集客や賃料などの制約条件を踏まえた上で事業計画を立てることが求められる。事業収入を担保に融資を受けるなどの形で金融機関による監視を機能させることも重要である（事例⑯参照）。

事例⑯株式会社オガール紫波

地方都市にとって，廃れてしまった駅前の再開発は街に賑わいを取り戻すために重要な課題である。人口3.4万人の岩手県紫波町にとっても同様であった。紫波町では「公民連携」による駅前再開発に取り組んだ。

2012年，中心施設「オガールプラザ」が開業した。町と民間企業による官民複合施設である。図書館と地域交流センターを備える町の情報交流館，子育て支援センター，産直販売所，カフェ，居酒屋などが複合されている。多くの入居事業者は県内事業，資金は地元金融機関からの融資，さらに，建築資材にも県産材が使われ，地元企業が施工に携わっている。敷地内には，さらに民間複合施設である「オガールベース」が整備され，また，紫波町役場庁舎がPFI手法（本章第3節参照）によって整備された。町による分譲住宅，民間事業者によるエネルギーステーション（バイオマス発電）も備えている。

来客数や売上高は想定以上であり，また，分譲住宅も完売した。さらに,「オガールプラザ」などで雇用も生み出されている。

こうした事業の推進力となっているのが，第三セクターである株式会社オガール紫波である。紫波町が39%を出資するまちづくり会社である。地元出身の地域振興の専門家を民間から迎えるなど，民間の人材によってプロジェクトが進められている。また，建設資金もプロジェクトの収益を担保として借りるプロジェクトファイナンスを活用するなど，補助金に頼らない経営が目指されている（オガール 2021)。

また，2016年4月から実施された電力小売自由化を受け，電力の地産地消や，電力経済の地域循環，あるいは再生可能エネルギーの利用促進などを理由として，地方自治体が関与した**自治体新電力**が設立されるようになっている（事例⑰参照)。

事例⑰みやまスマートエネルギー株式会社

福岡県みやま市（人口約3.8万人）は，みやまスマートエネルギー株式会社の株式を55%出資し，電力事業に参入している。

みやまスマートエネルギー株式会社は，みやま市のほか，地域金融機関や地元の地域エネルギー支援企業の出資を受けた第三セクターであり，家庭などの太陽光余剰電力を買い取り，また電力を小売りすることを目的として2015年に設立された。電力自由化の中で，自治体新電力会社として電力事業で収益を上げ，地域外の大電力会社の電力料金として地域外に流出するはずだった資金を地域内にとどめることが目指されている。それだけでなく，見守りや買い物代行などの「生活支援サービス」を提供し，さらに，地産地消・六次産業化を実現する「さくらテラス」も運営している。電力料金でたまったポイントはこれらのサービス購入に利用できる。

一方で，出資者である民間企業と第三セクターであるみやまスマートエネルギー株式会社との関係について問題視する声もある。民間企業と第三セクターの経営者が同一であることの利益相反の問題や，民間企業に対する需給調整業務の継続的な委託の問題である。こうした声を受けて，2020年４月には第三セクター側の代表取締役が市役所OBに変更となった。（みやまスマートエネルギー 2021）

3　新しい官民連携の手法

（1）官民連携を促す動き

地方自治体の内部で行われてきた事業や業務の外部化を促進する圧力が強まり，1990年代後半以降，新たな官民連携が形成されつつある。民営化や包括的な民間委託，特に2000年代以降に強調されるようになった「**官製市場の開放**」の流れがそれにあたる。

「官製市場の開放」を提言したのは，小泉純一郎内閣の下で2001年４月に内閣府に設置された総合規制改革会議（2001年４月から2004年３月まで）であった（八代 2005）。

こうした流れは小泉内閣の構造改革路線への批判を受けて2007年頃からわずかに弱まったが，逆流することはなかった。

小泉内閣での構造改革に対して批判が生じていたこともあり，安倍内閣から福田内閣，そして麻生内閣へと変遷する中で適切な社会的規制を強調するなど従来の規制改革路線とは異なる部分も見られるようになった（久保田 2009）。とはいえ，2009年から2012年までの民主党政権でも，総合規制改革会議の流れを汲む規制・制度改革委員会が設置され，さらに，2012年に自公連立政権へと政権交代した後にも規制改革会議が設置されるなど，規制改革は「与野党を超えた継続的な課題」となっていた（原田 2016）。

こうした時代の潮流に合わせ，従来は地方自治体によって直接供給されてきたさまざまな公共サービスを外部化し，市場化するための官民連携手法が1990年代末以降に整備され，定着していった。その代表的なものに，**指定管理者制度**と**PFI**（Private Finance Initiative）がある。

（2）指定管理者制度の仕組み

まず，指定管理者制度の特徴を見てみよう。指定管理者制度とは，**公の施設**の管理・運営を民間企業やNPO等に委任できるようにする制度である。地方分権と規制改革の流れの中で2003年6月に地方自治法が改正されることにより実現した。

公の施設とは，「住民の福祉の増進する目的をもってその利用に供するための施設」（地方自治法第244条1項）のことであり，たとえば，図書館，美術館，公民館のような教育・文化施設，体育館やプールなどの体育施設，保育園や高齢者福祉施設のような福祉施設，上水道や下水道，あるいは，公園，道路，学校，公営住宅，公営墓地などがある。

こうした「公の施設」の管理は，1991年の地方自治法改正後，地方公共団体が過半数以上出資している法人など自治体と密接と関連する団体に対して委託することが認められていた（管理委託制度）。その範囲を拡大するなどしたのが，指定管理者制度であった。

指定管理者制度では，各地方自治体は施設ごとに条例で定めるところにより，民間事業者やNPO法人を含む，法人その他の団体を指定して（指定管理者），公の施設の管理運営を行わせることができる（地方自治法第244条の2第3項）。指定管理者制度では，それまでの制度と異なり，指定管理者に対して公の施設の使用許可権限も委任でき，また公の施設の利用する料金を指定管理者が自らの収入として直接収受することもできる（利用料金制度）。

なお，管理の基準や業務の範囲，管理を行わせる期間は条例で定める。指定管理者の指定期間は，3年から5年程度とするものが多く，特に5年間とする施設が大半である。

（3）指定管理者制度の導入状況

総務省によれば，指定管理者制度を導入している施設は全国で76,268施設あり，そのうち都道府県分が6,847施設，政令指定都市分が8,057施設，市町村分が61,364施設である（2018年4月1日現在，総務省自治行政局行政経営支援室 2019）。数だけ見れば市町村分が圧倒的に多い。なお，前回調査（2015年度）に比べて

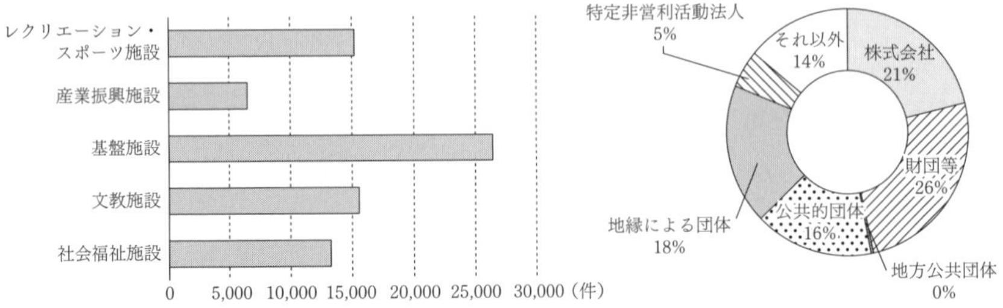

図13-2　事業分野別・法人形態別の指定管理制度導入施設数・構成比率

出典：総務省自治行政局行政経営支援室（2019）。

520施設の減少である。制度創設から約15年間が経過し，制度導入数はすでにピークに達している。

これを事業分野別に見ると，公営住宅や公園などの基盤施設の数が多く，体育館やプール，宿泊休養施設などのレクリエーション・スポーツ施設，図書館や公民館等の文教施設，また，福祉保健センターや保育園などの社会福祉施設も多い（図13-2）。

指定管理者制度が導入された当初は，この制度が民間企業参入を認めるものである点に注目が集まった。しかし，実際に株式会社が指定管理者となっている施設は，徐々に高まりつつあるとはいえ，全体の21％に過ぎず，NPO法人（特定非営利法人）は5％に過ぎない。

こうした民間企業参入の程度は事業分野によって異なっている。たとえば，レクリエーション・スポーツ施設（32.7％），産業振興施設（28.2％），基盤施設（27.6％）では民間企業がある程度参入しているが，文教施設（9.8％）や社会福祉施設（5.3％）では低い。その代わり，文教施設では地縁団体（54.0％）が，社会福祉施設では福祉団体などの公共的団体（55.3％）が中核となっている（総務省自治行政局行政経営支援室 2019）。

（4）PFIの仕組み

イギリスで行われていたPFIに関して関係省庁（通産省や建設省）で検討が行われ，また，当時の橋本内閣において関係省庁にその検討が指示されていたが，最終的には議員立法により1997年に**PFI 法**（「民間資金等の活用による公共施設等の整備等の促進に関する法律」）案が上程された。野党の反対もあったが1999年７月に可決成立した。

このPFI法において，PFIとは，公共施設等の建設・維持管理・運営を，民間の資金や経営ノウハウを活用し，国や地方自治体が直接実施するよりも低廉で良質なサービスを効率的・効果的に提供するものである。

たとえば，公共施設（道路，鉄道，港湾，空港，河川，公園等），公用施設（庁舎，宿舎等），賃貸住宅および公益的施設（教育文化施設，廃棄物処理施設，医療施設，社会福祉施設，駐車場等）がPFIの対象となる。

PFIでは，それまで地方自治体の内部で行ってきた公共施設等の建設，維持管理・運営を民間事業者（民間企業またはそのグループ）が担うこととなる。それを正当化するのが**VFM**（Value For Money）の概念である。VFMとは，従来どおりに公共事業として自ら実施した場合にかかるだろう事業期間全体の公的財政負担額の現在価値（Public Sector Comparator）と，PFIで実施した場合に見込まれる全期間の費用の現在価値とを対比したものである。

PFIで肝心であったのは，リスク分担と民間企業の創意工夫である。地方自治体と民間事業者との間でリスクをよりよく対処できる方が引き受けるように適切に分担し，そして民間事業者の創意工夫が最大限に活かされるような事業の仕組みとすることが目指された。

民間事業者とのリスク分担を明確にするために，事業のさまざまな段階で発生するリスクが分析され，各リスクを官民のいずれが分担するべきかが検討される。これは，事業者応募の初期段階から開示され，また実際の分担のあり方は事業契約書に盛り込まれていく。民間事業者は自らが分担するリスクをどのように回避するかを事前に十分に検討しておく必要があり，その過程で事業計画が精査されることが期待されている。

一方で，民間事業者の創意工夫を最大限に活用するために，長期契約，一括発注，**性能発注**がキーワードとなった。これまでの公共事業では単年度契約が原則であったところを長期契約とし，たとえば，長期の資金回収が必要となる経営改善のための投資に積極的になれるようにした。また，設計・建設・運営などを分割して発注していたものを一括して発注することで，たとえば，運営や維持管理でのコスト縮減まで見通した設計を可能とした。さらに，どのような施設・サービスを提供するべきか細かな仕様を示して発注していた方式（仕様発注）を，要求水準書で示された性能を満たせばよいとする方式（性能発注）へと変えた。これにより，発注者では気づかなかった新しい技術や発想を取り込むことが可能となり，また，過剰な施設など不必要なものを取り除くことも可能となるかもしれない。

事業者を選定していくプロセスでは**対話**が重視される（公募プロポーザル方式と総合評価一般入札方式がある）。PFI の事業のプロセスは「事業の発案」→「実施方針の策定・公表」→「特定事業の評価・選定，公表」→「民間事業者の募集，評価・選定，公表」→「事業契約等の締結等」→「事業の実施，監視等」→「事業の終了」というものである。その際，各段階で民間事業者との対話が行われる。たとえば，地方自治体側が示す「実施方針」や「要求水準書」に対して複数回の質疑応答が行われ，より良い企画提案が行われるように場合によってはそれらを見直すこともある。

また，「事業の発案」では，地方自治体側からだけでなく，民間事業者側からの発案もできる（**民間提案制度**）。こうした民間発案の制度には，PFI 法に基づくものと，地方自治体側が自発的に行っているものがある。後者としては，たとえば，サービス水準を上げる方策，費用削減の方策，公有資産の有効活用方策に関する提案を民間事業者に求めるために，対象事業のリストを地方自治体側があらかじめ公表しておくという手法（福岡市），あるいは，民間事業者側の提案を受け付ける総合窓口を設置する手法（横浜市）などがある。

もっとも，民間事業者側からの発案は決して多くない。民間事業者にとってはPFI 事業化が決定したとしても自分たちが契約を勝ち取れることが保証されているわけではないため，提案することで得られる利益がコストに見合わないと考えられる傾向がある。また，提案した内容が公表されてしまうと自社の「ノウハウ」が他社に知られてしまうという点も懸念されている。

2011年の PFI 法改正では，**「コンセッション方式」（公共施設等運営権方式）**が追加された。この方式では，従来の PFI のように公共施設等を建設する必要

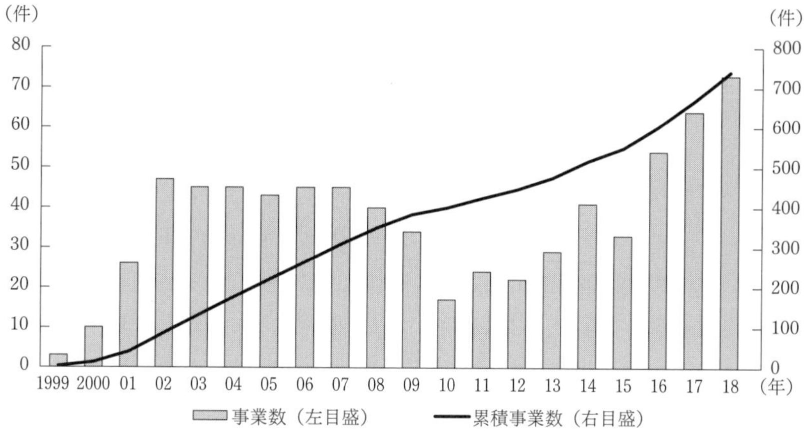

図13-3　PFI事業数の推移

出所：内閣府民間資金等活用事業推進室（2019）。

はなく，利用料金等の徴収を行う公共施設等について，所有権を公共側に残したまま，施設の運営権を民間事業者に委ねることとなる。

（5）PFIの導入状況

当初，PFIは建物の設計，建設，維持管理・運営を対象とした**サービス購入型**（対価を国や地方自治体が支払う方式）を中心に拡がり，制度導入から約10年間で約380件が実施された。その後，2010年度から2015年度頃までは増加ペースが鈍っていたが，2016年度以降，再び増加傾向にある（図13-3）。

その背景には国レベルでの促進策の強化が挙げられるだろう。内閣府は，コンセッション方式に関して，数値目標（「PPP/PFI推進アクションプラン」平成25年度から34年度までの10年間で21兆円，うちコンセッション事業は7兆円）を掲げて促進に努め，空港，有料道路，下水道事業などでコンセッション事業の導入が進んだ。

PFIでは，その事業化にあたってPFI方式の方がライフサイクルコストの面で有利であることが示されている必要がある。そのため，少なくとも試算の上ではPFI事業によってコスト削減が実現できていることになる。PFI事業が終了した段階でのアンケート調査の結果を見ても，PFI 事業が失敗であったとするものは少なく，地方自治体側の満足度は高い。また，PFI 事業により，民間企業の創意工夫が引き出された事例も少なくない。

4　民間企業による公共サービス提供の課題

（1）新しい官民連携手法の課題

民間企業による公共サービスの提供は，第三セクターや新しい官民連携手法を活用する形で広く見られるようになっている。地方自治体の不足する経営資源を補い，事業に創意工夫をもたらし，効率性を向上させたケースも多く見られている。

しかし，第三セクターのように失敗することもありうる。その反省を踏まえて登場した新たな官民連携手法も，場合によっては問題を抱えることになる。民間企業による公共サービス提供が妥当となるかは，こうした問題への対処の仕方によるだろう。

指定管理者制度や PFI の導入は，それぞれの事業の機能に純化し，その効率性を高めていく方向性を持つ。しかし，地方自治体の活動の多くが，経済性だけでなく，社会性や公正さ，さらに環境への配慮といった多様な価値を持ち，また，そうした多様な価値を追求するために，それぞれの地域内での総合的な取り組みが必要とされることから，さまざまな課題に直面する。

（2）コスト削減のもたらす問題

第一に，コスト削減に伴う問題がある。

指定管理者制度の導入によって，コスト削減と収益増大が期待されてきた。個別団体による検証結果では，コスト削減や来客数の増加などが確認されているものもある。その一方で，無理なコスト削減が，受託者における労働環境の悪化を生み出すこともありうる。劣悪な労働条件下に置かれれた委託先の被雇用者は，地方自治体での非正規雇用者と合わせて**官製ワーキングプア**と呼ばれ，社会的な公正さの面で問題となる。

こうした問題に対して，「指定管理者制度は，公共サービスの水準の確保という要請を果たす最も適切なサービスの提供者を，議会の議決を経て指定するものであり，単なる価格競争による入札とは異なるものである」とし，労働法令の遵守，情報管理体制の点検など，指定管理者制度の運用に関する留意事項が通知されている（総務省 2010）。

（3）地方自治体側の責任と管理体制の構築

第二に，委任する地方自治体側の責任と管理体制の構築に関する問題もある。官民連携手法の活用は，地方自治体がその事業の責任から完全に免れることを意味していない。施設所有権が地方自治体側に残る場合はなおさらである。たとえば，2010年，札幌ドームでファウルボールが観客を直撃し，失明した事件でも，球団や球場の指定管理者だけでなく，球場を所有する札幌市も損害賠償を請求された（施設の管理に瑕疵がないとして請求は棄却された）。

また，管理委託制度の下での事故であったが，2006年の埼玉県ふじみ野市のプール施設での死亡事故は，市による受託事業者の管理体制の不備が指摘された事件であった。この事件では，市は直接には維持管理を行っていなかったが，担当の課長と係長は業務上過失致死罪で有罪とされた。委託された事業者による「丸投げ」（再委託）など杜撰な管理が行われていたにもかかわらず，現場に見に行くなどの状況把握が行われていなかったことが特に問題とされた（ふじみ野市 2009）。こうした場合には，適切な受託者を選定し，また，日常の維持管理を監視・監督することが必要となり，そのためには相当なコストがかかるだろう。

さらに，受託者との関係という点では震災等の発生時の問題もある。2016年に起きた熊本地震では，市町村と避難所になる公の施設の指定管理者との連携の不足が課題として指摘された。公の施設が多様な役割を持つこと前提として，非常時にまで配慮した役割分担が必要となる。

なお，熊本地震を契機に，公の施設における避難所等の運営について，役割の明確化や費用負担に関する事項を条例等に可能な限り具体的に明記することが望ましいとの通知が出された（総務省 2017）。

（4）サービス水準の維持

第三は，民営化や事業譲渡が行われた後のサービス水準維持の難しさである。経営が悪化しているために，その事業を民営化あるいは事業譲渡をする場合に，それでもなお維持するべきサービスが存在する場合には，収益性が低いサービスを民間企業が維持し続けるとは限らず，結局，民営化や事業譲渡を引き受けた民間企業に対して相当な補助をしなければならなくなることも考えられる。もちろん経営の論理によって収益性の乏しいサービスを廃止するという結論を受け入れることもありうるだろうが，地方自治体がその地域の公共サービスに責務を負っている限り，そうした合意を得るのはたとえ民営化や事業譲渡された後であっても難しい。こうした事例として，公営バス事業の民間譲渡とその後の不採算路線廃止といったケースが思い浮かぶだろう。

収益性によってサービス水準が決定されることとなれば，官民連携が行われる領域での行動原理は，地域全体の需要充足を優先させる公共的なものから，個別事業の経済性を重視するものへと変容することになるに違いない。

（5）事業目的の変容

第四は，官民連携による事業目的の変容である。

公共サービスは複数の事業目的を持つことが多い。しかし，民間企業に長期委託しようとする場合，複数で，場合によっては矛盾しあう目的をすべて契約の中に落とし込むことは難しい。契約が曖昧であればあるほど，民間企業の裁量は拡大する。民間企業は自らの論理に基づき，収益性の向上や利用客数の増大，費用の最小化に資するように，提供するサービスの内容を変化させていくかもしれない。こうした民間企業の行動は一方ではサービスの拡充に結び付くかもしれないが，他方ではそれと矛盾する別の目的を損なってしまうかもしれない。

たとえば，指定管理者による図書館の運営を考えよう。2013年に，TSUTAYA を経営するカルチュア・コンビニエンス・クラブ（CCC）が佐賀県武雄市の図書館の指定管理者となった。そのことにより，図書館には，スターバックスや蔦屋書店が併設され，また，天井近くまで届く書棚が印象的な空間となり，多くの来訪者を引きつけた。その一方で，新設された書架を埋めるために購入された書籍の中には，情報が古くなり使えなくなった古本が混じり，選書のあり方が問題視された。

こうした取組みは，図書館を市民交流の場や市外から集客する施設として理解するのであれば成功と捉えられる。一方で，地域住民の学習に役立つ資料を揃え，また，地域の歴史資料等を収集し，引き継ぐ施設として理解するのであれば，その選書方法は批判を免れないだろう。あるいは，図書館を地域社会課題の解決のための施設として位置付けるとどう考えられるだろうか（猪谷 2014）。

同じ公共サービスを提供していたとしても，その目的（あるいはその優先順位）が変更されるのであれば，その公共サービスの内容に違いが生まれてくるであろう。そのとき，官民連携は，地方自治の持つ地域的な公共性を変容させるのかもしれない。

本章のまとめ

① 官民が交錯する領域には，官民が出資する会社，地方公社，地方独立行政法人といった，地方自治体が関与する企業や地方自治体から独立した公的組織（第三セクター等）が存在し，地方自治体とともに地方自治に求められる行政の機能を果たしている。

② 1990年代以降，第三セクター等が「地域・都市開発」や「観光・レジャー」等の分野を中心に多用されたが，バブル経済の崩壊後には，経営が悪化し，破たんするものも現れた。損失補償等を通じて地方自治体の財政にも悪影響を与えるおそれがあったこともあり，第三セクターは廃止も含めた抜本的な改革を求められた。もっとも，たとえば，民間企業の活動が活発ではない人口減少地域などでは地域振興のための小規模な第三セクターの活用が続けられ，地域を支えている。

③ その一方で，2000年代に入る頃から，民営化や民間企業への事業譲渡，あるいはPFIや指定管理者制度などによる民間委託の事例が見られるようになってきた。そうした中には民間企業のノウハウによって集客やコス

トダウンに成功した例も見られた。

④　官民連携は機能に純化し，効率性を高める方向性を持つが，地方自治体の活動の多くは多様な価値を持つため課題に直面する。コスト削減に伴う問題，受託者の管理体制の問題，民間譲渡後の公共サービス水準の維持，さらに官民連携による地域的な公共性の変容という課題が指摘できる。民間企業による公共サービス提供の妥当性はこうした課題への対処の仕方によっている。

引用・参考文献

赤井伸郎（2006）「第三セクターのガバナンスの経済分析」『行政組織とガバナンスの経済学――官民分担と統治システム』有斐閣：116-160。

猪谷千香（2014）『つながる図書館――コミュニティの核をめざす試み』筑摩書房。

オガール（2021）株式会社オガールウェブサイト（2022年１月31日最終閲覧，https://ogal.info/）。

久保田正志（2016）「規制改革の経緯と今後の展望」『立法と調査』299：３-15。

小西砂千夫（2014）『公会計改革と自治体財政健全化法を読み解く――財務４表・公営企業会計改革の法適用拡大・健全化法・三セク改革・インフラ更新』日本加除出版。

総務省（2019）「平成29年度第三セクター等の出資・経営等の状況に関する調査結果」。

総務省（2010）「指定管理者制度の運用について」（自治行政局長通知，総行経第38号，平成22年12月28日）。

総務省（2017）「大規模地震に係る災害発生時における避難所運営を想定した指定管理者制度の運用について」（自治行政局長通知，総行経第25号，平成29年４月25日）。

総務省自治行政局行政経営支援室（2019）「公の施設の指定管理者制度の導入状況等に関する調査結果」。

高寄昇三（1991）『外郭団体の経営』学陽書房。

内閣府民間資金等活用事業推進室（2019）「PFI の現状について」。

原田久（2016）『行政学』法律文化社。

深澤映司（2005）「第三セクターの経営悪化要因と地域経済」『レファレンス』55（７）：62-78。

ふじみの市（2009）「ふじみ野市大井プール事故に関する報告書――検証と対策」。

堀内匠（2014）「自治体第三セクターの時代別比較と現在の姿」武藤博己編著『公共サービス改革の本質――比較の視点から』敬文堂：36–79。

みやまスマートエネルギー（2021）みやまスマートエネルギー株式会社ウェブサイト（2022年1月31日最終閲覧，http://miyama-se.com/）。

八代尚宏編（2005）『「官製市場」改革』日本経済新聞出版社。

笠京子（1994）「地方公社の研究――小さな政府論は地方政府を縮小したか」日本行政学会編『年報行政研究29　行政学と行政法学の対話』ぎょうせい：142–163。

参考 URL

総務省「第三セクター」（2022年1月31日最終閲覧，https://www.soumu.go.jp/main_sosiki/c-zaisei/kouei/02zaisei06_03000041.html）。

内閣府「PPP／PFI 事例集」（2022年1月31日最終閲覧，https://www8.cao.go.jp/pfi/pfi_jouhou/jireishuu/jireishuu_index.html）。

（宇野二朗）

終　章
地方自治のシナリオ選択

東京都心（左）と北海道夕張市の上空（右）
（左：2013年１月４日撮影，右：2008年12月16日撮影，毎日新聞社提供）

本書のはしがきでは，「自治と統治（マルチレベル・ガバナンス）」「機能と領域」「規模とデモクラシー」「代表民主制と直接民主制」「行政と市場」を，地方自治を議論する際の視点として挙げた。そして，ここまでの各章では，地方自治のさまざまな側面について，その歴史的経緯に触れながら，これらのいずれか，あるいは複数の視点から議論してきた。

終章では，これらの視点を踏まえながらも，特に二つの特別な地域――小規模自治体と大都市――を取り上げ，これからの地方自治を展望する際に避けることのできない人口の高齢化による地域社会の変容をはじめとする諸課題と，それを乗り越えるシナリオ――「広域化シナリオ」と「連携シナリオ」――について考える。いずれのシナリオにも，社会を大きく変容させつつあるデジタル化が関わるだろう。

本章の論点

① 地方自治はどのような課題に直面しているのか。
② 地方部の小規模自治体と大都市の地方自治の将来には，それぞれどのようなシナリオがありうるか。
③ デジタル化は地方自治にどのように作用するか。

1 地方自治のこれからの課題

（1）小規模自治体の課題

本書第5章で見たように，「平成の大合併」の後にも人口が少ない自治体は相当数，残存した。2000年代に市町村数は約1,700余りに半減したものの，その時点でも人口1万人未満の自治体は約480余り存在していた。その後も今日に至るまで，小規模自治体の数は増加している。こうした非都市圏・地方部の自治体は少子高齢化の進行に伴い，以下のような諸課題に直面している。

第一に，東京一極集中と少子高齢化は，自治体の規模にかかわらず全国レベルで進行しているが，非都市圏・地方部において，人口の自然減，社会減がより顕著であることから，深刻化している。その背景として，地方部では，生産年齢人口を維持する基幹産業が少ないために就業機会を求めて，また高校や大学などへの進学するための教育機会を求め，さらには高齢者も医療や介護等のサービス提供を求めて，人々が都市部へと転出することを余儀なくされるという要因がある。

第二に，財政資源を確保することに苦慮し，また，行政職員，特に技術系や専門職の資格を有する職員の確保が困難になるなど，自治体運営が維持できなくなるおそれがある。その結果，今まで行ってきた行政事務の執行や公共サービスの提供，道路や上下水道などの社会基盤の維持が保証できなくなる可能性がある。現状では，部分的に民間事業者に依存しながら日々の業務を執行している地方自治体が散見される。また，空き家や耕作放棄地の増大など，土地利用・管理のために新たに対応しなければならない政策課題も多様化し，深刻化している。

第三に，人口が減少し，地域社会に活力が低下するとともに，自治体運営に積極的に関わろうとする住民も少なくなる。これは，本書第７章で見た通り，首長選選挙での多選，無投票の増加，地方議会での無投票とともに，候補者が議員定数を下回る状態の議会が増加し，地方議員のなり手不足を深刻化させるなどの現象によって表れている。全国的には，議員定数を削減することによって欠員が発生しないように対応する地方議会が最も多い。若者を念頭に条件整備の一環として議員報酬の引上げを行う町村議会もあるが，非常に少ない。総じて，現行制度の下で，個々の議会による努力に委ねられている。

第四に，人口減少は，商店等の閉鎖，鉄道やバスなど地域公共交通機関の廃止，自治会・町内会などの地縁組織活動の運営が困難になるおそれがある。そして，地域社会を維持する機能や，地域社会での人々のつながりを維持することを困難にさせる。その中でも，地域社会そのものの維持が極めて困難なところを限界集落と呼び，限界集落の増加と，対策のための諸活動に関心が寄せられるようになった。近年，都市部から地方部への人の流れを生み出そうとする手法として，「地域おこし協力隊」（地方自治体が地域おこし協力隊として委嘱する都市住民が１年以上３年程度，地域協力活動に従事してもらう制度。特別交付税による財源措置がある）などの制度が活用され，非都市圏・地方部の自治体における地域活動を支える担い手となっている。

実は，非都市圏・地方部の自治体における人口減少問題は以前から問題が認識されており，今までも国と地方自治体がさまざまな政策を行ってきた。1960年代の高度経済成長期に進行した大規模な工業化と都市化は，地方部の人口流出を生じさせ，社会生活を維持することが困難な地域があらわれた状況は，過疎問題として捉えられてきた。こうした地域に対して，国は自治体運営に必要な財源を保障するための地方交付税の交付や，条件不利地域を対象とした地域振興，産業振興のための個別法制定，さらには，1970年に過疎法を制定するなど断続的に過疎対策を行ってきた経緯がある。

また，市町村合併も国主導による小規模自治体への対応策のひとつであったといえよう。「平成の大合併」の時代には，基礎自治体が総合行政主体として地方分権後の自治体運営を担うことができるように専門職員の増員や企画・管理部門の強化などの体制整備と，合併による行財政運営の効率化が目指された。近年では，若年女性人口の減少によりこのままでは896の自治体が消滅するとした「消滅可能性都市」（増田 2014）の議論を受けて2014年に，まち・ひと・しごと創生法が制定され，東京一極集中の是正と地方部の人口減少対策，地域経済活性化を図ることを目的とした「地方創生」と呼ばれる施策が全国で展開されてきた。

このように人口減少に悩む自治体に対して断続的に諸政策が行われてきたことによって，ミクロレベルで見ればいくつかの自治体で，ユニークな地域振興政策が実践され，人口減少に歯止めをかけた事例や，全国からふるさと納税，観光客，移住者等を集めた成功例を散見することができるものの，全体としてみれば，東京一極集中現象，そして，ほとんどの自治体の人口減少に歯止めはかかっていない。また，平成の大合併の効果の検証を行った研究によれば，総合行政主体としての体制強化が図られたとは言い難い現状がある。これに対して，国は市町村が引き続き，自治体運営能力を維持するための方策として，広域連携を重視する姿勢を強め，定住自立圏や連携中枢都市圏構想など，自治体間で個別の政策課題を解決するための協定や連携協約を締結して対応するという新たな手法を次々と打ち出してきた。

（2）大都市の課題

一方，大都市も課題に直面している。

第一は**都市のスポンジ化**と都心部，とりわけ駅前再開発での超高層住宅建設の同時進行である。「都市のスポンジ化」とは人口稠密エリアである市街化区域内で死去・相続など，所有者個人の個別の事情を原因として空き家がランダムに発生することを指す（開発途上国の大都市のスラムのように空き家が特定の箇所へ集積するのではない)。第２次世界大戦後の農地改革とその後の相続課税による資産再分配政策から実現した勤労者世帯が「小規模土地所有者」として社会の主軸を構成するがゆえに生じる事象といえる（饗庭 2015)。

一方の超高層住宅開発は景気浮揚と国際的な都市間競争への対応も目標とす

る**都市再生**施策の下で実施されてきた。たとえば，東京の都心部にある港区の人口変化を見ると，戦災復興が進んだ1956年時点で約25.2万人であったものが1996年にはドーナツ化現象により15万人まで減少した。その後，土地利用の規制緩和で可能となった超高層住宅建設の進展もあって，2020年には26万人（住民基本台帳人口）へと増加している。

第二は大量の人口の高齢化である。高齢化は自治体に医療・福祉関係給付費歳出の拡大を迫る（介護保険事業会計への拠出など）。同時に給与所得から年金所得が中心の家計に移行する世帯が多くなることで自治体に所得課税歳入（住民税所得割分など）の減退をもたらす。

そして高齢化は地域活動の担い手の減少にもつながる。自営業者を中核とする都市旧中間層が産業構造の変化の中で減少し，同時に高齢化が進むことで「全日制市民」として地域コミュニティを担う層が減退した。サラリーマンOB層の“シニアの地域デビュー”支援施策が取り組まれているとはいえ，最大の人口ボリュームを持つ「団塊の世代」が後期高齢者となる現在，伝統的な意味での地域活動の担い手確保は難しい状態になりつつある。

こうした中，政令指定都市に関しては，**指定都市都道府県調整会議**が道府県・政令市間の“二重行政”問題への対応として2014年の地方自治法改正で導入されたが，その活用状況は道府県間で差異が大きい。大都市としての一体性を発揮させ，機動的な都市経営のために，政令市がどの範囲の権限を持つべきかは大都市制度の基本的な論点である。

また，政令市へは県費負担教員人件費の移管に伴い，2018年度から道府県から政令市へ個人住民税所得割の税率２％相当分の税源移譲が行われたが，都市間競争を見据えた活動量を担保するための税源を道府県と政令市でどのようにするかも重要な論点である。

そして，人口規模で見れば児童相談所設置などの権限を持つ中核市指定要件の20万人以上を抱える行政区が数多く存在する中，地域の活性化のために，行政区の下位単位である日常生活圏域レベルでどのような体制をとるべきか。大都市におけるコミュニティ施策の課題であるとともに「規模とデモクラシー」のあり方としても議論を要する課題である。

2 地方自治体がとる二つのシナリオ

(1) 地方自治の持続可能性

小規模自治体と大都市とでは，地方自治の直面する課題は異なるが，今後，地方自治が機能する社会であり続けるためには，①ある地域の地方自治体がその地域の実情に合わせた行政を行いうるか，②住民が地域の公共課題に対して集合的な意思を形成し続けられるかどうか，③地方自治体が住民生活に不可欠なサービスを保障し続けられるか，という三点が重要だ。これらは，結局，住民の結びつきの下で自ら取り組む地域振興・活性化を継続できるかどうか，そして，それを支える制度が機能し続けるかどうかにかかっている。

地方自治体は「公共サービス提供主体」であるとともに「コミュニティ」としての性格も併せ持っているからである。どの要素をより重視するかによって，大別すると，単一または限定された機能へと特化させる「広域化シナリオ」と，地方自治体の領域性や共同体としての性格を重視する「連携シナリオ」が描けるだろう。

以下に，小規模自治体と大都市におけるそれぞれのシナリオの可能性と課題を展望してみよう。

(2) 小規模自治体での二つのシナリオ

小規模自治体において，広域化シナリオは次のように描ける。しばしば国から提起されてきた構想に見られるように，市町村合併，あるいは現行の制度今まで以上に法的枠組みを強固にした広域行政の導入や，自治体の近隣の中心市や都道府県に委ねるなどの見直しを国主導で進める方法である。今までも，人口30万人規模の圏域を形成し，その中心自治体に公共サービスの機能を集積し，周辺自治体に対しても供給するような再編を促進し，ICT 技術を積極的に導入して自治体の事務を標準化させるべきだとする考え方が提起されてきた。こうした背景には，小規模自治体が個別に課題を処理することはますます困難を増すので，国が全体的に一定の方策を提示し，導入を奨励した方が良いとする認識がある。さらに，現行の地方財政制度がいつまで維持されるのかも定かではない。小規模自治体の運営に対する財政面での保障を維持，強化することは，大都市で生み出された財源を地方部に再分配している面があり，この点に対して，批判的な意見もある。現行制度を見直し，資源の調達・運用に関する効率性を重視し，個々の自治体の自立性を高めるように改革すべきであるとの意見が出されている。

これに対して，小規模自治体における連携シナリオとして，現行の地方自治制度，地方財政制度を維持・拡充し，個別の地方自治体の領域性や共同性を重視しながら，個別の問題にその都度，対応していく方法が考えられる。このシナリオでは，先の広域化シナリオとは異なるボトムアップ型の連携がありうる。非都市圏・地方部の市町村は，人口の少なさとともに財政力が弱いことから，自治体としての活動を支える条件をどのように整えていくべきかが問われてきた。また，全国で統一的，画一的に行うことが求められている事務を，あらゆる市町村が行うための条件整備として，地方交付税の交付や過疎債の発行をはじめとした財政的措置のほか，国や都道府県による補完や支援が行われてきた。

このように捉えれば，非都市圏・地方部の市町村は，一面では自治を実践する基礎条件を欠いているように受け止められるが，逆に規模が小さいがゆえに，自治体と住民との距離が近く，また，首長の行動力如何によってユニークな自治体運営や，独自政策を実行することが可能でもある。住民自治，団体自治という規範も無視することはできない。実際，地域コミュニティ組織が主体的に公共サービスを担い，一次産業の産品や自然環境など地場資源の高付加価値化に取り組むことにより雇用や産業を創出する経済システムを構築する事例を見ることができる。さらに，非大都市圏・地方部の自治体は，たとえ人口が減少したとしても，地域の自然環境を管理し，国土を保全するという役割を担っており，一地方自治体の運営だけに完結できない役割も担っている。戦後の地方自治を振り返れば，市町村が直面する問題を解決する形で独自の政策や制度を形成してきた歴史がある。少子高齢化に伴う地域課題に対しても，自治体の問題対応能力に期待することは，非現実的な対応とも言えない。

（3）大都市での二つのシナリオ

広域化シナリオに沿った大都市の改革構想は次の通りである。日本の地方自治制度は基本的に画一的であるが，大都市社会の特殊性にかんがみ，大都市には特別な制度が用意されている。ひとつが，**特別市**制度の導入と廃止を経て現行の姿となった政令指定都市制度であり，もうひとつが第２次世界大戦中に創設された都制度である。

広域化シナリオでは大都市の広域化とスケールアップにより都市経営の戦略性向上を図り，国際的な都市間競争に対応しようとする。企業活動からの税収に加えて，都市の「ストック」の果実である固定資産税も広域レベル自治体に集約し，それを原資に戦略的なインフラ投資と都市開発誘導による都心機能向上を図る姿である。広域化された大都市自治体には都市計画・都市交通や投資環境の整備が中核にあり，高度な専門性を担う医療や高等教育の体制整備も重要な機能となる。いわゆる「大阪都構想」はこうした文脈にあると言えよう。

大都市制度をめぐる改革は**道州制**とも平行して議論されてきた。歴史的には戦中期に構成府県・省庁出先機関への指揮監督権を持つ地方総監府の設置（1945年）が経験されてきた。戦後も地方自治法改正を審議する地方制度調査会で繰り返し議論されてきた（長野 2016）。しかし，「道州制特別区域における広域行政の推進に関する法律」（2006年）での北海道への権限移譲を除き，具体の法制度改正には至っていない。

一方，政令市については，**大都市地域における特別区の設置に関する法律**（2012年）で政令市を廃止して特別区を設置することが可能となった。同法に基づく住民投票が実際に行われたのが**大阪都構想**（2015年５月17日・住民投票否決。2020年11月１日・住民投票否決）である。ここでは広域の都市計画・インフラ整備は「大阪都」，福祉サービスは特別区が担うことが基本とされた。財政面では市町村税である法人市民税・固定資産税，そして，大阪市を対象として国が算定する地方交付税交付金を「大阪都」に集約してから「大阪都」と新たに設置される特別区の間で配分する（大阪府副首都推進局資料）。

なお，住民投票後，「大阪市及び大阪府における一体的な行政運営の推進に関する条件」（大阪市）および「大阪府及び大阪市における一体的な行政運営の推進に関する条例」（大阪府）が2021年4月から施行され，広域の都市計画に関する事務を大阪府が大阪市から受託する形で権限移行が行われている。

大都市地域特別区設置法で導入される特別区は公選首長・議会を持つ。選挙の実施は区独自の利益を追求する「遠心力」ともなる。区・区間の調整と区・広域自治体間調整の問題である。各区でも広域化された大都市自治体でも同一政党が議会内多数派と首長を占めることで政治的調整を図る選択肢もあるが，安定的に運用される「行政ルート」の整備も重要であろう。その点で東京都における都区財政調整制度とそのための都区協議会の経験は検討対象である。

また，市町村合併で経験されたことを踏まえるならば，広域化された大都市自治体への機能再編では業務を担う行政職員の一体感（アイデンティティ）の形成に時間を要しよう。住民に認識が浸透することも課題である。

次に，連携シナリオに沿った改革構想は都市が持つ個性や地域コミュニティ性を重視し，基礎自治体あるいはその下位単位への分権化を進めた上で大都市圏内の自治体間連携により持続可能な都市経営を図ろうとするものである。

「都市のスポンジ化」が進む人口減少社会では，多様な顔を持つ都市空間を小さな単位で創造していくことへの転換が期待される（饗庭 2015）。また，高齢化に対応する「地域包括ケア」さらには「重層的支援体制」（社会福祉法，令和2年度改正）からも日常生活圏域でのサービスのコーディネーション（市場からのサービス調達，共助によるサービス提供）を充実させることが欠かせない。これらはいずれも基礎自治体さらにはその下位単位への一層の分権化と財政基盤強化を要請する。同時に住民・事業者との細やかなコミュニケーションのための時間資源を捻出する「自治体 DX」による効率化と機能別部署間横断の施策連携“横割り”体制づくりも欠かせない。

指定都市市長会の「特別自治市」構想や，東京都の特別区による「基礎自治体連合」構想はこちらの文脈と位置付けられよう。「特別自治市」構想は道府県から政令市への権限移譲をさらに進めるというものである。この構想では「特別自治市」エリアでは道府県税を廃止し，すべての税源を「特別自治市」へ移管する。都市計画・インフラ整備，福祉サービスの権限を一括して「特別自治市」が担う。そして，「特別自治市」と周辺自治体との連携により広域的な公共サービスを提供することが想定されている（指定都市市長会 2011）。

東京都の特別区からの「基礎自治体連合」構想では特別区を「東京○○市」と改称し，新たに各「東京○○市」の市長を議員とする「基礎自治体連合」を創設する。同「連合」は各「東京○○市」議会の議決を経て行われる各市での住民投票で承認を得た「憲章」の下に組織される。そして，東京都が担っている「市の事務」のすべてを各市と「連合」に移管する。財政面では都区間の財政調整の制度を廃止した上で「基礎自治体連合」として財政調整を行う制度を設け，「共有税方式」または「分賦金方式」で財源の確保を図るとされている（第 2 次特別区制度調査会 2007）。

このシナリオの下では，現在のところ，自治体の下位単位に直接公選の議会は存在していないため，行政上の権限移譲と対になる形で，議会内に地域別委員会を創設するなど，**民主主義の赤字**を抑制する工夫も論点となろう。

大都市は「規模の利益」を追求するべきか，「独自の自治」を追求するべきか，その方向性の選択が問われるのである。ただし，いずれのシナリオにおいても大都市の財源問題を大都市内での地域間再分配と，国全体での財政再分配（≒地方交付税制度）との関係から考えざるを得ない。とりわけ後者においては税源が集まる大都市とそうではない地方部との対立の構造とはしない知恵が求められよう。その意味では今後ありうる消費税増税にあたって地方分を増やす形で「地方自治体対中央政府」での財源確保も選択肢のひとつである。

3　デジタル化が示す新しい自治の形

（1）地方自治におけるデジタル化の進展

広域化シナリオであれ，連携シナリオであれ，将来の地方自治が機能するための基盤として**デジタル化**が求められている。デジタル化はそれぞれのシナリオを強化する一方で，その障壁ともなりうる。

実際，情報通信技術（ICT）や AI（人工知能）が発展するに従って，地方自治にもその影響が及んでいる。「電子政府」や「電子自治体」という標語の下で，1990年代半ば以降，行政や自治体の電子化は進められ，技術やそれを受け容れる社会の変化に伴って，地方自治のデジタル化は発展してきている。

日本では，1990年代後半頃，自治体内部の事務の効率化やさまざまな手続きインターフェースのオンライン化に重点が置かれた取組みから開始され，その後，2000年代に入る頃から，国と地方自治体の壁を超えた情報システムやデータ連携が行われるようになっていった。

たとえば，2002年には，行政手続オンライン化関連三法の制定で法的な条件が整えられ，全国的なネットワーク（総合行政ネットワーク，住民基本台帳ネットワーク，地方公共団体組織認証基盤）が整備された。電子申請や電子入札が行われるようになったのもの，この頃である。その後，2010年代に入ると，自治体クラウドや**マイナンバー制度**が導入された。

中央政府や地方自治体の行政のデジタル化の基盤となるのが，個人の識別番号制度である。個人識別番号の普及の程度や利用範囲は国ごとにさまざまである。最も進んでいると言われるのはエストニアである。エストニアでは，国民番号に，行政情報，銀行口座，税，電気料金，通信料金，自動車登録，健康保険，電子カルテなどが連携している。また，個人識別カードは本人確認に利用することができる。

日本では，2015年から，日本に住民票を有するすべての個人が12桁の番号を持つようになっている。「マイナンバー」と呼ばれる。このマイナンバーは，「マイナンバー法」（行政手続における特定の個人を識別するための番号利用等に関する法律）に定められている社会保障，税，災害対策分野の各事務（個人番号利用事務）の手続きで主に利用される。これらの事務では，個人の情報が複数の機関にまたがっていることから，それら情報が同一人の情報であるかを確認するために導入された制度である。行政事務の効率化や，行政機関などの相互連携が可能となることで手続が簡素化されることが期待されている。

さらに，2010年代半ば頃から，行政と民間の間でのデータ流通やデータの利活用が目指されるようになっている。オープンデータ化である。国や地方自治体が保有するデータのうち，誰もがインターネットなどを介して利用できるように公開されているもので，二次利用可能なルールが適用され，機械判読に適し，また無償で利用できるものがオープンデータと定義され（「オープンデータ基本指針」高度情報通信ネットワーク社会推進戦略本部・官民データ活用推進戦略会議決定，2017年5月30日），地方自治体の持つさまざまな情報の企業や個人に対するオープン化が求められるようになっている。

（2）「第32次地方制度調査会」答申

2020年，内閣総理大臣の諮問機関であり，時代ごとに表れる地方自治制度の課題について検討を行う第32次地方制度調査会は「2040年頃から逆算し顕在化する諸課題に対応するために必要な地方行政体制等に関する答申」を発表した。その中で，2040年に高齢者人口がピークに達するともに人口減少問題が深刻化し，インフラの維持管理も困難になり，また，都市部での土地利用が低密度化・スポンジ化するなどの諸課題の顕在化とともに，ICT分野の急速な技術の発展と，住民のライフコースと価値観の変化・多様化に由来する可能性を指摘した。

そして，今後目指すべき地方自治体の行政のあり方として，①地方行政のデジタル化，②公共私の連携と広域連携，③地方議会への多様な住民の参画を進めるとともに，自治体が主体的に地域の未来像を構築すべきであると提言した。

特に，注目されるのが地方行政のデジタル化である。具体的には，近年発展を遂げるICT技術や自治体クラウドなどを活用し，行政手続のデジタル化，情報システムの標準化を進めるとともに，AI（人工知能），RPA（入力や転記などの定型作業の自動化）などの手法を取り入れる。これまでは職員がアナログに行っていた手続や作業を自動化することや，住民・利用者との定型的な応答を自動化することにより，自治体職員の減少に対応した効率的な自治体運営の確立が目指される。また，人手により多くの時間を要していた作業の自動化による時間短縮や，住民ニーズに即した，カスタマイズ化されたサービスの実現といった効果もあるだろう。

（3）標準化により地方自治は縮小するか

こうして行政のデジタル化が進むと，地方自治体間，また，国と地方自治体の業務やシステムの標準化や統一が必要となる。そうすることで，システム開発のコストを引き下げることができ，また，その運営を自治体間の連携組織に委ねることで，それに携わる専門人材の確保を容易にできるようになる。さらに，共通化されていることは，住民の利便性を向上させるに違いない。

しかし，業務プロセスやシステムの標準化は，事務の内容を制約するおそれもあるだろう。特に，地域の実情にあった事務の総合化を阻むおそれがあるという点は気をつけなければならない。地域の実情に即したサービスを提供し，そのことを介して，地域住民の期待に応えようとするという地方自治の側面が弱められてしまうからである。

また，場合によっては，標準化されている業務プロセスやシステムで要求されている内容が，その自治体にとっては不要なものを含んでいる場合もある。むしろ地域によっては他の事務と総合化し，あるいは，プロセスを簡素化し，柔軟な扱いを許すなどをした方が，全体の簡素化・効率化につながることもありうるだろう。

さらに，技術的に難しく複雑過ぎる場合や，極めて多くの地方自治体を巻き込む場合，標準化のあり方は各地方自治体の相互の連携というよりは，中央政府からの実質的なトップダウンとなるおそれがある。

こうした観点に立つのであれば，デジタル化は，標準化を通じて地方自治を縮小させるおそれを内在させているといえるだろう。そのため，どのような業務プロセスやシステムを標準化するのか，また，どのようなプロセスを経て標準化するのかといった点について，地方自治の観点からの配慮が求められるだろう。

（4）住民参加の新展開

その一方で，デジタル化は，住民参加のあり方を変化させることを通じて，地方自治に新たな展開をもたらす可能性も秘めている。

ICT の活用は，住民参加に新たな経路を追加する。住民参加は，これまで対面か書面が中心であった。たとえば，審議会等への住民公募委員の参加や，地区レベルでの協議会などの場合，対面であるために，参加する住民の数が限られてしまい，その結果，偏りを完全に排除できない。ドイツで行われている無作為抽出された住民による討議手法である「計画細胞」(Planungszelle) のように「ミニ・パブリクス」を作り出す手法もあるが，人手，時間，費用の面でかなり高くなり，実施は限定的である。一方で，住民投票のように有権者全体に参加と意思表明を求める方法もありうるが，この場合，争点が限られ，また，ある争点への意思表明を少ない選択肢に限定せざるを得ない。

これに対して，ICT を活用することで，住民参加をより身近なものとしようとする試みが見られる。たとえば，インターネットを活用した**住民参加型予算編成**である。ドイツでは，予算編成に際して，住民がインターネットを通じて事業を提案することが可能となっている例も見られている（宇野 2017）。さまざまな事例が見られるが，多くは，「提案－評価－釈明」という流れで住民参加型予算編成が行われている。「提案」の段階では，住民は，インターネットを通じて，事業に関する提案を書き込む。その提案を他の住民は読むことができ，また，コメントすることもできる。行政側が，その提案に対して行政側の意見を書き込むこともある。次に「評価」の段階では，さまざまな事業案に対して各住民は「賛成」または「反対」を投じていく。賛成が多い事業案からリスト化されて市議会に提出されることになる。市議会は，その提案を尊重しなければならないが，そのまま受け入れなければならないわけではない。その代わり，その提案を受け入れない場合にはその理由を「釈明」する。

こうしたインターネットを介した住民参加型予算編成の場合，対面の場合には参加できない住民（たとえば，育児をしているために会議などに参加しづらい方や，対面での参加を好まない方など）も参加できるようになる。さらに，会議室の大きさなど物理的に人数が制約されることもないために，地区を限らずに，市の全体を扱うテーマでの議論もしやすい。ドイツの「市民予算」では，こうしたインターネットの特徴を生かすために，参加資格を緩くしている場合も多い。住民である必要はなく，また年齢制限がない場合もある。その市に関心のある人であれば誰でも参加できるようにすることで参加者を増やし，「知恵」を集めようとしているのだ。この場合，インターネットを介して，住民の代表者からなる「ミニ・パブリクス」を生み出そうとしているというよりは，多くの知恵者からなる「フォーラム」を形成しようとしていると理解できるだろう。

このように，ICT の利用は，住民参加を容易にし，さらにその内容も変化させつつある。住民の間での，また，住民と行政との間での対話が容易になることで，新しい地方自治が生まれるかもしれない。

その一方で，インターネットやソーシャルネットワークサービスを介した議論は，同じ信念を共有する者同士の結びつきを強めていくと同時に，異なる信念を持つグループ間の分断を強めがちである。こうした分断は，異なる信念の間での妥協を難しくしてしまう。さらに，ビッグデータからそれぞれに適した意見や候補者を選び出し，示してくれるような「アルゴリズム」は，「私の考え」をいつのまにか誘導し，さらに，複雑な公共問題を自分の頭で考える力を奪ってしまうかもしれない（バートレット 2018）。

（5）オープンデータによる新しい公共サービス

また，デジタル化は，新しい公共サービスを生み出す可能性を秘めている。

従来は，行政に集まるさまざまな情報は，行政の内部で，しかも多くの場合，部署ごとに保有され，管理されてきた。しかし，すでに見たように，デジタル化が進む中では機械判別しやすい形で誰でも利用できるようにオープン化することが進められている。そうした動きは，2016年の官民データ活用推進基本法施行で，官民データの適正・効果的な利用が推進され，官民データ活用推進基本計画の策定が都道府県に義務付けられたことなどにより後押しされている。

こうしたオープンデータ化は，非営利活動あるいは営利活動を介して，新しい公共サービスが生み出されることを期待している。高齢化していく社会の中で，それを解決する糸口を行政内部の知恵に頼るのではなく，社会の中のさまざまな叡智を結集することに託そうというのである（稲継ほか 2018）。行政側が情報を提供するだけでなく，たとえば，地図上にその地域の現状などの情報を投稿してもらうことで，情報の即時性や詳細さを，コストをかけることなく向上させるような改善がそれにあたる。

このような方法によれば，地域の公共問題の解決やそれに必要となる公共サービスの開発・提供を，地方自治体によるのではなく，住民間の協働で，あるいは，行政と住民との協働によって実現できるかもしれない。

このとき，地方自治体には「プラットフォーム」になることが期待されている。しかし，住民に関するビッグデータは行政だけが所有しているわけではない。むしろ，無料サービスを提供することと引き換えに企業が手にするビッグデータは無視できない大きさとなっている。これらのデータを持ち，それを分析するテクノロジーを有する企業が「プラットフォーム」を独占し，それを公共問題の解決というよりは，自らの利益のためにだけ使用することもありうることに注意が必要だろう（バートレット 2018）。

本章のまとめ

① 小規模自治体では，人口の都市部への流出，財政資源や人材の確保，公共サービスの提供，社会基盤の維持が困難になるとともに，議員のなり手不足，地域社会を維持する力の衰退という諸課題に直面している。これに対して，大都市では，都市のスポンジ化と大量の人口の高齢化が問題となっている。

② 小規模自治体では，機能と効率性の向上を目指し，広域行政，都道府県および中心市による補完・支援を進めるシナリオと，基礎自治体の地域性や共同性を重視し，現行制度を維持・拡充しつつ，ボトムアップ型の連携を志向するシナリオが描ける。一方，大都市では，スケールアップによる都市経営の戦略性向上と国際都市間競争への対応というシナリオと，都市の個性や地域コミュニティ性を重視し，基礎自治体や下位単位への分権化と大都市圏内の自治体間連携によって持続可能な都市経営を図ろうとするシナリオとが描かれる。

③ デジタル化の進展は，住民参加の新たな地平を切り開き，地方自治体のオープンデータにより民間部門での新しい公共サービスの開発を促すと期待される。しかし，ICT を用いた市民参加が社会の「分断」をもたらしてしまう，あるいは，巨大テクノロジー企業がビックデータの「プラットフォーム」を独占してしまうことで公共問題の解決がないがしろにされてしまうというディストピアも描かれうる点には注意が必要である。

引用・参考文献

饗庭伸（2015）『都市をたたむ――人口減少時代をデザインする都市計画』花伝社。

稲継裕昭・鈴木まなみ・福島健一郎・小俣博司・藤井靖史（2018）『シビックテック――ICT を使って地域課題を自分たちで解決する』勁草書房。

宇野二朗（2017）「ドイツにおける市民予算の特性」日本地方自治学会編『自治体行財政への参加と統制』敬文堂：130–173。

大阪府ウェブサイト「大阪における特別区の制度設計」（2022年１月31日最終閲覧，http://www.pref.osaka.lg.jp/fukushutosuishin/tokubetuku_tokoso/tokubetuku_seidoan.html）。

大杉覚（2019）「都市自治体による AI の活用に向けて――「AI-Ready な都市自治体」」日本都市センター編『AI が変える都市自治体の未来――AI-Ready な未来の実現に向けて』：225–233。

北村亘（2013）『政令指定都市――100万都市から都構想へ』中央公論新社。

小磯修二・村上裕一・山崎幹根（2018）『地方創生を超えて――これからの地域政策』岩波書店。

指定都市市長会（2011）「新たな大都市制度の創設に関する指定都市の提案――あるべき大都市制度の選択『特別自治市』」（2022年１月31日最終閲覧，http://www.siteitosi.jp/necessity/city/pdf/h23_07_27_02.pdf）。

砂原庸介（2012）『大坂――大都市は国家を超えるか』中央公論新社。

総務省（2020）『2040年頃から逆算し顕在化する諸課題に対応するために必要な地方行政体制のあり方等に関する答申（案）』（2022年１月31日最終閲覧，https://www.soumu.go.jp/main_content/000693107.pdf）。

第二次特別区制度調査会（2007）『「都の区」の制度廃止と「基礎自治体連合」の構想』公益財団法人特別区協議会（2022年１月31日最終閲覧，（https://www.tokyo-23city.or.jp/chosa/tokubetsuku/research/index.html）。

長野基（2016）「地方自治――「ローカルな民主主義」と政府体系の再編」大石眞監修・縣公一郎・笠原英彦編著『なぜ日本型統治システムは疲弊したのか――憲法学・政治学・行政学からのアプローチ』ミネルヴァ書房：223–248。

バートレット，ジェイミー（2018）『操られる民主主義――デジタル・テクノロジーはいかにして社会を破壊するのか』秋山勝訳，草思社。

増田寛也（2014）『地方消滅――東京一極集中が招く人口急減』中央公論新社。

参考 URL

大阪市「府市連携・一元化の具体化に向けた取組み」(2022年1月31日最終閲覧，https://www.city.osaka.lg.jp/shisei/category/3054-1-1-8-4-0-0-0-0-0.html)。

指定都市市長会「新たな大都市制度「特別自治市」の創設に向けて」(2022年1月31日最終閲覧，http://www.siteitosi.jp/necessity/city/background.html)。

公益財団法人特別区協議会「特別区制度調査会」(2022年1月31日最終閲覧，https://www.tokyo-23city.or.jp/chosa/chosa/research/index.html)。

地方制度調査会（2022年1月31日最終閲覧，https://www.soumu.go.jp/main_sosiki/singi/chihou_seido/singi.html)。

（宇野二朗・長野基・山崎幹根）

索　引

欧　文

あ　行

か　行

さ　行

た　行

ま 行

や 行

ら 行

執筆者一覧 （＊印は編著者）

＊宇野二朗（うの・じろう） はしがき，第10章，第11章，第12章，第13章，終章

2006年 早稲田大学大学院政治学研究科博士後期課程単位取得退学。博士（政治学）。
現 在 北海道大学大学院公共政策学連携研究部教授。
著 作 「再公営化の動向からみる地方公営企業の展望――ドイツの事例から」『都市とガバナンス』(25)，2016年。
「これからの地方公営企業はどのように位置づけられるべきか」『都市問題』110（11)，2019年。
「公共サービスの再生――ベルリン水道公社の再公営化」『現代世界とヨーロッパ――見直される政治・経済・文化』（分担執筆）中央経済社，2019年。

＊長野 基（ながの・もとき） はしがき，第６章，第７章，第８章，第９章，終章

2006年 早稲田大学大学院政治学研究科博士後期課程満期退学。修士（政治学）。
現 在 東京都立大学都市環境学部都市政策科学科准教授。
著 作 「東京都区市自治体における住区協議会組織の制度設計と運用に関する比較研究」（共著）『日本建築学会計画系論文集』(660)，2011年。
「討議民主主義に基づく市民参加型事業アセスメントの取り組みの研究――東京都新宿区「第二次実行計画のための区民討議会」を事例として」『年報行政研究』(49)，2014年。
「日本の基礎自治体ガバナンスにおける無作為型市民参加の研究――事業評価における取組みを中心として」『年報政治学』65（２)，2014年。
「行政評価における対話性の違いは如何なる差異を導くか――さいたま市「しあわせ倍増・行革推進プラン市民評価委員会」の事例から」（共著）『評価クォータリー』(48)，2019年。

＊山崎幹根（やまざき・みきね） はしがき，第１章，第２章，第３章，第４章，終章

1995年 北海道大学大学院法学研究科博士課程単位取得退学。博士（法学，北海道大学)。
現 在 北海道大学大学院公共政策学連携研究部教授。
著 作 『国土開発の時代 戦後北海道をめぐる自治と統治』東京大学出版会，2006年。
『「領域」をめぐる分権と統合――スコットランドから考える』岩波書店，2011年。
『地方創生を超えて これからの地域政策』（共著）岩波書店，2018年。

新垣二郎（あらかき・じろう）　第５章

2014年　早稲田大学大学院社会科学研究科博士後期課程修了。博士（学術）。
現　在　公益財団法人地方自治総合研究所常任研究員。
著　作　「市町村合併政策の形成過程――「昭和の大合併」期の分町・分村に着目して」『ソシオサイエンス』16，2010年。
「境界変更の諸相――市町村はいかに“住民”と“区域”を奪い合うのか」『自治総研』43（10），2017年。
「地域政治における町内会・自治会の機能（上・下）」『自治総研』43（２－３），2017年。
「石垣島の地方政治――自衛隊配備をめぐる自治体議会の動態（１）（２）（３）」『自治総研』47（７－９），2021年。

テキストブック　地方自治の論点

2022年4月10日　初版第1刷発行　〈検印省略〉

定価はカバーに
表示しています

編著者　宇野二朗
長野基
山崎幹根
発行者　杉田啓三
印刷者　藤森英夫

発行所　株式会社　ミネルヴァ書房
607-8494　京都市山科区日ノ岡堤谷町1
電話代表　(075)581-5191
振替口座　01020-0-8076

亜細亜印刷

ISBN978-4-623-09169-0

Printed in Japan